林 勤 编著

思维的跃迁

高阶思维能力的培养及教学方式

华东师范大学出版社

·上海·

图书在版编目(CIP)数据

思维的跃迁:高阶思维能力的培养及教学方式/林勤编
著.—上海:华东师范大学出版社,2015.12
ISBN 978 - 7 - 5675 - 4527 - 4

Ⅰ.①思… Ⅱ.①林… Ⅲ.①中学物理课－教学研究－
高中 Ⅳ.①G633.72

中国版本图书馆 CIP 数据核字(2016)第 004455 号

思维的跃迁:高阶思维能力的培养及教学方式

编　著　林　勤
责任编辑　刘　佳
审读编辑　丁　倩
责任校对　戚艳侠
版式设计　崔　楚
封面设计　高　山

出版发行　华东师范大学出版社
社　　址　上海市中山北路 3663 号　邮编 200062
网　　址　www.ecnupress.com.cn
电　　话　021 - 60821666　行政传真 021 - 62572105
客服电话　021 - 62865537　门市(邮购)电话 021 - 62869887
地　　址　上海市中山北路 3663 号华东师范大学校内先锋路口
网　　店　http://hdsdcbs.tmall.com

印 刷 者　常熟高专印刷有限公司
开　　本　787×1092　16 开
印　　张　22.25
字　　数　299 千字
版　　次　2016 年 3 月第 1 版
印　　次　2022 年 11 月第 3 次
书　　号　ISBN 978 - 7 - 5675 - 4527 - 4/O · 266
定　　价　48.00 元

出版人　王　焰

序

　　这本《思维的跃迁：高阶思维能力的培养及教学方式》汇集了林勤和莫少岚两位特级教师以及由他们两位带领的上海物理名师基地（四组）学员们在教学实践中的体会和心得。之所以这本书值得大家关注，主要是因为物理名师基地（四组）的这轮学习，重点探索研究了"物理教学中培养学生高阶思维能力"的问题，而高阶思维的缺失是当今教学中——特别是从创新素养培养的目标出发的教学中——需要着力加强和改进的问题。

　　长期以来，上海在关注全体学生的基础性学习需求和全面发展需要的同时，也一直比较关注其中学有余力学生潜能发展的需要，因此，较早开展了学生创新素养培育的实验。在这项实验中，参与学校进行了适合学生创新潜质培养的课程体系和支持系统的建设，开展了适合学生创新潜能培养的教与学方式的变革，建设和拓展了适合学生创新潜能培养的资源系统，探索促进了学生创新潜能发展的评价机制等。高阶思维能力培养的研究则是这一项目中的核心内容。

　　高阶思维是指发生在较高认知水平层次上的心智活动或认知能力。它包括分析、综合、评价、创造等，是一种跨学科、跨知识领域、能对思维进行评价的思维。这种思维能力是创新能力、问题解决能力、决策力和批判性思维能力的核心。高阶思维的培育需要相应的课程教学内容和方法的支撑。从学习内容角度看，学生在校 70% 以上的时间都是在学科学习中度过的，因此，学科教学是高阶思维培育的主阵地，必须将高阶思维的培育融于日常的学科教学中。当然也可以开发一些构建高阶思维的专设课程，在专设课程的实施中强化培养。从教与学的方式角度看，培养高阶思维，需要高阶学习活动予以支持,需要采用探究性学习、合作学习、案例讨论、角色扮演、项目研究、模拟性决策等方式,需要提供以学习者为中心的环境,营造情境化的学习氛围,展现基于过程的教学模式,注重知识生成和批判性思维的运用等。

物理名师基地在林勤和莫少岚两位主持人的带领下认准高阶思维能力培养的主攻方向,努力在物理教学实践中,从教学目标、教学内容、教学方式、教学技术手段等多个方面和环节进行了探索,初步梳理了高阶思维培育的路径,开发了高阶思维培养的校本课程,并在课堂教学的教学设计、教学环境等方面进了尝试,形成了若干案例。他们还提出了物理教学中高阶思维能力培养的若干个具有可操作性的关注点,比如,关注高阶学习的活动方式,关注课堂中思维教学内容的渗透,关注学生讨论中的批判性思维成分,关注一题多解的多种思维,关注对探究性实验设计的分析评价等。虽然改革探索刚刚起步,少数案例也仅仅从现实的教学中力求去渗透、去体现改变,相对而言比较稚嫩,但是学员们毕竟有了高阶思维培育的主动意识,而且我们从中可以感受到他们出于对改革意义的理解和对改变现状的迫切需求而触发的激情,产生的进取精神和变革动力。这是非常难能可贵的。

我们知道,学生高阶思维能力的培养工作与其他教育研究和实践项目相比,是比较滞后的,可以借鉴的经验十分有限。在这方面的探索和实践是需要勇气、需要积累的。我们希望物理名师基地的学员们能够咬定青山不放松,一步一个脚印地踏实前行,最终取得更科学、更有价值的成果,也希望他们的探索能够引发中学物理教育同仁的思考和关注,能够对处于基础教育教学一线的老师们有所启发,从而使得更多的一线教师关注并参与高阶思维培育,更好地为培养学生的创新精神和实践能力作出贡献。

尹后庆

2015 年 10 月 13 日

目 录

案例编   191

教案编   237

研究编

高阶思维与高阶思维能力培养综述

一、高阶思维与高阶思维能力

思维的过程及其培养，历来是教育研究中最为复杂的内容之一。

1956 年，布卢姆(B. S. Bloom)按照认知的复杂程度，将思维过程具体化为六个教学目标，即学习时需要掌握的六个类目的行为表现，由低到高排列，包括记忆、理解、应用、分析、综合、评价。其中记忆、理解和应用，通常被称为低阶思维；而分析、综合和评价，通常被称为高阶思维，高阶思维是建立在低阶思维基础上的。

20 世纪 90 年代中期开始，当代著名的课程理论与教育研究专家安德森(L. W. Anderson)、曾与布卢姆合作研究教育目标分类的克拉斯沃(D. R. Krathwohl)等近 10 位专家开始对布卢姆的认知目标分类进行修订，最终将原来一维的目标分类改为两维——"知识"的维度和"认知过程"的维度。其中"认知过程"维度包括了记忆、理解、应用、分析、评价和创造六个方面，他们把当中的"分析、评价和创造"确定为高阶思维，并分别包含了若干不同的子类目，有其各自对应的替换说法和定义。

事实上，早在杜威时代，杜威就提出了思维的过程是一种事件的序列链的观点。他指出：思维的发生就是反思——问题生成——探究、批判——解决问题的过程。根据布卢姆的教学目标分类，杜威所指的思维过程，其实就是高阶思维的过程。

美国心理学家瑞斯尼克(L. B. Resnick)指出，高阶思维是不规则的、复杂的，能够产生多种解决方法，需要多种应用标准，自动调节，且包含不确定性。这可以理解为高阶思维的一般特征。

美国批判性思维运动的开拓者恩尼斯(R. H. Ennis)则从标准上对高阶思维进行

了说明:能使用抽象的思维结构;能把琐碎的信息组合成有体系的整体;能应用合理的逻辑和判断准则等。

国内对于高阶思维能力的研究还处于起步阶段,但也有学者对高阶思维给出了相应的解释。

香港城市大学陈浩文博士指出:高阶思维是一种跨学科、跨知识领域、能对思维予以评价的思维。

江西师范大学课程与教学研究所钟志贤教授指出:高阶思维主要是指发生在高层次认知水平上的心智活动。它对应教学目标分类中诸如分析、综合、评价等高层次认知水平的能力,是创新能力、问题解决能力、决策力和批判思维能力的核心。

国内外对布卢姆教育目标的解读,认可了其中较高层次的认知过程和心智发展水平所对应的思维属于高阶思维的范畴。随着现代社会的发展,对社会成员所需具备的发展能力要求也越来越清晰,这就是创新、决策、批判性思维、信息素养、团队协作、兼容、获取隐性知识、自我管理和可持续发展能力。而与这些能力所对应的核心思维能力,正是高阶思维的能力。由此,我们有理由认为,现代教育的一个重要任务就是要培养学生的高阶思维能力。

二、培养学生高阶思维能力的主要路径

对于高阶思维能力的培养,华东师范大学钟启泉教授指出:发展高阶思维,需要高阶学习活动予以支持。那么什么是高阶学习呢? 他认为,高阶学习是建构主义的学习,是一种以学习者为中心、开展问题求解的学习活动;是一种形成知识共享、互动合作的学习模式。此外,钟启泉教授还认为,促进高阶思维的发展还应该注重交叉学科知识的学习,注重环境营造,注重教师有意义地引导。

陈浩文博士认为,要提升高阶思维,就要培养学生的论证、反驳、筛选、利用信息的

能力;要培养学生的公民意识及判断、决定能力;要理解学科的思维方式。

从这些观点中,我们不难看出,发展高阶思维,需要高阶学习活动予以支持,而支撑高阶学习活动的理论基础正是建构主义的学习理论。

建构主义学习理论属于认知主义学习理论的一个分支。它强调了以学习者为中心的教学观,回答了什么是学习、如何学习这两个关键问题。建构主义学习理论认为:学习是学习者主动建构的过程,学习必须发生在一定情境中,学习是学习者与他人交流、协商,将知识同化和顺化的过程,具有建构性、情境性、复杂性和社会性。

根据建构主义学习理论,教师的教学行为和目的,不再是单纯地让学生进行知识的记忆性迁移,而是要培养学生综合运用各种知识与技能的能力,这其中就包括高阶思维能力。因此,建构主义的学习观对高阶思维能力的培养具有十分重要的指导意义。

(一)构建高阶学习活动的教学模式和学习模式

《通过设计来理解》一书的作者威金斯(G. Wiggins)指出,现代课程的基本单位是"问题",课程改革的主要任务是"重新组织"课程,要通过问题设计来组织课程内容。他认为,教师要在自己的教学设计中设计问题,把大量的知识进行重新组织,以促使学生全身心进行探究学习、深刻理解所学的知识、进行高阶学习活动,促进学生高阶思维能力的发展。

具体来说,高阶学习活动教学设计主要体现在以下七个方面。

(1)教学中要有情境有任务。可以是问题情境的建构,也可以是学习氛围的营造。而问题求解的任务应当有一定的难度,能够激发学生的求解欲望,使学生把分析、评价、创造自觉运用到问题求解的过程中,从思维提升的角度发展高阶思维能力。

(2)学生要有学习控制权。这是以学生的学习为中心、把学习主动权交给学生自己的必须做法。只有当学生具有了学习的主动权,才能根据自己的经验背景,对外部信息进行主动的选择、加工和处理，进行积极的、有意义的、双向的相互作用过程的建构，获得练习和运用高阶思维能力的机会，提升自己的思维品质。

（3）教师要通过恰当的教学干预提供"支架"。包括：提供及时的反馈；提供多元化的观点，使学习者通过争论培育独立思维；为知识建构展开必要的讨论；根据过程的需要，及时发问，提供建议、评论并对关键的概念进行清晰的阐释；提供学习者共享经验（如争论等）的机会，以促进相互之间的理解和建构新知。

（4）要开展合作互动式学习。在这种合作互动环境中，当学生必须相互解释观点时，不论他们的能力如何，都能产生比较清晰的和有组织结构的理解结果。这种导致认知变化的共同建构活动，是高阶思维过程发展的关键。

（5）给学生表达和解释的机会。表达和解释是思维结果的外化，需要学习者作出相关的陈述，理解他人的陈述，相互论证或挑战各自的观点。所有这些过程都将直接导致高阶思维的活动和高阶学习开展。

（6）要有效运用信息技术的支持。以技术为介质的学习环境，有利于学生同伴之间共享观念、复习概念和展开讨论，从而促进高阶认知水平的提高。通过内化思想，技术能有效地作为智慧活动和团队合作的支架，并且促进学生以多种多样的方式建构和展示知识。

（7）充分借鉴认知学徒模式。认知学徒模式是一种"做中学"的最早形式，"认知学徒制"改变了传统的脱离现实生活的教学以及传统的学徒制的一些弊端。

（二）开发和建设培养高阶思维能力的校本课程

校本课程是拓宽学生视野、发展学生兴趣、培养学生个性特长的重要载体，校本课程的学习也是高中生高阶思维能力培养的重要途径。物理教师在指导学生科技活动、研究性课题、社团活动等方面，有着学科背景的优势，应该积极参与中学生高阶思维能力培养的校本课程建设，在课程的开发、建设中形成自己的特色，从而建成高中生高阶思维能力培养的独特舞台。

例如:"自动控制"课程的开发。

自动控制实验室中,我们设计了"机械开关—电磁开关—半导体开关—逻辑电路—集成电路—微机控制"的实验学习内容。学生们从最简单的电灯控制开始,设计电路、组装电路,体验和完成各种电气控制动作。如电磁开关控制的抢答器、手动控制的数字灯、自动换向器、光控门、半导体灯光树、传感器控制的运动车,都是这一实验室中学生的典型设计。

这一课程中的学生设计,都是学生根据课程要求自己完成的。但是所有的设计,都必须有学生发布方案、小组讨论、可行性论证等过程,为学生的分析、类比、评价、批判、改进、完善等活动提供平台,促进学生思维的发散,发展学生的高阶思维能力。

例如:"头脑奥林匹克"课程的开发。

头脑奥林匹克课程是对头脑奥林匹克的制作题、语言题、表演题、即兴题的解析和表演。试题由国际头脑奥林匹克总部(美国)发布,解析和表演的创意、舞台、服装等必须由参加者自己设计和制作,注重学生的想象、创造、幽默和工具利用(特别是即兴题)能力。这一课程集学生想象、设计、制作、表演为一体。面对即兴题,学生的思维高度集中、快速运转,要拿出方案,解决一个个障碍。面对长期题,学生需要自己设计剧本、设计服装、设计背景、设计音乐,不仅要完成表演,更要完成相应的制作,如机械加工、道具制作、灯光布置等。所有的环节都需要头脑风暴、团队配合。特别是头脑风暴阶段,方案完全是开放的,没有权威,也没有定论,一切都在学生的讨论、争执、相互批判中诞生。课程不仅对学生的想象能力、幽默能力、制作能力、应变能力、表演能力的发展有着积极的促进作用,也为学生的高阶思维能力的培养搭建了平台。

再如:创新实验室课程的开发。

2010年以来,上海市许多高中都建设了学校创新实验室,不仅给高中生带来了许多科技发展的新鲜内容,而且培养了学生的动手实践能力、想象能力、设计能力、创造能力,发展了学生的高阶思维能力。

以下是某校创新实验室课程开发的案例——乐高机器人初级课程。

乐高机器人初级课程课程计划

第一模块(二课时):乐高机器人零件的初识

教学方法:教师讲述、学生体验。

教学内容:乐高零件按大小、形状、颜色的分类体验。

结构搭建零件的体验、乐高马达的体验。

乐高传感器的体验。

第二模块(二课时):学生制作(一)乐高机器人基础搭建体验

教学方法:教师讲述、学生搭建体验。

教学内容:请学生按照自己的想法搭建一部三轮可行驶小车。

第三模块(四课时):学生制作(二)乐高机器人规范搭建体验

教学方法:教师讲述、学生搭建体验。

教学内容:请学生按照乐高搭建手册所提供的方法改进搭建的小车,并比较自己

所搭建的小车和搭建手册所提供的搭建方法有什么区别。

第四模块(四课时):学生制作(三)搭建能停在终点前的小车

教学方法:教师讲述、学生搭建体验。

教学内容:针对搭建的三轮小车用 NXT 控制器直接编程的方式编写程序。

在不用传感器的前提下实现能停在黑线上的规定动作。

15 分钟小组竞技交流,比赛成绩记入平时成绩。

第五模块(八课时):学生制作(四)搭建能上阶梯的机器人

教学方法:教师讲述、学生搭建体验。

教学内容:上阶梯机器人爬阶梯规则解读。

上阶梯机器人的实现策略分析。

上阶梯机器人的低落差阶梯上行搭建调试体验。

上阶梯机器人的高落差阶梯上行搭建调试体验。

机器人上阶梯部分小组竞技交流,比赛成绩记入平时成绩。

上阶梯机器人难度提升:加负载,加入半包围乒乓球,要求跟车上行。

带负荷机器人上阶梯部分小组竞技交流,比赛成绩记入平时成绩。

上阶梯机器人难度提升:能自动识别最高一级的台阶并能停留在最高级台阶上。

上阶梯机器人能停留在阶梯顶部 3 秒钟,并从阶梯顶端返回出发点。

能完成全程动作的机器人小组竞技交流,比赛成绩记入平时成绩。

第六模块(四课时):学生制作(五)机器人走黑线体验

教学方法:教师讲述、学生搭建体验。

教学内容:机器人光传感器配合搭建体验。

机器人能看到黑线停止并做出指定的动作。

单光传感器机器人能沿着黑线行进指定距离并能看到十字黑线交叉处自动转向。

这一课程,强化了学生的设计和动手能力,与学生已有知识形成了有效关联。同时也特别强调了学生间的交流和讨论,更关注了"分析、评价、创造"等高阶思维培养的要素,这样的课程开发和实践,无疑为高中生高阶思维的培养搭建了良好的平台。

(三)开展广泛的学生课题研究活动

学生课题研究活动,是实现以开放性问题和真实性问题替代课本问题与封闭式问题的思维实践。杜威提出:"思维一定是由'难题和疑问'、'困惑或怀疑'而引发的。"问题的本质决定了思考的结果,思考的结果又控制着思维的过程,因此问题的性质会对高阶思维的发展产生直接影响。传统教学环境下的问题往往是孤立的、封闭的、预先准备的典型问题,很大程度上忽略了与真实生活情境的联系,局限了学生"问题—知识"上的串联与重组,很难引发学生展开反思、批判、创新等思维活动,往往达不到发展高阶思维的目的。

开放性的学生课题,允许学生以自己的眼光和能力去发现问题,允许学生使用广泛的解决方法和策略去分析处理这些问题,允许学生以自己的知识结构理解和解释这些问题,直接把学生放在了推理、思考的最前沿,打开了学生问题解决时的分析、评价、创造的思维之窗,对于学生高阶思维能力的发展,有着积极的促进作用。

三、课堂教学中培养学生高阶思维能力的方法

(一)教学设计——聚焦问题求解的学习活动

问题能促使学生进行有意义的学习,帮助学生从哲理高度来认识所学的学科知识,引起学生的学习兴趣和思考,也能让学生在实践和研究中进行抽象、理解和领悟。

对具体教学来说,问题设计的思路是从基本问题着眼,从单元问题着手,体现基本问题的思想精髓,考虑渐进的、可操作的学习活动方式。正如道奇(B. Dodge)博士指出的,要有效地促进学习者高阶思维能力发展,这些任务必须引发学习者运用如下八个方面的高阶思维能力:

(1)比较、鉴别、阐明事物之间的类似之处和不同之处;

(2)根据事物的属性和特征,将它们分类;

(3)通过观察和分析,归纳出一般化的原理;

(4)通过给定的原理和法则,推论出未知的结果;

(5)分析错误,即找出并阐明自己和他人思维中的错误;

（6）找出支持的论据，即对每一个观点和看法都要给出支持的论据；

（7）概括，即找出庞杂的信息下面隐藏的规律和模式；

（8）提出观点，即能够确定并阐明自己对问题的看法。

也就是说，只有当学习任务设计和学习者的学习活动具有以上若干方面的特征时，才有助于发展学习者的高阶思维能力。

（二）教学组织——聚焦知识共享和互动合作的学习活动

国外高阶思维的研究人员提出了一个基于互动的从知识共享到知识建构的五阶段分析模式，如下表所示。

基于互动的从知识共享到知识建构的五个阶段

阶段/层次	行为特征
1. 信息的共享和比较	以陈述和观察的形式进行言语信息的交流
2. 发现和探究	参与者认识到不同观点和解释之间的差异。在此阶段，典型的表达方式是发问、对概念进行充分的理解和分类
3. 意义的协商和知识的共同建构	运用证据进行意义的协商，确定一致性和差异性，提出相互交流的议题
4. 检验和修正观点	根据标准陈述证据，运用实例和多种调研的观点作支持
5. 对新建构知识的意识	新知识建构的元认知陈述，反思一致性和差异性

知识共享和互动合作的学习活动中，学生与学生之间需要共同针对某些问题进行探索，并在探索的过程中相互交流和质疑，了解彼此的想法。由于经验背景差异的不可避免，学习者对问题的看法和理解经常是千差万别的。但是，在学生的共同体中，这些差异本身就是一种宝贵的现象资源，它可以激发学生的思维碰撞，可以促进学生的反思，促进相互之间观点的评价，张扬批判性思维，检验或修正自己和他人的观点与假

设,引发更为合理的创造。

(三) 教学形式——提倡建构主义学习理论的学习活动

高阶思维能力的培养的重要方法,是在课堂教学中构建建构主义学习理论所倡导的教学形式。

1. 支架式教学(Scaffolding Instruction)

支架式教学应当为学习者建构对知识的理解提供一种概念框架(Conceptual Framework)。这种概念框架是发展学习者对问题的进一步理解所需要的,为此,事先要把复杂的学习任务加以分解,以便于把学习者的理解逐步引向深入。

支架式教学是以苏联著名心理学家维果斯基(L. Vygotsky)的"最近发展区"理论为依据的。维果斯基认为,在测定儿童智力发展时,应至少确定儿童的两种发展水平:一种是儿童现有的发展水平,另一种是潜在的发展水平,这两种水平之间的区域称为"最近发展区"。教学应从儿童潜在的发展水平开始,不断创造新的"最近发展区"。支架教学中的"支架"应根据学生的"最近发展区"来建立,通过支架作用不停地将学生的智力从一个水平引导到另一个更高的水平,并在这种智力提升的过程中,不断发展学生的高阶思维能力。

支架式教学由以下几个环节组成:

(1)搭脚手架——围绕当前学习主题,按"最近发展区"理论的要求建立概念框架。

(2)进入情境——将学生引入一定的问题情境。

(3)独立探索——让学生独立探索。探索内容包括:确定与给定概念有关的各种属性,并将各种属性按其重要性大小顺序排列。探索开始时要先由教师启发引导,然后让学生自己去分析;探索过程中教师要适时提示,帮助学生沿概念框架逐步攀升。

(4)协作学习——进行小组协商、讨论。讨论的结果有可能使原来确定的、与当前所学概念有关的属性增加或减少,各种属性的排列次序也可能有所调整,并使原来多种意见相互矛盾且态度纷呈的复杂局面逐渐变得明朗、一致起来。在共享集体思维成果的基础上达到对当前所学概念比较全面、正确的理解,即最终完成对所学知识的意义建构。

(5)效果评价——对学习效果的评价包括学生个人的自我评价和学习小组对个人的学习评价,评价内容包括:自主学习能力;对小组协作学习所作出的贡献;是否完成对所学知识的意义建构。

2. 抛锚式教学(Anchored Instruction)

这种教学形式要求教学建立在有感染力的真实事件或真实问题的基础上。确定这类真实事件或问题的过程被形象地比喻为"抛锚",因为一旦这类事件或问题被确定了,整个教学内容和教学进程也就被确定了。学生要想完成对所学知识的意义建构,达到对该知识所反映事物的性质、规律以及该事物与其他事物之间联系的深刻理解,最好的办法是到现实世界的真实环境中去感受、去体验(即通过获取直接经验来学习),而不是仅仅聆听别人(例如教师)关于这种经验的介绍和讲解。抛锚式教学以真实事件或问题为基础,在感悟中比较、分析、判断事物的性质、规律,最终完成对事件或问题的解释,对于学生的思维能力发展有相当大的助益。

抛锚式教学由这样几个环节组成:

(1)创设情境——使学习能在和现实情况基本一致或相类似的情境中发生。

(2)确定问题——在上述情境下,选择出与当前学习主题密切相关的真实事件或问题作为学习的中心内容。选出的事件或问题就是"锚",这一环节的作用就是"抛锚"。

(3)自主学习——不是由教师直接告诉学生应当如何去解决面临的问题,而是由教师向学生提供解决该问题的有关线索,并特别注意发展学生的"自主学习"能力。

(4)协作学习——讨论、交流,通过不同观点的交锋,补充、修正、加深每个学生对

研究编

当前问题的理解。

（5）效果评价——由于抛锚式教学的学习过程就是解决问题的过程，由该过程可以直接反映出学生的学习效果。因此对这种教学效果的评价不需要进行独立于教学过程的专门测验，只需在学习过程中随时观察并记录学生的表现即可。

3. 随机进入教学（Random Access Instruction）

对同一教学内容，在不同的时间、不同的情境下，为不同的教学目的、用不同的方式加以呈现，换句话说，学习者可以随意通过不同途径、不同方式进入同样教学内容的学习，从而获得对同一事物或同一问题的多方面的认识与理解，这就是所谓"随机进入教学"。而这中间的一个典型的特征，就是学习者可以通过多次"进入"同一教学内容，达到对该知识内容比较全面而深入的掌握。值得指出的是，这种多次进入，绝不是像传统教学中那样，只是为巩固一般的知识、技能而实施的简单重复。这里的每次进入都有不同的学习目的，都有不同的问题侧重点。因此多次进入的结果，绝不仅仅是对同一知识内容的简单重复和巩固，而是使学习者获得对事物全貌的理解与认识上的飞跃，而从高阶思维能力培养的角度看，这种多次进入，就是多次分析、多次评价、多次构建和创造的实践。

随机进入教学主要包括以下几个环节：

（1）呈现基本情境——向学生呈现与当前学习主题的基本内容相关的情境。

（2）随机进入学习——取决于学生"随机进入"学习所选择的内容，呈现与当前学习主题的不同侧面特性相关联的情境。在此过程中教师应注意发展学生的自主学习能力，使学生逐步学会自己学习。

（3）思维发展训练——由于随机进入学习的内容通常比较复杂，所研究的问题往往涉及许多方面，因此在这类学习中，教师还应特别注意发展学生的思维能力。

（4）小组协作学习——围绕呈现不同侧面的情境所获得的认识展开小组讨论。在讨论中，每个学生的观点在和其他学生以及教师一起建立的社会协商环境中受到考察、评论,同时每个学生也对别人的观点、看法进行思考并作出反应。

（5）学习效果评价——包括自我评价与小组评价,评价内容包括:①自主学习能力;②对小组协作学习所作出的贡献;③是否完成对所学知识的意义建构。

（四）学习环境——提倡真实环境的创设

学习环境是一个支持和促进学习的场所。教学设计中,应充分注意针对学习环境的设计而非教学环境的设计。因为,教学意味着更多的控制与支配,而学习则意味着更多的主动与自由,学习环境是学习者可以在其中进行自由探索和自主学习的场所,也是学生之间可以相互协作和支持的场所。要解除对学生思维的束缚,发展高阶思维,就应该彻底变革学生学习受到严格控制与支配的状态。处于真实情境中,学习的目的在于能够真正运用所学的知识去解决现实世界中的实际问题。学习者所处情境越真实,需要解决的问题越现实,学习者的学习积极性越高,主动性越强,自由性越大,学习过程也就越生动、有效,高阶思维能力的培养也就越有可操作的载体。

（林　勤）

物理教学中培养高中生高阶思维能力的思考

思维能力从来就被视为创新能力的重要因素。不论是对生活、对科学的态度,还是特长发展的选择,或是问题解决的实践,都离不开思维能力的发展,特别是高阶思维能力的发展。因此,高阶思维能力的培养既是高中生创新素养培养的一个核心,也是物理教学中对于学生培养的追求。

一、高阶思维与高阶思维能力的培养

所谓高阶思维,是指发生在较高认知水平层次上的心智活动或认知能力。我们可以看一下 2001 版布卢姆教育目标认知分类的情况。其中高阶思维在认知层次中表现为分析、评价和创造。

认知层次	行为动词	思维分类
记忆	再识、识别、回忆、追忆	低阶思维
理解	解释、举例、分类、总结、推断、比较、分析	
应用	执行(熟悉的任务应用)、利用(不熟悉的任务应用)	
分析	辨别、区分、集中、选择、整合、分解、概述、构造	高阶思维
评价	检查、探测、监控、测试、评论、判断	
创造	产生、假设、规划、设计、创作、制作、发明	

国内教育界对高阶思维的描述不多,但也认同高阶思维是较高认知水平层次上的心智活动或认知能力,是一种跨学科、跨知识领域、能对思维予以评价的思维,是生成

性思维和批判性思维的互补运用,是富于创造性的跨学科知识的思维。

高阶思维是高阶能力的核心,直接表现为创新能力、问题求解能力、决策力和批判性思维能力。高阶思维能力集中体现了知识经济时代对人才素质提出的新要求,是适应知识时代发展的关键能力。

高阶思维与高级思维是容易被混淆的两个概念。高级思维是一个相对概念,是一种思维相对另一种思维比较而言的。例如抽象思维相对于形象思维可以称之为高级思维,立体思维相对于平面思维也可以称之为高级思维。高级思维不仅具有相对性,而且会随着思维者的年龄、阅历、思维水平的提高而变化。高阶思维则不同,它对应着认知水平和层次,是根据教学目标分类而确定的,对它的描述,也有着较为确切的认知行为动词解释。

关于高阶思维能力的培养,钟启泉教授指出:发展高阶思维,需要高阶学习活动予以支持——要以学习者为中心;要开展问题求解的学习活动;要形成知识共享、互动合作的学习模式,同时还应该注重交叉学科知识的学习,注重环境营造,注重教师有意义地引导。

香港学者陈浩文博士在谈到如何提升高阶思维时也指出:要提升高阶思维,就要培养学生的论证、反驳、筛选和利用信息的能力;要培养学生的公民意识,判断、决定能力;要理解学科的思维方式。

思维能力从来就被视为创新能力的重要因素。不论是对已有知识或已有作品的审视反思,还是新知识的融合、构建,新项目的设计完善,问题解决的实践,都离不开思维水平的支撑,特别是对应"创造"等级的高阶思维能力的支撑。

二、物理课堂教学中高阶思维能力培养中的关注点

1. 关注高阶学习活动方式组织教学

高阶思维的培养,需要以高阶学习活动方式组织教学,"分析、评价、创造"需要建

构"概述、构造、检查、表述"的课堂环境,搭建学生相互合作进行"评论、判断"的思维碰撞的平台,从而达到"产生、假设、规划、设计、创作、发明"的目标。经过多年课改的实践,高阶学习活动方式对于广大物理教师是非常熟悉的。"问题教学法"、"抛锚式教学"、"支架式教学"、"合作学习"、"讨论式学习"、"探究式教学"、"头脑风暴"、"学徒式学习"等等,许多都是老师们耳熟能详并已广泛用于课堂的行之有效的教学方法,只要在这些教学方法使用过程中不流于形式,能体现高阶思维培养的核心要素,注重"分析、评价、创造"的目标,高阶思维能力培养就能落实在课堂物理教学中。

案例:某教师"电场"教学后的体会

"静电场"复习时,我布置了一道练习题。如图,两个带电量为$+Q$的电荷相距$2a$,

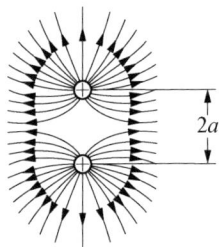

在它们周围的电场中,有一带负电的粒子(不计重力)正在做匀速圆周运动,该粒子的运行轨道应在哪里?呵,这下可是热闹了。有的说是在围绕两个点电荷之外的距离较远的圆周上;有的说是在绕着某一单个点电荷的圆周上;有的说是在绕着一个核转动且正对另一个核的位置上;也有的说是在垂直于点电荷连线中点的平面上;还有的则拿出了2号元素原子(核内有两个质子)核外电子的模型作为佐证……我没有简单地将哪一种说法直接否定,而是组织学生自己辩论、自己判断。辩论中我要求学生讲清自己的理由,找出他人的错误,以理服人。经过一番激烈的争论,学生们从核外电子轨道的佯谬到电子云的形状,从几率的意义到衍射条纹的实质,进行了条理分明的阐述,明确了这两种模型的不可比性,以及粒子绕双电荷做匀速圆周运动的不可能性。辩论中,同学们还对粒子重力不能忽略的情况作了进一步的发挥——可以在以点电荷连线为轴的上方平面旋转,并计算了这种情况下的回转半径以及与点电荷的距离。这节课给学生留下了深刻的印象,不仅这一部分的知识要求得到了落实,学生的思维发展也得到了较好的训练。尽管这样的教学在课时使用上较为"奢侈",但从培养学生高阶思维的角度看,确实是值得的。

演讲、点评、辩论等教学活动,都是有别于传统课堂教学形式的。这些教学组织形式最大的特点是提供了开放、宽松、自由的思维环境,让学生去自由思考、自由批判、自由表述,这对于学生高阶思维能力的培养,具有积极意义。

2. 关注物理课堂中思维教学内容的渗透

高阶思维能力的培养,是可以开设一些专设课程的,例如思维课程。在这个课程中,可以让学生学习思维方法,体会不同思维方式的差异,更好地理解思维科学的意义。但是物理教学毕竟不能等同于思维专设课程的教学,只能在教学中利用物理问题有目的地渗透思维发展的内容,提高学生的思维品质。

案例:发散性思维的欣赏

如图,给出若干蜡烛、一盒火柴、一些图钉,一段绳子,如何把蜡烛竖直在墙面?进而分析蜡烛所受的力。

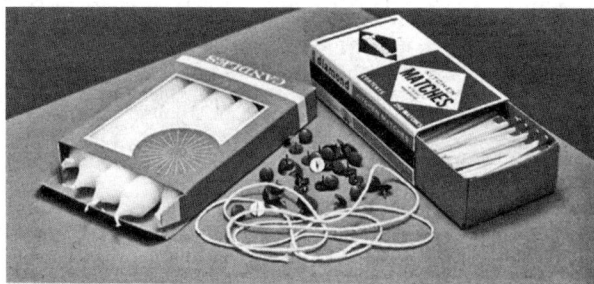

蜡烛所受的力,除重力外取决于蜡烛竖直在墙面的方式。蜡烛竖直在墙面的方法很多,利用绳钉悬挂法、利用蜡油粘合法等等,最简单的则是将蜡烛直接放在地面、靠在墙面(虚接触)。不同的操作方法使得蜡烛的受力性质不同。如果仅从物理角度分析力的性质、大小、方向等问题,这样的教学是标准的。但如果注意到学生高阶思维的培养,教学可以更进一步,通过蜡烛竖直在墙面的方式,进行思维方法的教学渗透。

蜡烛竖直在墙面方式的问题,有点像"脑筋急转弯",但却打破了学生长期形成的固有思维模式,改变了思维定式。所谓思维定式是指人们习惯使用以往常用的思维方式来看待和解决问题,形成固有的思维习惯。例如在这个问题中,看见绳钉就想到了悬挂,看见火柴蜡烛,就想到了点燃,这就是思维定式。在解决问题的过程中,人们能否改变事物固有的功能以适应新的问题情境的需要,常常成为解决问题的关键(功能变通)。原有的一些习惯有时会节省时间,提高效率,但有时却会阻碍思维的发展。要提高认知水平,就需要在集体的头脑风暴中不断汲取别人的思维所长,修正自己的观点,使分析、综合、评价、创造能力得以提升。

3. 关注学生讨论发言的批判性思维成分

现在的课堂教学方法,绝大多数都具备"问题教学"特征。这一类型的教学方法中,学生的合作学习、讨论交流环节不能缺失。如果学生在交流过程中,只是介绍自己的方法或方案给其他人分享,那是不够的——至少缺失了对方案的评价。通过观察、倾听、分析,发现他人问题解决方法的不足和缺陷,及时指出(评价),并能修改完善,甚至另辟蹊径重新设计(创造),重新予以评价,这样的思维过程既包含了生成性思维过程,又张扬了批判性思维过程,符合高阶思维能力培养的基本要素。

案例:静电除尘现象的解释

通过实物投影仪,讲台上的装置被清晰地投放在大屏幕上。一个广口瓶,橡皮塞中央插了一根铜棒,瓶身外绕了几圈粗导线。一个直流高压电源通过开关一端和铜棒相连,另一端和粗导线的一端相连。老师向同学们介绍了整个装置后,打开橡皮塞向瓶中喷入了浓烟,然后塞紧瓶塞。只见瓶中烟雾弥漫、一片浑浊。然而随着开关闭合、五万伏高压的加载,瓶中的烟雾浑浊立刻消失,恢复了清澈透明。

同学们被这魔术般的"表演"完全吸引住了。数秒的沉寂后,教室里开始了热烈的讨论。同学们三人一组、四个一群,一边分析、比画,一边争论、说理,几个同学甚至还围住了讲台,仔细地审视着各个装置,大家都想尽快搞明白这烟雾是怎样消失的。几分钟后,老师将同学们的观点进行了集中:(1)瓶中形成了磁场,烟雾因磁场吸引而消失;(2)瓶中形成了电场,带电粒子因电场力作用被吸附到铜棒和瓶壁上。

"瓶中怎么会有磁场呢?"有同学开始质疑了,"铜棒和导线没有构成回路,没有电流,不可能形成电流的磁场。""我们撤销观点。"也许是被"点中了要害",提出磁场的同学接受了其他同学的观点。全班同学的意见开始趋于统一了。

"烟雾中有带电粒子吗?通常的物体都是电中性的呀。"不知哪位同学嘟囔了一句。教室里寂静了,也许是同学们都没有想到的缘故吧,大家都不知该怎样回答,讨论也开展不起来了。

"我为大家重新做一遍实验。不过,这次我要调整电压,请大家注意瓶中的效果。"老师说着重新开始了操作,只是瓶中充满烟雾后,电压调到了三百伏。"没什么效果嘛!"有同学开始小声议论着。电压继续上升了。五百伏、八百伏……每隔几秒,电压都重新调节一次,上万伏了——瓶中的"魔术"重现了。

"为什么电压低的时候没有效果,一定要加到几万伏的高压呢?""是啊,几百伏也应该有电场,照理说也应该对带电粒子有电场力呀?"同学们的情绪又一次被激发了。这次,问题的关键变成了为什么要加载高压,高压的作用效果到底在哪里。

"即使是低压,电场还是存在的,没有效果,只能说明烟雾粒子不是带电粒子。"

"高压产生了效果,说明高压时烟雾粒子应该是带电的。"

"低压时粒子不带电,高压时粒子带电,难道粒子是被催化了吗?"

"电离,对,是电离。高压使电中性的分子电离了。"

"电中性的分子被电离,形成了带电粒子,带电粒子在电场中受电场力作用运动,吸附到瓶壁和铜棒上,烟雾就消失了。"

同学们的讨论、研究,终于完成了"静电除尘"的解释。

在随后的课堂点评中,教师一方面确认了学生的讨论结果,另一方面,则重点对学生的讨论过程进行了分析,特别是对否定"磁场作用"和"烟雾带电"两个假设的过程,进行了点评。他鼓励学生通过实验、观察、分析,去否定、去批判、去假设,从而提高自己的认知水平和思维水平。

4. 关注"一题多解"的指向性

"一题多解"是教学中经常采用的教学方法。它要求学生不为解题定式左右,通过生成性思维的过程和方式,获得更多的解题方法。但是新的解题方法是技巧上的提高,还是解题思维上的变化,是在他人基础上的改进,还是自己全新设计,这是需要教师有所关注,进而才能正确点评和激励学生。

案例:物体做匀变速直线运动时的加速度

某做匀变速直线运动的物体,在通过两个连续相等的位移 s 时,经历的时间分别为 t_1 和 t_2,试求该物体匀变速直线运动时的加速度。

该题的常规做法是设初速度、加速度和时间,按运动学基本公式代入,即可求出结果。另一种做法则是利用平均速度的概念,分别求出两段位移的时间中点的即时速度,然后根据加速度定义求出结果。

关注到了教学的思维培养,教师请学生介绍他们是如何思考的。

学生 A:我最初试着用基本方法求解,可是方程中几处都出现了二次函数,求解太烦了,我相信应该有更简单的办法,于是就想到了用平均速度来解。

学生 B:我仔细地审题,发现题设条件隐含了平均速度的概念,我就选择了用平均速度的方法求解。

可以看出，B同学从接受信息开始，"分析"、"评价"的过程就开始同步，而A同学"分析"过程不够仔细，也未能及时评价，碰到钉子后才进入"评价"过程，所以效率较低。当然A同学在对原求解方法的评价中表现出来的较为明显的批判性思维，是应该值得肯定的。如果本体教学中教师的关注点仅仅是两种解题方法本身的比较，那就不可能对思维的发展作出较为有效的评析。

案例：悬挂的大环

光滑大环被轻绳悬起，从环的上端释放两个套在大环上的小球（如图所示）。环与球的质量不能忽略。小球滑至何处，轻绳张力为零？

按照正常解题逻辑分析：环必受小球给其沿径向的弹力，因此球只能在上半环时使大环受到斜向上弹力（与球受向心力方向相反），也才有可能使悬线张力为零。利用能量守恒、向心力、平衡、隔离法、力的分解等，可以求出结果。

但如果换个角度思考：有重量的物体被悬挂起来，为什么悬绳张力可能为零呢？这只有在失重的状态下才能实现。利用系统分析、失重、分解等方法，也可以求出结果。

这两种求解，在方法上差异较大，而思维的差异更为明显。前者在问题研究时选取了独立对象，后者则采用了系统分析；前者的解题思维按部就班可以称为直线思维，后者的思维则是由结果反问属于逆向思维。本题教学中如果在注重求解方法差异的同时，有意识地从思维角度去分析类似的问题，就可以成为高阶思维能力培养的切入点。

5. 关注探究性实验方案的评价

在研究性学习中开展实验方案设计，对于中学生物理核心素养的提升，有着积极

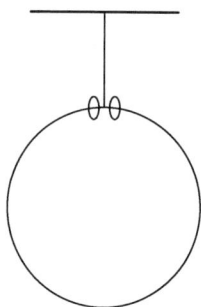

的作用。探究性实验中对于学生猜想的验证,形成的是"事实评价"。而在"事实评价"形成之前,加强对实验方案(或设计)的"思维评价",则是凸显"分析、评价、创造"的过程,强化了学生的思维活动。所以,在研究性学习中应注重组织学生,开展实验前对于实验方案的评价。

案例:动摩擦因数的测定

为了测量物体间的动摩擦因数,两位同学分别设计了两种不同的实验方案。

方案 A:

在水平桌面上,用测力计水平拉动一个已知质量的滑块,使滑块匀速运动,读出测力计的读数。再根据物体平衡时的受力关系,得出此时滑块所受滑动摩擦力的大小。更换材料相同、质量不同的滑块,重复操作,可以得到若干组滑动摩擦力的数据。将摩擦力数据和对应的滑块质量列表,就可以计算得到滑块与桌面间的动摩擦因数。

方案 B:

水平桌面上铺有一张白纸,白纸上放着一个已知质量的滑块,滑块一端被水平绳拉住,水平绳则与固定的测力计相连。沿水平绳向滑块另一端方向拉动白纸,即可读出此时的测力计读数——滑动摩擦力的大小。更换材料相同、质量不同的滑块,重复操作,可以得到若干组滑动摩擦力的数据。将摩擦力数据和对应的滑块质量列表,可以计算得到滑块与纸面间的动摩擦因数。

教学中实验方案分析评价的讨论非常热烈,两个实验操作的稳定性、可持续性、可视性、测量结果的不一致性等等,一个个问题都被提了出来,而随着问题的发现,新的设想也诞生了。方案 B 中的测力计可以由力传感器替代,方案 A 中滑块的拉动可以改为过滑轮的砝码下落……学生的思维通道被打开了。两个方案最终都进行了操作,也验证了学生对方案的评价。但就整个教学过程而言,最为出彩的就是对实验方案的评价过程。

6. 关注教师自身的行为模式

高阶思维的一个重要特征是能够"对思维进行思维和评价",这就需要培养学生不受束缚、敢于思考、敢于批判、敢于评价、敢于挑战的勇气和态度。作为教师应该更加关注自身的行为模式,不迷信权威,敢于挑战课本,敢于挑战已有结论,敢于对教材进行"批判性"评价,以自己的学术思维方式,感染学生,在培养学生高阶思维能力的过程中,为学生做出表率。

三、物理教师要积极参与中学生高阶思维能力培养的校本课程建设

校本课程是拓宽学生视野、发展学生兴趣、培养学生个性特长的重要载体,也是高中生高阶思维能力培养的重要渠道。物理教师在指导学生科技活动、研究性课题、社团活动等方面,有着学科背景的优势,应该积极参与中学生高阶思维能力培养的校本课程建设,在课程的开发、建设中形成自己的特色,从而建成高中生高阶思维能力培养的独特舞台。

例如:校本辩论课程的开发。辩论课程就是彼此用一定的理由来说明自己对事物或问题的见解,驳斥对方观点,以便最后得到正确的认识或共同的意见。辩论呈现出的是辩手在接受信息后的分析、评价、创造能力,凸显的是批判性和创造性思维的能力。几年来我们已经看到,辩论课程已经不再是文科教师的"专利",已经在物理课堂、科技活动中大放异彩。

再如:创新实验室课程的开发。2010 年以来,上海市许多高中都建设了学校创新实验室,不仅给高中生带来了许多科技发展的新鲜内容,而且培养了学生的动手实践能力、想象能力、设计能力、创造能力,发展了学生的高阶思维能力。

以下是某校创新实验室课程开发的案例——"能源实验室"课程计划:

第一模块(二课时):能源的知识

　　教学方法:教师讲述、学生资料查询交流。

　　教学内容:能源的概念、常规能源、新能源、一次能源、二次能源、能源的使用、能源的危机。

第二模块(一课时):能源模型的参观

　　教学方法:实地参观、教师讲解。

　　教学内容:火力发电、风能发电、太阳能发电、核能源。

第三模块(一课时):发电机原理

　　教学方法:教师授课、教具观看、学生体验。

　　教学内容:右手定则的应用;直流、交流发电机模型;发电照明模型。

第四模块(四课时):学生制作(一)水力发电机模型

　　结构式积木搭建场景;

　　发电机模型、水力冲击系统;

　　各种灯泡发光表示效果。

第五模块(四课时):学生制作(二)云霄车机械能守恒模型的研究

　　轨道的设计;

　　轨道平整度调适;

　　小球运动的能量守恒及测量。

第六模块(四课时):学生制作(三)太阳能发电的应用

　　太阳能电池板电动势、内电阻的测定;

　　太阳能发电储存实验;

　　太阳能动力的应用(路灯、电扇、水泵等)。

第七模块(四课时):学生制作(四)风能发电机模型和应用

　　风力发电机(水平、垂直)功率测定;

风能动力小车安装。

第八模块(四课时):学生课题研究作品介绍

      教学形式:学生作品展示;

                学生制作交流。

      教学内容:重力发电模拟装置;

                太阳能滴灌模拟装置。

这一课程,从第四个模块开始,强化了学生的设计和动手实验,不仅与学生已有知识形成了关联,更涉及"分析、评价、创造"等高阶思维培养的要素,这样的课程开发和实践,无疑为高中生高阶思维的培养搭建了良好的平台。

高中生高阶思维能力的培养,是高中教育人才培养的一个重要内容,也是高中物理教学中物理教师应该关注的问题。只要我们在物理教学中重视这个问题,有目的、有意识地加强高阶思维培养的教学设计和课堂引导,加强教学中对学生思维发展水平的研究和分析,就一定能在高中生高阶思维能力的培养中,获得更多的经验和成功。

(林　勤)

高中物理课堂教学中培养学生高阶思维的实践

一、对高阶思维的认识

1. 什么是高阶思维

美国教育家布卢姆及其后人按照认知的复杂程度，将思维过程具体化为六个教学目标，即学习时需要掌握的六个类目的行为表现，由低到高包括记忆、理解、应用、分析、评价、创造。其中分析、评价、创造，通常被称为高阶思维。这一分类理论，为教师在教学实践中将高阶思维能力的发展与具体的课程和教学有效整合起来、为教师评价自我的教学是否有利于促进学习者的高阶思维能力提供了一种便利的图式。

2. 为什么要培养学生的高阶思维。

当今是知识爆炸时代，由于信息技术承担了记忆性和检索性的工作，人类前所未有地减轻了记忆的负担，这要求人类去发展计算机所不具备的高阶思维能力。社会需要有高阶思维的终身学习者，他们有能力分析新情况、将新信息与已知信息联系起来、批判性地思考和创造性地解决问题、改进过程、理解世界。因此具备高阶思维的价值在于，它能帮助学生更好地为将来的工作、生活、学习做准备。

3. 通过教育培养可以改善和提高学生的思维品质

思维可以培养和教授，高阶思维作为思维的高级形式，自然也可以在教学中获得提升。需要经过相应良好的教学实践和练习才能将思维技能的教学与课程的教授融合在一起。教学必须要让学生学会思考、学会怀疑、学会质询，而不是停留在教给学生现成的结论或答案上，要使他们即使不打算成为科学家，也能通过在自己的生活中使用高阶技能，成为仔细、熟练的"科学思想家"。

如何在物理课堂教学中设计发展学生高级思维能力的任务？以下从实践操作的角度，提出基于高阶思维的培养的物理课堂教学任务设计。

二、体现高阶思维的物理课堂教学活动类型和教学活动环节

1. 教学活动类型

根据布卢姆的关于高阶思维的分类理论和实践研究，我们得出教师在课堂教学中培养学生高阶思维的教学活动过程就是在教师的启发诱导下，以学生独立自主学习和合作讨论为前提，让学生通过个人、小组、集体等多种解难释疑尝试活动，将自己所学知识应用于解决实际问题的一种教学形式。活动中学生不仅能就所学的内容向教师质疑、与教师争论，提出自己的观点和看法，还可以依据一些课外的知识进行推理、猜测，发表自己的分析和论断。

我们将可以培养学生高阶思维的高中物理教学内容，分为主题讨论和片段辨析的活动类型。

主题讨论可以持续一到两节课，这往往出现在知识复习、实验设计整理课当中，也可出现在较难探究新的概念、规律当中，可合理选取其中一点展开部分探讨。

而片段辨析一般用时在十分钟左右，这往往出现在新概念、新规律的教学中。围绕运用基本知识和学科原理框架对新经验和新知识建构起新的理解，教师在课前精心准备情境、素材，提供一系列"问题"，引发学生在课堂中展开针对问题辨析的实作活动。

2. 教学活动环节

培养学生高阶思维的教学活动没有固定的活动模式，但是"提出问题、激发质疑"、"组织讨论"、"分析解决方案"、"归纳总结"、"分析应用创造"这些环节需要设计，尤其是"经过反思—问题生成—探究、批判—解决问题"的过程不可缺失，只有在这个过程

中,才能体现出学生分析、评价的能力,才能激发出他们的创造能力。

教师在活动展开过程中应做如下几个方面的指导:

在分析问题时,看学生能否区分问题中的有关信息和无关信息,是否知道自己所作出的假设;给学生提供几种看问题的角度、方式,让学生再提供一些其他的理解角度;鼓励学生从不同角度来看问题;要求学生向别人解释问题的意思;引导学生思考平常物体的不平常用途,打破理解中的定式和功能固着。

在思考、解决问题过程中,教师不只强调获得最后答案,还让学生为他们所采取的每一步推理提供解释:自己的思路是什么? 所依据的原理、规则是什么? 为什么要这样做,等等。这可以促进学生对思路的深层加工。常常问学生"如果……会发生什么",促进学生的推理活动;引导学生联想类似的问题是怎样解决的,运用类比去思考问题,运用反推法分析解决问题。

在问题解决之后,引导学生反思自己的解决过程,思考从中受到了什么启发,对知识有什么新理解,思考这一问题的其他解法。组织学生讨论、交流解题的思路和方法,特别是让想法不同的学生相互"交锋"。

因此,这些活动环节的实施,课堂中应该提供充分的时间,不能为了盲目追求结果而草草收场,应保证学生高阶思维的展开,促进高阶思维能力的提高。

三、依据不同的教学内容设计问题情境,提高高阶思维的实际操作

要促进学生的高阶思维,就需要教师把教学内容转化为高品质问题,把传统的知识点灌输设计转化为任务驱动、问题导向的学习。所以培养高阶思维的教学任务设计的核心就是问题设计。

我们从以下几个方面的操作实施来探讨将课堂教学内容转化成培养学生高阶思维的问题。

1. 运用物理史料建立问题情境,通过"再现法"转化物理教学内容

科学家的每一个科学发现过程就是一个创造过程,如果讲解重要现象和规律的发现过程时,在教学中能创设环境,让学生再创造一次,这样学生在活动过程中,不仅深入理解了物理规律,同时高阶思维能力也得到发展。用"再现法"转化教学内容时,先向学生适当介绍现象和规律发现前的科学背景,注意把科学发现及研究过程中所遇到的问题,一步一步提出来,先让学生自己去探索、讨论、设计解决问题的途径和方法,然后循着科学家的思路引导学生修正思路,重做有关的实验,从而发现现象及规律。

案例:电磁感应现象(片段)

教师:丹麦物理学家奥斯特发现电流的磁效应后,英国物理学家法拉第对电流的磁效应作了一系列的研究,之后他在日记中写下了"电能生磁,磁也能生电"这一光辉思想。后来,法拉第经过十年的探索及无数次的失败证明了这一观点。现在我们一起来探索这一问题。你怎样设计实验验证"磁也能生电"的观点?

学生甲:将一带有灵敏电流表的闭合回路放在一磁铁旁边,观察指针是否偏转。

学生乙:先将一线圈与电池相连,产生电流的磁场,然后,将这一线圈放入带有一灵敏电流表的闭合线圈中,观察指针是否偏转。

在实验操作的过程中,教师先将电流表的表盘背向学生,待磁场稳定后再将其表盘面向学生。

教师问没有观察到电流的可能原因有哪些,怎样改进实验?

学生讨论:可能是磁场太弱了,或电流表的灵敏度不高,可把磁铁的磁场增强,或将线圈制成螺线管,并且插入铁芯……

教师按学生的要求增强磁场,但仍将电流表的表盘先背向学生,待磁场稳定后,再将表盘面向学生。

教师问实验操作过程中,造成没有观察到电流的可能原因有哪些,怎样改进实验?然后让学生继续讨论……

学生发现在实验操作过程中没有同时看电流表。这时教师把表盘面向学生,重复上述实验,让学生全面、仔细观察。磁铁插入或抽出时有电流,放在线圈里面不动时无电流;开关合上或断开时有电流,开关合上后无电流;滑动变阻器的滑动片滑动时有电流,不动时无电流。

继续试验研究……

教师问磁体与线圈的相对运动是产生感应电流的必要条件吗?

学生讨论:不是,是 B 的大小的变化在起作用。

教师:你怎样发现的?

学生:我们刚才在副线圈内转动原线圈,并没有感生电流产生。这就是由于对称性,B 大小未变的原因。

教师进一步引导学生分析并总结出,以上几种情况都表明在磁场变化时才有感应电流,磁场稳定时无感应电流。教师继续介绍历史上物理学家是怎样发现电磁感应定律的……

反馈点评:进行实验的设计,激发学生从表象到核心的思考,使其认识到是磁场的变化在起作用。否决相对运动,证实是磁场的大小在起作用,在分析比较的过程中找到问题的核心所在进行猜想和证实,这体现了学生思维中的"评价"的层次。实验过程驱使观察者重新审视已有的材料,从更深层次的角度来思考产生感应电流的真实原因,将思维的高度推向极致。"再现历史"完成"磁生电"这个目标,学生需要从多个角度看待问题,需要寻求多个相关物理量的暂时统一的条件,需要寻找物理规律使用的局限,从正、反两个方面研究物理过程,寻找发生质变时量值的边界,无疑这个过程促进了学生高阶思维的发展。

2. 运用开放的方式建立问题情境,通过"联想、类比"转化物理教学内容

没有现成答案的问题对学生更具有吸引性,更具有挑战性,学生的思维不易受到限制,其思考的过程才更能锻炼学生的高阶思维。学生在学习比较抽象和难度较高的要整体把握的物理概念及规律时,以及在复习综合整理重要的概念和规律的习题时,思维是比较被动和薄弱的,因此,教学中,教师应设计一系列多角度、多层次、方法的开放性的问题,为学生搭建一个质疑、争论、评价的平台,在分析观察、寻找规律的过程中,学生利用自己丰富的联想和跨界类比的方式解决问题,最终得出系列结论。由于这是学生自己在现有知识网络的结点上通过心智活动的不断参与,去联结出新的知识与信息,所学习的内容就是动态的,这非常有利于所学物理知识的发展和灵活地远迁移,因此也就具有创造性。如:在《电场》一章的教学过程中,电场本身的不可见和抽象性让许多学生产生畏难情绪。因此在实际的教学过程中,可以通过电场和重力场知识的对比,为学生创设探究式的问题情境,互相探究,来更好地了解电场的特点。

重力场		电场	提出的问题
重力场强度	←	电场强度	如果有重力场强度,该怎样定义?
高度差	→	电势差	电势差也跟路径无关吗?
重力做功	→	电场力做功	电场力做功也与路径无关吗?
重力势能	→	电势能	电场力做功会等于什么?

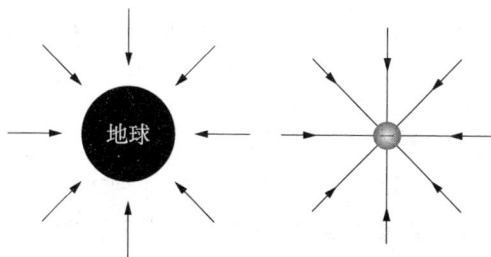

类比转化的方法运用加速了思维的升华。借助物体在重力场中的运动,类比带电粒子在静电场中的运动,发现两者可归结为同一物理模型,从而使学生对这两种场中的运动本质特征的认识达到了新的高度。通过类比,比出运动特征和规律,比出分析问题和研究问题的思路和方法。

案例:机械波各个时刻的形状变化有什么联系?

提供情境素材:如果我们在波源开始振动后的某一时刻对其拍一张照片,就能得到该时刻的机械波的形状。(画出 $t = \frac{1}{4}T$、$t = \frac{2}{4}T$、$t = \frac{3}{4}T$、$t = \frac{4}{4}T$、$t = \frac{5}{4}T$、$t = \frac{6}{4}T$、$t = \frac{7}{4}T$ 时刻的波形图)

思考讨论:展开你的联想,观察各个时刻的形状变化都有什么联系?

同学甲:选取一个质点为研究对象,分析它及与它相邻的质点,依据定义,通过传播方向上依次带动的方法得出波形。

受到同学甲启发,其他同学联想到:如果选取一个质点为研究对象,用"矢量三角形"、用"逆向行车"等等来形容"波的形状、传播方向、质点振动"之间的关系。

同学乙:如果取一段确定的波形为研究对象,从整体上看出这个波形是如何在各时刻沿传播方向迁移的,并将它们之间的规律关系用"微平移法"描述,这样可以类比力的三要素"大小、方向、作用点"来类比"波的形状、传播方向、质点振动"。

同学丙:两种方法都可以找出机械波各个时刻形状变化的关系,不过整体法能够对波的变化更有预见性⋯⋯

讨论继续中⋯⋯

反馈点评:这种对问题的理解,跳出了书本,也跳出了教师的引导范围。思维的方位从物理内容迁移到生活现象的类比,充分说明了学生在物理学习过程中思维内容的开放性。学生表现出来的思维方法，既有逻辑推理，又有发散联想，并且都有一定的"理论"为根据。

3. 运用"设计实验"方式建立问题情境，循着学生的思维规律转化物理教学内容

由于实验结果的不确定性，学生实验时处于不断探索的情境中，这会激发学生的想象力和创新灵感。学生发现问题和解决问题不是一蹴而就的，思维也是从片面到全面，从低层次到高层次逐渐发展。教师要在实验教学中培养学生的高阶思维，需要针对某一类学生的学习过程重新布局与调整实验，灵活运用实验，重组实验，使得物理教学实验更加符合学生实际的设计能力。

案例：展示电磁感应现象的实验的设计任务单

学完高二物理第十四章第 A、B 两节《电磁感应现象》、《感应电流方向》之后，有一节复习巩固课，我们设计了一节以实验为主线的复习课。实验桌上放有很多器材，有的与电磁感应有关，有的与电磁感应无关。

问题："不做任何限制，使用所给的实验器材你可以用几种方法产生感应电流？"

友情提示：请你根据以下电磁感应现象实验的设计思路，展示你的小实验。

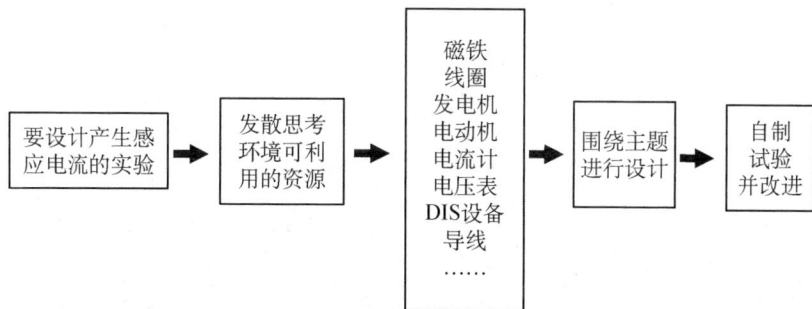

要设计产生感应电流的实验 → 发散思考环境可利用的资源 → 磁铁 线圈 发电机 电动机 电流计 电压表 DIS设备 导线 …… → 围绕主题进行设计 → 自制试验并改进

学生接到任务后非常投入，有各种各样的实验设计，并且一边实验一边争论。实验中，不少同学有新的发现：原本用来测电流的电流计也能产生电流！原本"用电来工

作"的"电动机"也可以变成"发电机"！甚至我们周围微弱的地磁场也能发电！比我们原来备课设计的教学效果还好。

不断挖掘课外和教科书上相关教学内容的小实验，引导学生质疑猜想和假设的依据、评论实验的设计、实验数据的处理、数据表格的设计等，就可以使实验设计更具有吸引力和挑战性，从而落实逐渐培养学生的高阶思维能力的目标。

（吴　艳）

高阶思维能力培养的课堂活动化设计

所谓高阶思维，是指发生在较高认知水平层次上的心智活动或认知能力。它在布卢姆的教学目标分类中表现为分析、评价和创造。高阶思维是高阶能力的核心，主要指创新能力、问题求解能力、决策力和批判性思维能力。高阶思维能力集中体现了知识时代对人才素质提出的新要求，是适应知识时代发展的关键能力。

在目前的初中物理课堂，为了应试、为了赶进度、为了让学生少"钻牛角尖"，大多数老师以讲授为主，给学生思考、讨论、质疑的时间不多，学生很容易产生视觉或听觉的疲劳，学习效果不佳。有的课虽然也开展一些活动，但活动过程始终受到老师的牵制和思维干扰，使学生的思维停留在老师框定的范围内，不能得到真正的发展，更不要谈创新。《课程标准》明确规定，中学物理课程的根本使命是"全面提高未来国民的基本科学素养，培养具有科学知识、科学思维方式、科学创新精神和科学实践能力的一代新人"。鉴于此，改变课堂教学形态，培养学生的高阶思维成为当今物理课堂教学改革的一大尝试。教师设计一些有质量的课堂活动，让学生在活动中放开思维，分析、评价、创造，这对于培养学生的高阶思维是非常有效的。

一、设计实验探究活动，培养学生高阶思维

"纸上得来终觉浅，绝知此事要躬行。"实验探究活动可以培养学生敢于质疑和探究的品质，端正学生严谨、求实的学习态度，培养学生良好的习惯，树立学生不懈的求索精神，培养学生的观察能力、思维能力和实践操作能力，让学生学会认识未知事物的科学方法及现代技术的应用，激发学生的学习兴趣和学习动机，培养学生的创新精神

和创新能力,培养学生的社会意识和合作精神,提高学生的综合素质和科学价值观。因此,实验探究活动是培养高阶思维的沃土。

实验探究活动,一般采用小组合作模式。课前,教师在设计时首先需要考虑:实验探究活动要解决什么问题? 为了解决这个问题需要准备哪些器材? 为了达到实验目的关键性的问题是什么? 如何设计好"一张纸"(学生活动指南)? ……其次需要预设学生在探究实验中可能出现的问题,据此,设置探究后的相应交流、评论环节。课中,只需提供学生"一张纸"、实验器材和活动的场地即可,学生唱"主角",探究、交流、评价,教师只需如同春晚的主持人般巧妙串连课堂的各个环节即可。

例如:设置探究物体所受浮力与物体在液体中的深度是否有关的实验交流环节。教师说:"请各小组演示、交流实验过程并说出结论,其余小组作出评论。"甲组一边演示一边说:"我们用弹簧测力计测出了圆柱体物体在空气中的重力是 1.4 牛,然后我们将其慢慢浸入水中,发现弹簧测力计的读数越来越小,这是浮力越来越大的缘故,所以我们认为,浮力与深度有关。"乙组反驳:"错! 当物体浸没之后,改变深度,弹簧测力计读数没有发生变化,说明浮力与深度无关。"甲组争辩:"这只能说明我们两组的实验结果有矛盾,不能说明我们错!"教师问:"到底哪一组的结论是正确的?"在实验比对之后,丙组似乎找到了"解药",欣欣然发表自己的观点:"我们认为乙组对。甲组实验过程中有两个变量,除了深度、浸入的体积也在发生变化,没有控制变量,结论必然是错误的。"在同学们一阵释然时,丁组又提出质疑:"还不能确定乙组结论一定对,还需在其他液体中验证。"同学们豁然开朗。一番交流、争论和比较后,实验的最佳操作、实验的正确结论完美凸现,高阶思维也在观察分析、比较鉴别、剖析错误、提出观点的过程中得以培养。

二、设计方案策划活动,培养学生高阶思维

随着开放性试题的出现,学生在掌握知识的基础上还要学会变通。设计方案策划

活动是一种很好的手段。课前,教师针对教学内容多方位搜索开放性试题,针对学情适当变题,形成问题。课中,向学生抛出问题,让学生以小组为单位策划解决方案。之后,各小组交流、评价。策划过程中,学生需要根据已有的信息从不同角度、不同方向思考,从多方面寻求多样性答案,其发散性思维得以培养;小组评价过程中,各种思维的碰撞又使高阶思维得以促进。

例如,在欧姆定律之后,伏安法测电阻实验之前,设计出一个测电阻的方案策划活动。给出实验器材如下:电源,开关,未知电阻 R_x,已知电阻 R_0,电压表(1 个),电流表(1 个),要求学生通过小组讨论,在研究性学习的氛围中达成共识,设计多种方案测未知电阻 R_x 的值。一番讨论研究之后,各小组交流策划方案:1. 将未知电阻 R_x 与已知电阻 R_0 串联,用电压表分别测出电源电压 U 和 R_0 电压 U_0;2. 将未知电阻 R_x 与已知电阻 R_0 串联,用电压表分别测出 R_x 电压 U_x 和 R_0 电压 U_0;3. 将未知电阻 R_x 与已知电阻 R_0 及电流表串联,用电压表、电流表分别测出 R_x 电压 U_x 和电流 I_x;4. 将未知电阻 R_x 与电流表串联,用电压表、电流表测出 R_x 的电压 U_x 和电流 I_x。组间进行评议。教师问:这些方案都可行吗? 哪个方案更佳? 学生在一番思考演算之后,一致认为可行。但在最佳方案的选择方面有了一番争论。他们一致认为:3、4 较 1、2 方案更可行,因为只要做一次实验即可得出结论,而 1、2 实验,电压表要变换位置,且计算也较为繁琐。但对于 3 与 4 方案,同学们的意见产生了分歧。甲说:"差不多。"乙说:"方案 3 中的 R_0 是多余的。"丙说:"方案 3 中的 R_0 是必须的,没有它,电路中 R_x 的电流、电压可能会太大而烧坏仪表、元件。"教师说:"还有异议吗?"一阵沉默之后,丁提出:"方案 3 也不妥,只测一次数据,实验误差较大。""那么在方案 3 中用滑动变阻器替换已知电阻 R_0 不就可以了吗?"甲、丙异口同声。在一番分析、比较、争论、改进中,测电阻的最佳方案破土而出,不仅为"伏安法测电阻实验"课作了很好的铺垫,更培养了学生的高阶思维。

三、设计问题辩论活动,培养学生高阶思维

谭君久教授说:"辩论的优点在于辩手们有来有往,有立有破,而不是各摆沙场,自说自话。"在习题课上设计问题辩论活动,有利于问题的破解。一堂课解决的问题不在于量的多少,而在于问题是否典型,在于学生批判性思维、创造性思维的培养,尤其应注重培养思维的深刻性。

题目:一个体积为 10^{-3} 米^3 的空心铁球,其空心部分的体积占整个体积的五分之一四,用手拿住浸没在水中($\rho_{铁} = 7.8 \times 10^3$ 千克/米^3)。$g = 10$ 牛/千克。(1)求铁球受到的浮力;(2)求铁球受到的重力;(3)放手后,铁球将上浮、悬浮还是下沉?

让学生做题。

错误 1:$F_{浮} = \rho_{铁} gV$。

错误 2:$F_{浮} = G$。

错误 3:$G = mg = \rho_{铁} Vg = 7.8 \times 10^3$ 千克/米^3 × 10^{-3} 米^3 × 10 牛/千克 = 78 牛。

错误 4:因为 $\rho_{铁} > \rho_{水}$,所以铁球下沉。

……

学生们的解答五花八门,夹杂着这样那样的错误。

此时让各小组轮流派同学把解题纸放到投影仪上,与大家交流,其余小组的学生作评价,问题辩论活动就此开始。每一个小组,每一个学生都有发言权。甲:浮力取决于密度和体积,$F_{浮} = \rho_{铁} gV$。乙:错!浮力取决于谁的密度? 谁的体积? 你清楚吗? 浮力应取决于液体的密度和物体排开液体的体积,所以 $F_{浮} = \rho_{水} gV_{排}$。丙:浮力等于重力。丁:错!浮力等于重力是有条件的,不是任何情况下都适用的……在激烈的辩论过后,正确答案自然浮出水面。在问题辩论活动中,在错误的一次次瓦解中,高阶思维

得以培养。

　　总之,要有效培养学生高阶思维,必须改变课堂教学形态,把课堂让给学生,给学生以充分的思考时间与空间,真正实现以"学生为主体"。所以,在某种程度上,教师课前所做的"课堂活动化设计"比上课更为重要。教师"课堂活动化设计"的好坏是课堂教学成功与否的决定性因素。

（钱丽琴）

教学问题（任务）的设计中培养学生的高阶思维能力

美国教育家布卢姆将思维过程具体化为六个教学目标，记忆、理解、应用、分析、评价和创造，其中记忆、理解、应用是低阶思维，是较低层次的认知水平，主要用于学习事实性知识或完成简单任务的能力；分析、评价和创造为高阶思维，是发生在较高认知水平层次上的心智活动或认知能力，是高阶能力（主要指创新能力、问题求解能力、决策力和批判性思维能力）的核心。这三个类目分别包含若干不同的子类目，有各自对应的替换说法和定义，详细表述如表1所示。布卢姆的这一分类，为教师在教学实践中将高阶思维能力的发展与具体的课程和教学有效整合起来、为教师评价自我的教学是否有利于促进学习者的高阶思维能力提供了一种便利的图式。

表1　高阶思维过程维度分类

分类	替换说法	定义
分析——将材料分成若干组成部分，并确定这些部分是如何相互关联的		
1. 区别	识别、辨别、聚焦	按照恰当性或重要性辨析某一整体结构中的各个组成部分
2. 组织	寻求一致、整合、概括	确定事物和情境的要求，识别其如何共同形成一个一致的结构
3. 归因	解构	判断当前材料背后潜在的观点、偏见、价值或意图
评价——依据标准和准则作出判断		
1. 检查	协调、检测、监督、测试	对某　操作或产品检查其是否内在一致
2. 评论	判断	基于外部准则或标准来判断某一产品或操作是否恰当
创造——将要素整合到一起，以形成一个连贯的整体；将要素重新组成一个新的模式或结构		
1. 生成	假设	提出其他假设
2. 计划	设计	形成一种解决问题的计划
3. 贯彻	建构	执行计划以解决既定的问题

　　培养学生学习能力、实践能力、创新能力已成为基础教育及教学工作的主要任务之一,如此才能不断满足经济社会发展对人才的需求和全面提高国民素质的要求。要培养学生创新精神和实践能力,就必须要培养学生的高阶思维。

一、教学问题(任务)的设计与高阶思维能力培养的相关性

　　所谓问题设计,是指围绕学科基本概念而进行的学习任务设计,它通常是通过问题的形式来重新组织课程内容,给学习者创设一种真实的、复杂的、具有挑战性和吸引力的学习任务。对具体教学来说,问题设计的思路是从基本问题着眼,从单元问题着手。每个单元问题设计要体现基本问题的思想精髓,也要考虑渐进的、可操作的学习活动方式。对教学设计来说,问题设计更多的是指单元问题教学设计,如学习任务或学习主题。一个好的任务应该是有挑战性的、可行的和有趣的,能促进学习者高阶思维能力的运用(对信息进行深度加工),能体现建构主义学习思想。WebQuest 的主要倡导者伯尼·道格(B. Dodge)博士认为,能有效促进学习者高阶思维能力发展的学习任务,必须引发学习者运用如下八个方面的高阶思维能力:(1)比较、鉴别、阐明事物之间的类似之处和不同之处;(2)根据事物的属性和特征,将它们分类;(3)通过观察和分析,归纳出一般化的原理;(4)通过给定的原理和法则,推论出未知的结果;(5)分析错误,即找出并阐明自己和他人思维中的错误;(6)找出支持的论据,即对每一个观点和看法都要给出支持的论据;(7)概括,即找出庞杂的信息下面隐藏的规律和模式;(8)提出观点,即能够确定并阐明自己对问题的看法。也就是说,只有当学习任务设计和学习者的学习活动具有以上若干方面的特征时,才有助于发展学习者的高阶思维能力。

二、教学问题(任务)的设计中培养学生高阶思维能力

（一）设计观察型任务让学生学会在现象中分析

物理源于生活又高于生活。设计观察型任务,让学生学会在生活中捕捉物理现象,并科学分析,在分析中培养其高阶思维能力。如,在学习"串并联电路"后设计如下任务:(1)观察教室里的照明灯、楼道里的感应灯、马路上的路灯的亮暗情况,分析它们的电路连接方式是怎样的,开关是如何布置的。画出相应电路图,并就其工作情况附上必要的文字说明。(2)观察圣诞树上的彩灯的亮暗情况,观察它的连接方式是怎样的。分析为什么一个灯泡熄灭了,其他还亮着,这现象符合此电路规律吗? 仔细观察彩灯的构造,找出原因。依据所学的电学知识在分析中质疑,在质疑中发现,在发现中解构。

（二）设计创造性任务让学生学会在小制作中整合

设计创造性任务,开展小发明、小制作活动可以激发调动学生学科学、爱科学的热情,可以令所学的物理知识在动手动脑中得到整合和发展,有助于学生高阶思维的培养。如制作不倒翁、杆秤、潜望镜、简易温度计、密度计、活塞式抽水机、简单电动机、音乐门铃、水火箭等。学生在制作的过程中会碰到很多问题,如材料的选择不当、经验的匮乏、知识的不足、理论与实际的偏差等,都会对小制作的完成带来阻碍。所以在制作的过程中学生会有创造性思维的闪现,也很有可能会经历失败和痛苦。在失败中反思,在反思中顿悟,发现问题——扩充知识——解决问题——整合——成功,整个制作过程正是高阶思维发展的过程。

（三）设计建立共识任务让学生学会在赏析中提升

设计建立共识任务,让学生养成观赏科普类电视节目和翻阅科普类书籍的好习

惯,培养学生科技创新意识,促高阶思维的发展。如,《我爱发明》是中央电视台推出的一档全新的科普节目,它贴近生活、贴近百姓,通过发明人的新发明、新创意,将科学知识趣味化、形象化,让观众热爱发明,享受创新的乐趣。该栏目架起了一座科技成果转化的平台,一座发明人走向市场的桥梁,值得向学生一荐。还有一些科普类杂志,如《大科技·百科探索》《科普文摘》《科普天地》《我们爱科学》等也非常优秀,很有看点。学生在观赏、翻阅的同时会学到很多物理书本上没有的知识、研究方法以及经验教训,也会产生很多疑问、很多思考,进而促使其不断地学习、查证。此任务在开阔学生视野的同时,提升了学生思维的广度和深度,丰富学生的想象力。

结语

高阶学习和知识建构是发展学习者高阶思维能力的重要路径,而问题/任务设计则是决定能否有效展开高阶学习和知识建构的前提与关键。这些假设值得我们进一步探索,它们是未来教学设计研究的核心课题或发展的生命线。对于如何有效促进学习者高阶思维发展,以往和现在的初中物理教学设计研究还远未予以足够的重视。而今,随着知识时代对人才素质需求的新挑战,面对国际教学设计研究重视发展学习者高阶思维的浪潮,我们需要迫切地反思和改变教学设计研究与实践的价值取向,从小抓起高阶思维的培养。

(钱丽琴)

培养高阶思维能力的课堂教学组织

一、基于高阶思维能力培养的高中物理课堂教学视角

培养高阶思维的课堂教学需要进行重心转换与内容再构的变革，可从以下几个方面论述：

首先，高阶思维与低阶思维关键的区别在于低阶思维发生在一个人已经知道如何做的情况下，即所要解决的任务或题目仅需要存取、注入或列举已经到手的或很容易获得的信息与概念，而高阶思维强调个人以一种对于自身而言属于新奇的方式来利用信息和概念去解决一个难题或任务。哈佛心理学教授珀金斯（D. Perkins）认为，高阶思维就像百米赛跑一样需要训练才能掌握。因此，有意识的培养和训练、开展高阶学习活动、根据教学目标分类设计/反思教学、将高阶思维的发展融合于具体教学活动之中有助于促进学习者的高阶思维发展。

其次，高阶学习教学实践也对教师提出了改变教学理念、革新教学方法的挑战。教师必须在教学实践中创新突破，审视课程对高阶思维能力的要求，设计相应的教学与考核方法，并且不断反思途径和目标之间的关系。教师要对学习者提供针对性反馈意见，根据学习者对材料的掌握情况灵活安排教学计划，教师需公正合理地对学生多样化的学习表现作出评价，赋予学生施展多样才能的空间。

第三，高阶学习教学实践对学生、教师提出了挑战，也为建立新型的师生关系提出了新命题。我国师生关系中的"学习性互动"需要从传统的"教"与"学"的师生关系转向"学习伙伴"关系。在"学习伙伴"关系中，师生共同学习、向彼此学习，教师的作用是促进学生的主动学习。教师并非居高临下倾盆倒出"自己的东西"，而是鼓励学生思

考,和学生一起探索,向学生学习,在教学过程中做学生的"学习伙伴",帮助学生构建"自己的东西"。

反观我们当下的课堂,仍然是以教师讲授为主,仍然是 40 多人的大班授课制,那么,在这样的传统课堂中,是否存在高阶思维? 高中物理学习中培养学生的高阶思维,高阶学习和知识建构是重要路径,而在发展学习者高阶思维能力的教学组织过程中,问题/任务设计则是决定能否有效展开高阶学习和知识建构的前提与关键。对于如何有效在高中物理课堂教学中,促进学习者高阶思维发展,我们以往的和现在的教学设计研究还远未予以足够的重视。随着知识时代对人才素质需求的新挑战,面对国际教学设计研究重视发展学习者高阶思维的浪潮,我们迫切需要反思和改观教学设计研究与实践的价值取向。

二、高阶思维与教学组织形式

综合国内外对高阶思维的研究,不难发现,人们比较认同将布卢姆教授的认知目标分类(2001 年版)的后三个层级(分析、评价、创造)作为高阶思维。在国内,钟志贤教授对高阶思维深入、系统的研究影响深远。他认为,所谓高阶思维,是指发生在较高认知水平层次上的心智活动或认知能力。它在教学目标分类中表现为分析、综合、评价和创造。高阶思维是高阶能力的重心,它是在解决劣构问题时发生在较高认知水平层次上的心智活动,是一种较高层次的认知能力。以上定义从课堂教学组织形式看有如下好处。

(一) 根据目标分类图式,反思教师自己的教学设计

根据布卢姆等人的认知教学目标分类,教师可以运用高阶思维/学习目标的行为动词来作参照,检测自己的教学设计是否有利于促进学习者的高阶思维发展。根据这

种目标分类图式,教师可以反思自己的教学是处在低阶思维(知道、领会和应用层次)还是处在高阶思维层次(分析、综合和评价),教学是否期望学习者将所学的知识应用于分析问题的情境,教学方法和学习任务是否要求学习者运用元认知和问题求解的技能……对诸如此类问题的反思,有助于教师设计帮促学习者发展高阶思维能力的教学。

(二)根据目标分类图式,反思学习活动中的高阶思维

学生借助高阶思维进行有意图的学习,培养学生的高阶思维能力,这一能力的培养不是靠教师单方面传递知识,而是要学生自己作为学习的主体积极主动进行学习。

根据布卢姆等人的认知教学目标分类,教师可以运用高阶思维/学习目标的行为动词来作参照,亦即可以根据这些行为动词来看学习者的学习活动是否运用高阶思维进行学习,教学所创设的活动条件是否要求学习者从事这些行为活动。这些行为动词主要有:分析、讨论、评价、识别、分类、预测、选择、评估、比较、鉴定、组成、证明、结论、假设、建构、管理、对比、概括、创设、计划、评论、评定、推断、联系、辩护、汇报、计划、支持、设计、系统化、图解、写作、辨别、阐释。

(三)创设各类情境,成为高阶思维的自主的学习者

学生在高中学习阶段需要对物理问题进行一定深度的研究。学生学习研究过程中,必须要有与该问题有关的储备知识,针对所遇到的物理问题情境进行分析,选择解决问题的方法,并在整个过程中对思维进行监控。在这一过程中,教师要为学生创设适当的问题情境,使学生主动关注自己的思维过程,主动运用高阶思维进行学习、反思。

以学习者目标驱动和自主学习为特征的学习环境,要求学习者具备系列的学习策略和管理自我学习的能力。为此,教师要为学习者的学习提供充足的支架,以便学习

者有效发展高阶思维能力。

研究认为,高阶思维能力的发展需要高阶学习活动予以支持。发展学习者高阶思维能力,教师应当设法让学习者投入到分析、比较、对比、归纳/概括、问题求解、调研、实验和创造等系列学习活动中去,而不仅仅限于要求学习者回忆事实性信息的活动。运用探究、发现和研究型学习的方法——合作小组学习、讨论、案例学习、角色扮演、项目研究、模拟性决策和问题求解学习活动等,有利于发展学习者的高阶思维能力。尤其是发现学习,能比较有效地促进学习者高阶思维能力发展。在这种学习方法中,学习者面对现实的问题/项目研究,通过"探究"和"独立分析"的方法,解决问题和作出决策。

三、运用高阶思维理论进行高中物理课堂教学组织的几种途径

依据高阶思维的相关理论,教学活动设计中应当包含高阶学习中多方面而不是单一方面的内容或目标;要利用现有的课程内容,给学生提供练习运用高阶思维能力的机会;给学生解释各种认知和元认知方法的应用方法;激发、支持、强化和保持高阶学习中认知、元认知和非策略知识的参与或组合。问题求解的任务应当有足够的难度才有"激发"的作用。重要的是要认识到,有效的策略应用包括认知和情感的因素。学生强而适度的动机是高阶思维训练的一个关键性条件。下文提出的关于高中物理课堂教学的几条教学组织途径,都是基于以上的几个策略出发的。

(一)转化迷思概念

运用前概念转变培养学生高级思维能力主要有两个步骤:(1)创设前概念与科学概念认知冲突情境。所谓认知冲突情境是指出现了学生前概念无法解释的实际事物的新现象,使学生对已有的知识结构体系产生怀疑的情境。学生的认知结构必须是学

生本身主动建构的,任何前概念转变也必然是学生主体能动完成的。研究表明学生前概念转变的关键就是学生在前概念和科学概念之间的认知冲突。(2)引导学生在前概念向科学概念转变时进行元认知监控。单单为学生创设前概念与科学概念认知冲突情境远远不够,如果在前概念向科学概念转变过程中学生不能实时进行元认知监控,那么前概念依然无法向科学概念正确转变。教师应该引导学生对转变过程进行自觉监控,找出前概念与科学概念之间的正确联系和区别。TeoKsessa. K. Merenluoto 教授提出的有关元认知和动机因素的概念转化模型证明了这一点。

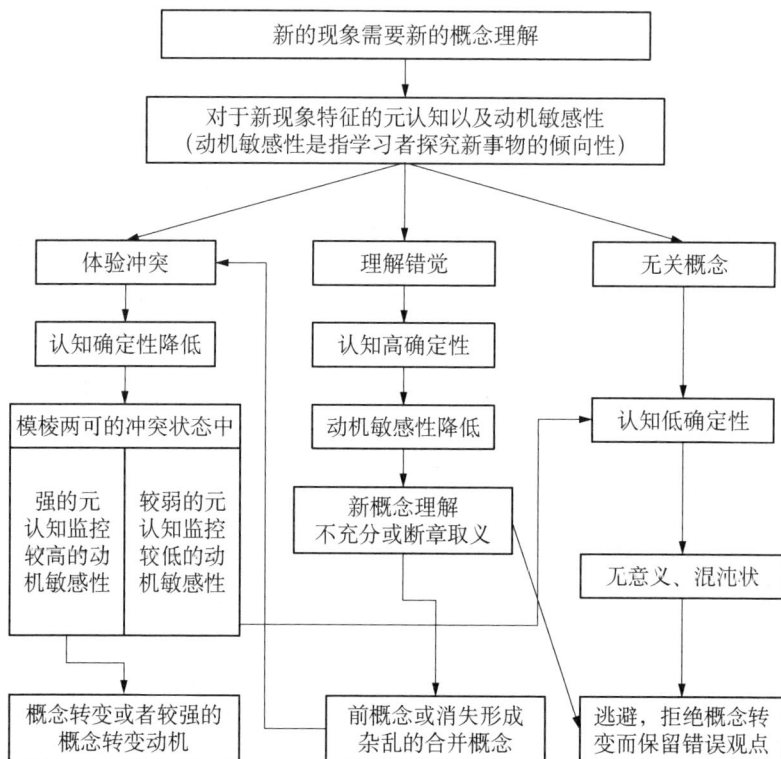

例如,在加速度的方向和什么因素有关这一问题中,在许多学生的前概念中加速度的方向要和速度方向有关。教师就要创设出冲突情境,使学生对已有的知识结构体系产生怀疑,引导学生正确认识加速度方向与速度方向无关,而是取决于合外力的方向。并在这一过程中,引导学生培养对转变过程的自觉监控,找出前概念与科学概念之间的正确联系和区别。

(二)运用变式

一个概念的形成首先要清楚事物的本质属性,排除非本质属性,分辨事物的关键特点,只有当这些关键特点全都相交于同一点时,概念才会真正在头脑中形成,成为认知结构的一部分。在物理教学中,一味直述物理概念对象的本质属性并不能引起学生学习的发生,学生不能主动把新概念重构入自己的知识结构中。教师应该要通过与学生的互动,运用概念变式策略,把研究对象的关键属性划定在一个空间范围内,创设一个变异空间,让学生自己聚焦这些关键属性,清楚关键属性不同和相同时的区别,明确概念的内涵和外延,自己形成明确的概念并构建认知结构,从简单识记到网格布局,培养学生的高级思维能力。概念变式在心理学上来说就是改变看待事物的角度或呈现方式等事物的非本质属性,并在这个过程中保持事物的本质属性的稳定,使个体充分认识事物的本质属性。具体有四种变异方法:(1)对比。把所研究的事物与其他事物相比较,通过对比使事物呈现出其本质属性。(2)类比。在不同的事物上出现了某些类似或相同的属性,这些事物便可以归属于一类,而这一相同的属性便是联系这一类事物的纽带。学生会通过类比,审辨出他们的共同属性,把这类事物以这一纽带相互关联起来,建立网格化的认知结构。(3)区分。分辨某一事物的某一方面是否是该事物的本质属性,从整个事物属性中把这一方面的要素独立出来,改变这一属性,保持该事物其他属性不变,监控该事物是否因为该属性的变化而改变。根据结果可分辨出该属性是否为本质属性。(4)融合。事物的概念是有其各方面的本质属性综合融合起来的,对事物的概念认识也就必须是整体认识该事物的不同要素。

案例1:难道搞清加速度的概念真要靠考试前大量练习吗?

问题:新教材高一物理第一学期第一章《E 速度变化的快慢　加速度》新课结束后,教师发现学生困惑不少,于是决定通过习题跟踪,调查学生是否形成、什么时候形成正确的加速度的概念。

现象1:第一次作业,统计错误率发现:对于加速度关键属性——速度变化快慢的理解,不完善。

现象2:一节习题答疑课后,统计错误率得出:没有促进学生对关键属性——速度变化快慢的理解,而且加速度另外一个关键属性——速度变化方向,学生也很难理解。

现象3:两星期以后期中复习做了4套练习,每个练习中均有关于加速度的题目,从错误率统计得:由于加速度的关键属性学生没有理解,关于加速度变式的综合应用题目错误率居高,学生做题正确率似乎很难提高。

于是,教师决定开设图象专题课,画出各种 $s-t$ 图和 $v-t$ 图,然后去辨析加速度与其他各个物理量的关系,讲解以后,从考试结果看,效果似乎不错。

困惑:难道搞清加速度的概念真要靠考试前大量练习吗?

反思:关于加速度的关键特征的"变易图式"是用什么载体呈现的? 可不可以促进相关知识建立?

分析1:如何处理加速度的关键特征1——速度变化快慢? 将以下变式用生活中情境呈现:

变式1:速度变化大,速度变化快(在速度变化一样大的情况下,比较时间)。

变式2:描述变化快慢(速度变化量一样,但时间不一样)。

变式3:类比速度来建立加速度概念(符合学生已经有的认知图式——速度)。

变式4:运用加速度使物体速度发生变化,解决一些简单的应用。

分析 2：如何处理加速度的关键特征 2——速度变化方向？用生活中情境呈现：

变式 1：加速度的方向（是不是使物体速度越来越大的方向），减速时加速度的方向为负（出现了思维断层……）。

变式 2：用一种矢量作图法来画加速度的方向。

思考 1：无论采用什么样的实际生活情境，只要变式的处理方式是层层推进，学生对于加速度的关键特征 1——速度变化快慢的理解都可以在课堂中达到。

思考 2：对于加速度的关键特征 2——速度变化方向的理解，仍然结合具体生活实例，理解速度变大的方向与速度变小的方向，出现了思维断层，对于一部分同学从矢量的角度去理解加速度方向困难不少，缺少一个将抽象与实际相联系的纽带。学生无法对加速度概念形成结构化的理解。

解决方案：抽象与实际相联系的纽带是什么？教师发现在复习时采用图象辨析各个物理量的关系，学生理解抽象问题似乎就有了脚手架，于是决定将实际问题呈现后，再将情境转化成 $v-t$ 图，从图中变式关键特征，效果不错。

（三）利用思维导图

思维导图是英国著名心理学家托尼·巴赞(T. Buzan)在研究大脑潜能的过程中，于 19 世纪 60 年代发明的一种工具。它是一种知觉组织工具，融合了左脑的逻辑、文字、数字和右脑的图象、想象、颜色、空间等功能，充分发挥大脑思维的"想象"与"联想"特点，并将思维过程通过图象的形式再现出来，将原本复杂的思维用简单的线条和图画来表示，使学习者能从巨量信息中解脱出来，迅速把握重点、分清层次。简言之，思维导图是用来进行建构知识、发散思维、提高学习能力的一种可视化工具。

教师不但可以利用思维导图系统研究学生学习物理的思维过程，而且可以利用思维导图调查、分析学生产生思维障碍的因素，找出形成原因，通过思维导图，把复杂内隐的思维过程呈现出来，促进师生的反思和交流，使不正确的思维路径能够得到及时的修正,从而使思维过程变得流畅、清晰。

案例 2:以学生制作的两幅典型的思维导图反映他
们对牛顿第一定律的逐步深化理解过程

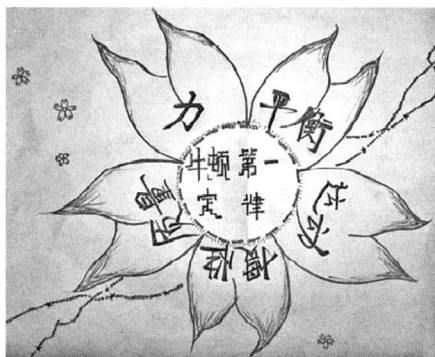

学生单独制作

上图是学生将所学习的牛顿第一定律按照自己的理解制作的思维导图作品,从图中不难看出学生仅仅罗列了和牛顿第一定律相关的知识点,学生对牛顿第一定律的理解是松散的,表面的,没有建立和其他相关知识的内部联系,说明他没有正确理解牛顿第一定律及它和惯性的区别,以及它在力和运动关系中所起的作用。

经过教师的引导,学生重新体会、观察概念间的关系,学生在查找与牛顿第一定律内容有关的关键词和核心内容时,按其内在关联通过联想和连线组织了知识,使之结构化。下图是经过多次修改后的一张导图,在这里不仅列出了各个知识点,而且述明确了各个知识点之间的联系。学生在构思思维导图时需要对知识融会贯通,逐渐提高了对牛顿第一定律的理解及对整体意义的把握。学生在制作思维导图的过程中甚至发现自己从来没有注意和意识到的各个知识点间的联系,对物理概念思考的深度大大提高了,也逐步发展了自己的思维品质。

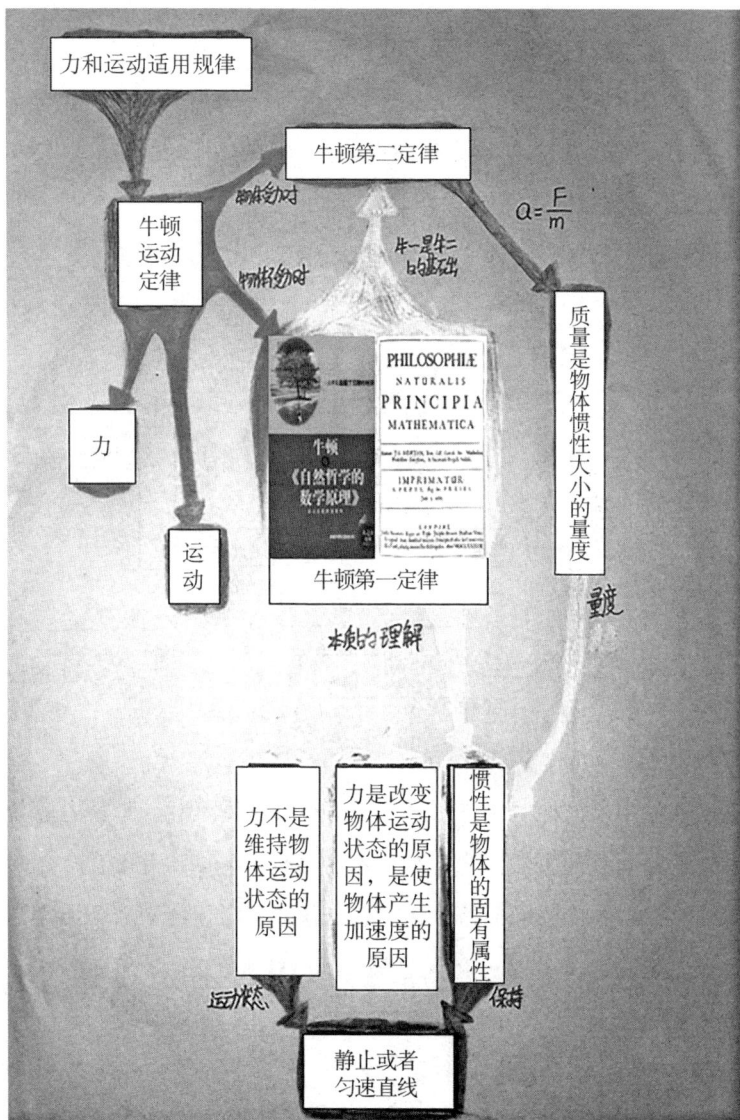

力和运动适用规律

牛顿第二定律

$a = \dfrac{F}{m}$

牛顿运动定律

力

运动

PHILOSOPHIÆ
NATURALIS
PRINCIPIA
MATHEMATICA

牛顿
《自然哲学的数学原理》

牛顿第一定律

质量是物体惯性大小的量度

力不是维持物体运动状态的原因

力是改变物体运动状态的原因，是使物体产生加速度的原因

惯性是物体的固有属性

静止或者匀速直线

师生共同制作

研究编

在物理学习中经常需要学生能清晰、快速地分析事物的原因和结果,思维导图能在复杂的流程中提供清晰的因果关系,促进学习者思考神经网络的发展,提高大脑不断认识和建构知识信息的能力。而在引导学生绘制导图的过程中,可以记下什么因素影响了分析结果,这样能促进学习者对知识的理解及解决问题的能力,使学习者从中获取最多信息,提高学习能力。

例如,在楞次定理的学习中,物理概念、规律之间的因果关系、逻辑关系可制成下图。

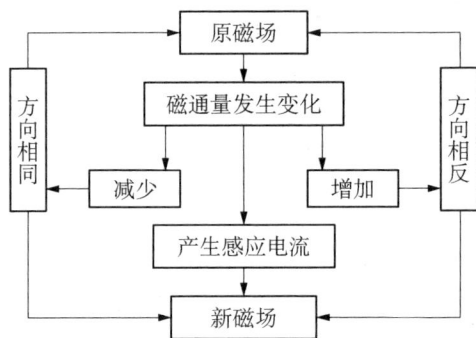

图　楞次定律

思维导图的作用就是将物理概念之间的逻辑关系图示化。学习者顺着这张导图就能找到轻松解决问题的方法。当思维没有方向时,可以利用所给的物理现象和条件,讲行发散性思维,并检验每个思维分支和本题的关联程度来取舍所需要的某一思维线索。一旦思维线索确定,整个解题思维过程也就明晰了。

(四)运用对话

在《柏拉图对话集》中,苏格拉底以问答的方式与他人讨论问题,最终让对方在回答一系列问题中推演出正确的结论。苏格拉底常说他的谈话就像为人接生一样,帮助人们自己"生出"正确的思想,而不是直接灌输。因为他认为"真正的智慧来自内心,而不是得自别人的传授"。学习的最佳途径是自己去发现,这是被广泛承认的。但是没有时间容许学生完全去独立探索,那么只能退而求其次,让学生在学习的过程中觉得真理(物理规律)好像是自己发现的一样,至少让学生觉得自己对发现有贡献。这样,学生对它就有着不同于其他知识(直接灌输的知识)的感情和深刻理解。这便是苏格拉底对话。在物理教学中教师以苏格拉底对话用问答方式引导学生详细描述事物,让学生内隐的认知结构通过大脑思维以言语方式呈现,这时学生将会不自觉地对自己的概念是否清晰、有哪些地方缺失等进行自我监控。

例如,在学习牛顿第一定律时,物理教师可以运用苏格拉底对话教学方式,由学生扮演伽利略,由老师对伽利略得出的"维持物体运动不需要力"这一结论进行提问,并由学生代替伽利略进行回答。对话可以如下:

学生:"桌面上的物体会停下来并不是物体的'自然本性'在起作用,而是因为接触面不光滑。"

老师:"那您这个观点的依据在哪呢?"

学生:"我们来看这样一个'对接斜面'的实验。当斜面完全光滑,物体沿斜面下滑会越来越快,沿斜面上滑会越来越慢,物体停在第二个斜面上的时候刚好会达到原来的高度。如果第二个斜面水平,那物体将永远不会达到这个高度,也就永远运动下去了。"

老师:"可是,伽利略先生,实验中的条件在现实中好像无法满足,那您的实验是在哪做的?"

学生:"其实我这个实验不是真实的实验,而是理论思维的一种方式,是一种按真实实验特点在头脑中进行严密逻辑推理的过程。"

传统教学中教师对于学生回答问题要求简单,其实并不能很好了解学生对概念的掌握程度,概念教学过程中师生之间缺乏良好的反馈。教师往往在考完试后才发现学

研究编

生对概念掌握不良,再次讲解,学生头脑中的认知结构已经稳定,效果肯定不如在概念教学中使学生彻底掌握来得好,而且还浪费了教学时间,得不偿失。因此,在新课改培养学生能力的理念下,物理教师要尽量在概念教学中运用苏格拉底对话,要求学生详细完整地解释回答。学生能够更好地自我监控,加深新概念的印象,进一步发展高级思维能力,教师也能够得到更直接更及时的反馈,调整教学方向,使教学更有效。

（吴　艳）

让高阶思维的培养渗透在物理教学的设计中

高阶思维的概念是在美国教育学家布卢姆的教育目标分类学的基础上发展起来的。他在 1956 年进行教育目标分类的时候把以认知为主导的学习目标分成六类：知识、理解、应用、分析、综合、评价，其中知识、理解、应用被称为低阶思维，分析、综合、评价被称为高阶思维。之后，各国教育者相继对高阶思维进行了讨论与研究，从而推动了高阶思维研究的深入。

21 世纪前后，我国学者也开始了关于高阶思维的研究。其中著名学者钟志贤也给出了他对"高阶思维"的定义：是发生在较高认知水平层次上的心智活动或较高层次的认知能力，主要由问题求解、决策、批判性思维、创造性思维这些能力构成；高阶思维在教学目标分类中表现为较高认知水平层次的能力，如分析、综合、创新。钟志贤老师给出的定义，在国内得到了普遍的认可，他的研究也吸引了更多一线教育工作者对于高阶思维研究的关注。

物理可以说是整个高中各学科教学中最难的一门课：学生难学，心理畏惧；教师难教，难见成效。这些事实，身为物理教师无法回避。如何提高物理教学效率，提高学生学习物理学科的兴趣，培养学生高阶思维能力，是每位教师必须不断思考的问题。近年来，我在教学的实践和改革的进程中着重探索了评价、反思和探究的学习方式。其中，主要包括教案设计三个重点中的高阶思维的培养、课堂教学三个关系中的高阶思维的培养、知识习得三个阶段中的高阶思维的培养三个方面。

因为，教学是一种双边互动过程，是教师的知识与学生智慧的融合过程，实质上是一种心灵碰撞，它需要教师与学生有心的交流。那么，在教学过程中教师如何把握学生的思维发展，对教学起着非常重要的作用。

研究编

一、教案设计三个重点中的高阶思维的培养

在传统教学中,教师备课注重的是"知识与技能",在教案的设计上基本上是以"我"为中心,以考纲为基础,只要知识主线清晰,衔接语言顺畅,就可以了。而就此所引发的问题是:学生的认知水平作为一个次要因素考虑或不考虑,都势必引发教学目的的根本冲突。也就是说抛开学生的课堂教学是无效的教学。因此,二期课改的三维目标中,不但明确了"知识与技能",更加强调了"过程与方法"、"情感态度与价值观",它要求我们老师能够在知识与学生的思维发展能力之间构架起一座桥梁。首先,就要从教案的设计开始。

我们知道,课堂教学是一种有目的的、有意识的教育活动,其特征之一是可预期性。教案设计阶段的成果是教学方案,其可行性尚待课堂验证。心理模拟就是教师对教案的可行性的自我评价或反思。在这一阶段教师要以想象中的学生为对象,以内部语言和表象(想象)为主要形式,以逻辑推理为主要方法,对教学活动进行模拟。

教案的心理模拟是一个非常复杂的脑力劳动,需要从系统结构优化角度对教学活动的诸要素、各层次、各种关系进行全面协调。这就是我们平时一再强调的,备课一方面是备教材、教法,另一方面更重要的是我们要备学生。在这一阶段,教师主要需要解决的问题是:

(1) 精通教材,组织学习内容

教学设计首先要熟悉教材,知道教学内容在整个高中物理知识体系中的地位,高考对此内容的要求级别、分值比重等,在此基础上还要清楚如何设计教学主线,重点知识如何突出,难点知识如何突破,采用什么样的高阶学生活动有利于学生参与教学,如何设计教学问题便于学生参与评价,如何分组有利于学生间展开批判性教学。再有,板书是作为对一段教学过程的总结概括,还是作为且听下回分解的标题? 板书的形式

是纲要式、列表式,还是推理式?诸如此类的问题都需要教师在心理模拟过程中从优化组合的角度进行筛选,以达到排除障碍,有利于学生分析、综合能力的发展,便于理顺思路的目的。

例如,用类比的逻辑方法推导物理概念、规律时,其可比性的重点是放在过程还是放在结果?讲到电场时,我们习惯于把电场强度类比为重力场中的重力加速度,把电场力类比为重力;把电势类比为重力场中的高度,将电势差类比为高度差,将等势面类比为等高面,将电势能类比为重力势能等,因此在授课过程中将其可比性的重点放在结果上,这样学生通过概念的辨别、区分、集中、选择,整合出最为合乎思维发展过程的结论。

(2)充分想象,优化活动结构

教学设计最终要转化为外显的教学行为,而外显行为的具体性和复杂性是难以用教案语言,甚至是内部语言表达的。另外,课堂教学是师生的双边活动,学生是有主观能动性的人,他们作为教学的主体参与课堂教学,必然会使教学活动出现多样性和复杂性。对此,我们必须对学生在知识构建中因概念变化而造成困难的可能性进行设想和模拟,对课堂知识点的教学目标进行层次分析,对教学活动的多种可能性进行设想和模拟,并以高阶思维的行为动词展示出来。

例如,在讲到运动学概念时,考虑到学生对概念变化的理解可能会有以下几个方面困难,列表如下:

内容范围	学生概念变化中的困难或前概念
运动学概念	不能区分时刻和时间:相同时刻则时间相同
	辨别什么情况直线运动路程和位移大小相等
	不能区分速度和速率:无论什么情况,速率就是速度的大小
	判断位移大则速度大

续表

内容范围	学生概念变化中的困难或前概念
运动学概念	判断速度大则加速度大
	评论加速度增大则速度增大,加速度减小则速度减小
	评论速度增大则位移增大,速度减小则位移减小
	判断速度为零则加速度为零
	忽视初速度对物体运动轨迹的影响
	忽视初速度的方向对物体加速、减速的影响

从量上看,在心理模拟阶段,想象的教学内容要比实际教学多得多,但只有这样才能在实际教学中应变自如地调整教学活动,使教学结构达到最优组合。

(3) 学法分析,抓住学生思维

课堂教学就是要构建适合每个学生发展的教育,以学生发展为主体。坚持全体学生的全面发展;注重学生知识与能力、过程与方法、情感态度与价值观的全面发展;注重学生的个性发展;重视学生终身可持续发展;注重个人与社会的和谐发展。而为了达到此目的,教师在教学中必须以科学的态度,抓住学生的思维特征。

高中生处于少年期或青年初期。这个时期学生的思维形式处于由具体形象思维为主转向抽象逻辑思维为主的快速发展阶段,并且抽象逻辑思维占有相对的优势。但具体形象思维和抽象思维在整个思维活动中仍有着密切的联系。高中生的逻辑思维能力已经得到较高的发展,并且思维的辩证性、批判性和独立性有了进一步的发展。高中物理教材的理论性较高,学生要理解它、掌握它,就需要更高的抽象和概括能力、更严密的逻辑推理,学生在学习过程中不时会遇到难以登上的高台阶。教师只有从教育学的角度去分析、认识这个问题并正确地运用教育学的基本原理找出应对策略,才能降低台阶的高度,提高学生的学习兴趣和学习动力,帮助他们顺利地登上台阶。

例如,在讲到"静摩擦力的方向与相对运动趋势方向相反"这一难点时,我是这样设计的：“趋势”是一种想动却没有动起来的状态，说得通俗一点就是，表面上相对静止，内心却有想法，是典型的“貌合神离”状态。之所以它的相对运动被阻止了就是因为有静摩擦力的存在。在课堂上，我利用讲桌，创立了两个物理情境，一是不给讲桌施加别的外力；另一个是给讲桌施加一定的水平外力，通过提问学生很好地"体味"了"趋势"的"感觉"，正确理解了"趋势"的概念。

不但如此，通过实验设计我还让学生"看到"了静摩擦力的存在。即：将一长毛刷固定在一木块下表面，在木块右侧装一挂钩；同时将砂纸铺在桌面上，以增大摩擦；把木块固定有毛刷的一面放在砂纸

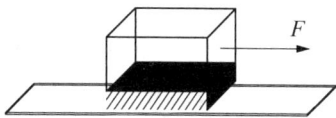

上，毛与砂纸相接触，用弹簧秤沿水平方向拉物体，保持其不发生移动。同学们立即看到了毛偏移的方向，根据力的作用效果，学生很容易可以分析出，使毛刷发生形变的力就是静摩擦力，这样学生就清楚地"看到"了静摩擦力的存在。这样的教学梯度，使学生拾级而上，既轻松、有趣味、贴近生活，又能激发学生的求知欲。

二、课堂教学三个关系中的高阶思维的培养

（1）教师与学生的关系

传统教学对教师的评价重视的是教师知识水平的高低，教学语言是否清晰准确，板书结构是否合理，知识点讲解是否明了、全面等等，忽略了学生在课堂教学中的参与量、热情度，忽视了教师与学生关系及其对学生认知心态的影响。

教学中建立"和谐的师生关系"。教师尊重学生、关心学生、热爱学生，学生反过来也会给教师以相应的积极情感回报，会更热爱教师，敢于和善于在教师面前发表自己的看法，在学习上表现出更积极主动的探索精神。当学生对教师的这种爱达到一定程度时，会产生情感迁移，即"亲其师，信其道"。要调动学生发问的主动性，首先得使学

生对学科产生强烈的认知欲望和兴趣,当学生发现问题但一时无法解决,就会产生许多"为什么"和"怎么办",此刻教师启发引导就能获得很好的效果,在教师的启发指导下,学生们独立思考或讨论、实践,将问题一个个解决;旧的疑问解决了,新的疑问又产生了……教师的责任,就是不断地爱护和激发学生的质疑动机,鼓励并帮助学生完善大胆的想法,把奇特的幻想变为符合科学的思维和行动,将原始的猜测、假说加以理论和实验的验证等,使学生持续保持强烈的求知欲望。所以说,学生高阶思维的发展首先是由教师精心设计具有价值的问题开始的。

生动活泼、积极主动的课堂教学气氛具有很强的感染力,它易于造成一种具有感染性的催人奋进的教学情境,使学生从中受到感化和熏陶,从而激发出学生的无限热情和创造愿望,使他们全力以赴地投入学习,提高对教学活动的积极性。而良好的师生人际关系有利于学生学习兴趣的提高。教育学的研究表明,学生的认识兴趣是学习动机中最现实、最活跃的成分,只有当学生真正喜爱自己所学的东西,对它产生浓厚的兴趣,才能真正学好它。

例如,我在讲到匀速直线运动的 $s\text{-}t$ 图象时,发现学生总习惯错误地认为图象是物体的运动轨迹。在教学中我首先要求学生确定位移的正方向,让一位学生在前面执行另一位学生从事指挥,来模拟物理图景所描述的物理现象,使学生亲眼看出,图象不是在描述物体的运动轨迹,而是在反映物体的运动规律;为了进一步激发学生的兴趣,加深学生的理解,我让学生针对"龟兔赛跑"的故事,请大家设计出 $s\text{-}t$ 图象,加深了学生对于图象内涵的正确认识,提高了课堂教学效果。

(2) 目标与动机的关系

动机不仅有认识参加,还有情感参加。热情是影响动机的主要情感之一,它是一种具有巨大推动力的情感。美国教育学家罗森塔尔的著名实验,即罗森塔尔效应,它的实质是表扬与期望。教师在教学中不仅要传授知识和学习方法,还要把爱和满含期望的情感传递给学生,使学生一开始就在学习中感受到老师的信任和期望,树立信心,激发求知欲。

例如,讲到机车的功率问题时,在上课开始,就明确本节课的教学目标:通过同学的分析,明确机车在平直公路上的运动情境;同时,通过本节课的学习,通过同学的分析,能提出对提高机车最大速度的几点看法。明确教学目标,让学生产生愉快、主动的学习热情,增强学习的内驱动力,使学习兴趣转化为学好知识的志趣,达到提高学生学好知识的自觉性的目的。

另一方面,可以采取超出预期的策略。将新的教学内容与学生已有的知识经验相联系,这些内容与已有知识经验有关,但又不能直接用原有知识经验解释,它就具有了超出预期的效果,使学生产生惊奇,同时引发学生深入探索,学生的兴趣就会高涨起来。

例如,有这样一道题:将甲、乙、丙球(都可视为质点)分别从 A、B、C 三点由静止同时释放,最后都可到达竖直面内圆弧的最低点 D,其中甲球从圆心 A 出发做自由落体运动,乙球沿弦轨道从一端 B 到达另一端 D,丙球沿圆轨道从 C 点(且 C 点靠近 D 点)运动到 D 点。如果忽略一切摩擦,那么谁先到达 D 点? 一般学生凭感觉认为,丙球非常靠近 D,所以丙球先到 D,然而事实并非如此,从而引起学生的惊奇和兴趣。于是学生都集中注意听教师讲下去。

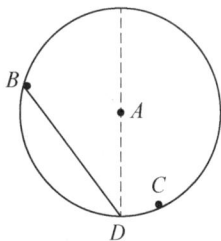

(3) 接受与创新的关系

从"上海市二期课改的物理课程标准"的要求来看,我们的教学并不是完全否定学生在教学中的接受式学习,但我们更强调的是,学生作为教学的主体,应更多地参与学科的探究,更强调培养学生的科学素养、学习能力和学生的创造能力。创造性是高阶思维中的更高层次的思维,是学生自我创造力的基础。课堂是学生思维最积极最活跃的场所,这里经常有着学生灵活运用知识的创新思维迸发出的火花。这样的火花自学生中来，如不被老师发现，则可能自生自灭，不成气候，如被老师发现并情感上给予肯定和鼓励，则学生可能受到激励而使其大放异彩。

例如，记得有一次，在讲完"第一宇宙速度"后，有名学生举手示意，问："老师，考你一个问题，若不考虑阻力，我们上海的磁悬浮最快速度是多少？"我一时还没反应过来，他不无得意地说："就是第一宇宙速度，否则，它就脱离地球的束缚，成为一颗绕地飞行的近地卫星了。"我真的为学生具有这样的迁移能力而感到自豪。

人的创新能力是人的一生中很重要的一种能力，尤其从中学到大学这个"黄金时期"是培养创新能力的关键期，作为教师，对学生创造性思维的火花，哪怕是一点点，也绝不能放过，而且应及时对其肯定和表扬。

三、知识习得三个阶段中的高阶思维的培养

根据现代认知理论可知，知识的习得分为三个阶段：知识的领会、知识的巩固、知识的应用。

（1）知识的领会

对于知识领会的教学中，教师主要通过选取适当的方法，激活学生头脑中的原有知识。在物理学习过程中，当新的知识点或新的概念出现时，学生的思维总是从已有的认知结构中去寻找可靠的生长点，同化新知识并选择信息的呈现方式促进学生的选择性知觉。在新授课前，合理、正确的知识准备，对学生领会新知识点是必要的。教育学的研究表明：语言、文字、图象及不同的呈现信号，对学生的选择性知觉反应的效果不同，并且这些信息在大脑中存储的时间长短及提取的速度都不同，因此在教学中我们要注重创设情境，刺激学生的知觉选择；利用生活中的亲身体验，寻找知识理解的捷径。而物理学是一门典型的理论联系实际的学科，它教学的最大优势就在于可以灵活地创设情境。精心地创设教学情境，是每一位物理教师备课中必须深思熟虑、重点突

破的内容。

例如,有一次,上课前,学校通知我,有其他老师要听课,当时正讲到"牛顿第三定律"。刚一上课我就讲:"今天,有许多老师来听课,让我们用掌声欢迎他们的到来。"接着我又讲:"同学的掌声不热烈,没有体现出主人的热情,让我们再来一次好吗?"同学们奇怪,老师平时上课没这么多题外话,更何况今天有人听课,但他们依然报以更热烈的掌声;听课老师也摸不到头脑,老师有点客气过头了吧?废话多。此时,我提出问题:"同学手痛不痛?是哪只手痛?还是双手同样痛?为什么?"学生自然想到了'作用力与反作用力'。这样就很自然地引出本节课的内容。

(2) 知识的巩固

识记了的知识随着时间的推移,总是要不断遗忘的。对于遗忘的进程,艾宾浩斯通过实验发现遗忘的进程是不均衡的,有先快后慢的特点,并提出了艾宾浩斯遗忘曲线,根据艾宾浩斯的遗忘曲线,巩固应及时进行,具体包括再识、识别、回忆、追忆、画知识网络图、训练、测试等等。

例如,学生在学习完自由落体运动这个概念后,应根据"物体只在重力作用下从静止开始下落的运动,叫自由落体运动"中的"只在重力"和"静止"两词下面画上重点符号,以更精炼地抓住它的本质特征:$\sum F = mg$, $v_0 = 0$。然后,根据其本质特征用自己的语言进行复述,以达到巩固的目的。再如,学生在学习核能这个物理概念前,已经学过了机械能、内能、电能、电势能、光能,并知道它们都属于能量,通过做功能进行能量转化,在巩固时,可画出知识网络图,其结果不仅加强了对核能的记忆,也巩固了原有知识,并使原有能量的概念得到扩展和深化。

(3) 知识的应用

物理学科是集思想、方法、实验于一体的先导学科,在人类正确的自然观、方法论的形成和发展中起着其他学科无法替代的作用。物理学的最大特点就是理论联系实际,以及理论对实际的指导作用。学生对物理课堂思维发展的期待,很大程度体现在对实际问题的解决上。

　　例如,在讲万有引力后,我给学生出了这样一道思考题:当人类成功登月后,科学家们一直有这样的设想,即将月球上的矿藏不断地输送到地球上来。则,若该设想成功,在地、月之间距离保持不变的前提下,请问,地球与月球间的万有引力的大小将如何变化?(分析:设地球和月球的质量分别为 m_1 和 m_2,虽然在此过程中两者的质量都发生了变化,但它们的和却是一个恒量,且由于 $m_1 > m_2$,在输送过程中 m_1 进一步增大,使两者的质量差越来越大,故,m_1 和 m_2 的乘积变小,根据公式 $F = G\dfrac{m_1 m_2}{r^2}$ 可知,地球与月球之间的万有引力变小。)引起了学生极大的探讨热情。

　　因此,依靠教师不断强化高阶思维在物理教学中的应用,精心地将物理内容由现象到本质、由简单到复杂、由感性到理性层层深入提示过程中,和学生自愿、主动的探究、学习环境,我们的教学才能合理、有效、轻松地培养学生学习物理的素质,进一步提高学生文化科学素质,使他们具有创新精神、实践能力和终身可持续发展的基础,成为会学习、有理想的一代新人。

（胡全斌）

物理概念、规律教学中培养学生的高阶思维能力

一、高阶思维能力的简述

高阶思维能力的培养，是近几年来国内外教育界人士越来越重视的问题。它起源于对布卢姆教育目标分类的理解和认识，对应着布卢姆教育目标分类"分析"、"评价"和"创造"（2001版布卢姆教育目标分类）的认知层次。

按照学术界的现有的描述，高阶思维是处于较高认知水平层次上的心智活动或认知能力；是一种能对思维予以评价的思维；是生成性思维和批判性思维的互补运用；是能够自富于创造性的跨学科知识的思维。高阶思维能力是人的思维水平的重要衡量标准，也是现代社会创新能力、问题解决能力、决策能力和批判思维能力的核心，应该成为我们中学物理教学中予以重点关注和培养的内容。

物理学科是对客观物理现象、物理规律认识、了解、描述，进而加以应用的学科。中学物理的教与学，需要培养学生科学的自然观，让学生掌握物理学的基本知识和基本规律，发展学生的实践能力，还需要在过程与方法的引导中，着力对学生的思维，特别是高阶思维能力进行有意识的培养。

二、物理概念和规律的教学特点与高阶思维培养的核心要素

物理概念是物理现象和物理过程本质属性和共同特征在人脑中的反映，是人们通过抽象化的方式对所感知的事物共同本质的科学思维和概括，对应着物理量及物理学中的名词和术语，如速度、力、电场、功等。物理规律则是物理现象、物理过程在一定条

件下发生、发展和变化趋势的反映，揭示了在一定条件下，物理量之间内在的、必然的本质联系，例如定律、定理、原理、定则、公式等。物理概念和物理规律，是支撑起整个物理世界大厦的基石，也是中学生物理学习中必须面对的学习任务。

从教学法的角度分析，物理概念和物理规律的教学要素主要包括：

第一，必须增加学生的经历和体验，让学生获得事实依据。因为概念和规律总是孕育在大量的现象和事例中，丰富的感性认识才能成为科学思维的基础。

第二，要学习和运用科学思维的方法。概念和规律都是抽象思维的产物，只有通过思维活动凸显物理现象和物理过程的本质，摒弃非本质因素进行建构，才能获得事实基础上的抽象结论。因此要加强类比、推理、抽象、概括等方法的学习和运用。

第三，理解物理概念和物理规律的物理意义。物理意义是用通俗易懂的语言对物理量的描述，或物理上引入该物理量的意义。理解物理意义，要由具体到抽象，由抽象再到具体，由感性到理性，由理性再到感性，如此反复，使具体的现象和过程上升至思维的认知，使概念和规律落实到对物理现象和过程的诠释中。

第四，要理解物理概念的内涵与外延，理解物理规律的条件和范围。注意物理量与物理量、规律与规律之间的区别与差异。

除此之外，概念和规律教学中，还应该注意学习内容的前后衔接，注意要与学生的认知水平相吻合，要采用高阶学习活动方式组织学生学习等。

物理概念和规律的教学特点，决定了在学生高阶思维能力的培养中，应该将高阶思维认知层次对应的"分析"、"评价"、"创造"三个指标中的"评价"置于最为核心的位置。

因为就高阶思维的本质而言，"高阶思维是能够对思维进行评价的思维"，是"批判性思维和生成性思维的互补运用的思维"。如果不能对原有的思维进行评价，在评价中发现原有思维的不足和缺陷，就无法形成批判性的思维。而当批判性思维的发现使原有思维得以修正、弥补甚至重构时，就实现了从原有思维基础上的思维升华，达到认知的"创造"。因此，思维"评价"的过程，是一个承上启下的环节。"评价"的基础是"分析"，"评价"的呈现为"批判"，"评价"的结果是"创造"。

我们还可以从"分析"、"评价"、创造"这三个认知层次指标所对应的动词来理解"评价"指标的核心意义。指标"分析"对应的动词主要有"辨别、区分、选择"等，就认知的过程而言，这组动词体现出的是思维的发现和确认。指标"评价"对应的动词主要有"检查、评论、判断"等，它体现的思维特征则是鉴别和批判。指标"创造"对应的动词主要有"产生、假设、设计"等，这正是鉴别和批判基础上的思维的飞跃。

所以从培养学生高阶思维能力的角度分析，"评价"的环节，应该是物理概念和规律教学中培养学生高阶思维能力的核心环节。

三、物理概念、物理规律教学中培养学生的高阶思维能力

物理概念和物理规律的教学中，注重高阶思维能力的培养，就应该有意识地组织学生在学习过程中开展有针对性的评价活动，让学生在物理概念形成、物理规律掌握的同时，发展自己的高阶思维能力。

1. 概念和规律的形成过程中，加强对现象、事实、猜想的评价

生活经历、学习经历和实验经历等感性认识，是学生概念形成、规律掌握的基础。生活经历的再现和实验过程的构建，不仅能营造问题情境的氛围，激发学生的兴趣和探究欲望，也能为学生的思维抽象进行预设和铺垫。但如果对于现象或过程仅仅停留在观察、描述、结果猜想的水平，就还达不到培养学生高阶思维能力的要求。教师应该在学生体验感悟的过程中，加强学生对现象与规律观察、描述、猜想的评价，在评价中去伪存真、突出本质、抽象建构。

案例一：左手定则 F、B、I 关系的教学

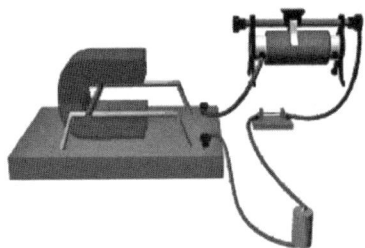

图 1

如图1的学生分组实验仪器。通过磁场方向和电流方向的变化，可以观察导体棒的不同运动方向。以不同颜色的轻杆表示 B、I、F 方向，得到了四个分组实验的四个"方向球"（图2）。将这四个"方向球"放在一起，发现这四个"方向球"标识的方向可以完全重合。

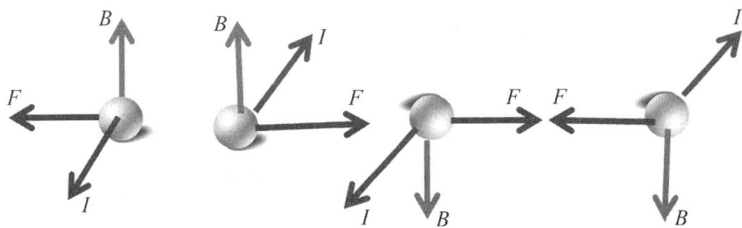

图 2

对这一现象的评价的环节，教学中应特别关注：四个"方向球"标识的方向完全重合，与外界条件有关吗？说明了什么？

四个"方向球"标识的方向，不受实验条件（磁场方向、电流方向）差异的影响，也不涉及某一组别方向标识时的个性化操作（先标明 B 方向或 I 方向或 F 方向），甚至"方向球"与组别的对应也无需考虑——这就是批判性思维，对条件影响结论的批判。

四个"方向球"标识方向能够完全重合，那就说明通电直导线在磁场中受力时，F、B、I 的方向一定存在着某种特定关系，而这特定关系一定满足"方向球"标识的方向——这就是生成性思维。

关注到这一现象的学生评价活动，就可以用形象化的事实催化学生的抽象思维，由实验现象的本质抽象得到左手定则。

案例二:感应电流方向判断的教学

电磁感应现象中感应电流方向判断的教学,是由如图3的学生实验来进行的。通过磁铁不同磁极在闭合线圈中的插入拔出,观察电流计指针的偏转,完成实验的记录表格。

图3

	磁感线的方向	磁铁运动方向	线圈磁通量变化	感应电流方向
磁铁 N 极				
磁铁 S 极				

但是表格的分析完全找不出任何规律。此时对于"无规律"这个结论的评价,又是学生高阶思维能力培养的一个契机。

批判性思维:批判了实验操作步序确定的、由因至果的关系。

生成性思维:还有什么条件可以利用——感应电流的磁效应。

至此,上述表格中再增加一列"感应电流的磁场方向"的内容,就得到了感应电流方向判断的楞次定律。

电磁感应现象中感应电流方向判断的教学,是高中物理教材中的一个难点。按照步序、由因至果也是人们思维的习惯性步骤,如果不经历上面的评价过程,从评价中生

研究编

成,而由教师从一开始就帮助学生设计"感应电流磁场的方向",这就是另一类意义上课堂教学的"灌输法"。

通过分析、评价,达到创造的事例,在物理学发展史上屡见不鲜,高中物理教材中《原子的核式结构》《中子的发现》等内容,都是非常好的案例,值得我们在学生高阶思维能力的培养工作中借鉴。

2. 概念和规律的辨析过程中,加强对个案分析的评价

物理概念和规律的辨析,是教学中一个不可缺少的环节,它不仅有助于加深对概念规律本身的认识,也有助于理解概念和规律的物理意义,理解物理量或物理公式引进的目的,了解物理概念之间的区别,明晰物理概念的范围和物理规律的使用条件。

概念和规律的辨析,需要个案分析的支撑。只有通过个案的分析研究,才能使概念的形成和规律的掌握从具体走向普遍,从普遍走向具体。

个案分析中的评价在个案教学中有着特殊的意义。一方面它可以鉴别学生对概念和规律掌握的情况,在真实或模拟情境中发现学生概念和规律掌握的误区。另一方面,评价中学生的思维要经历信息接收、判断、鉴别、批判和生成的过程,这无疑是高阶思维能力培养的良好途径。

例如在区别速度与加速度两个概念时,教学中常以"竖直上抛运动的物体在最高点的状态"这个个案为例,通过物体不再上升(速度为零)和其后的向下运动(加速度不为零)的特点,来分析这两个物理概念之间的差异。而"速度为零"和"加速度不为零",就是对这一个案现象的评价,从而生成"速度与加速度之间无因果关系"的结论,加深了对"物体运动的快慢"与"物体速度改变的快慢"两个不同物理概念意义的理解。

案例三:洛伦兹力不做功,而安培力做功问题的辨析

这是电磁学中一个经典的佯谬问题。问题的产生主要由于一些教科书或课外读

本是用洛伦兹力来推导安培力,把安培力作为洛伦兹力的宏观效果总和,从而引起学生在认知上的误区。

对这个问题的分析评价,是基于运动电荷在磁场中的受力来展开的。以直导线垂直于磁场方向电荷在导线中运动时的情境分析,电荷的受力除了安培力、形成电流的电场力(电源电动势的作用)外,还有霍尔效应产生的电场提供的力。电流稳定运行时,霍尔效应产生的电场力与洛伦兹力平衡,而霍尔效应产生的电场力的反作用力的宏观表现,就形成了安培力。

这一个案分析的评价中,批判性思维的指向极为清晰——尽管霍尔效应的电场力数值上与洛伦兹力大小相等,安培力大小可以由洛伦兹力推导得出,但是安培力并不是洛伦兹力的合力。评价中的生成性思维的结论也很明确——安培力就是作用于电子上的霍尔效应产生的电场力的反作用力的宏观表现,所以洛伦兹力不做功,安培力可以做功并不矛盾。

再如:动能和动量两个概念的辨析,往往是学生觉得困难的问题,一方面它们都是运动物体自身的属性,都与物体的速度有关,另一方面,它们又从不同侧面反映了物理现象不同的本质特性。为了能较好地辨析这两个概念,教学中可以通过如图4所示的个案来进行分析。

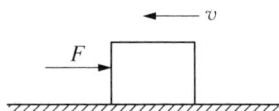

图4

质量为 m 的木块放在光滑的水平面上以速度 v 左行,在物体上作用一个向右的水平力,经过多少时间物体速度为零?经过多少位移物体的动能为零?

对于所求时间和位移结果的评价,是辨析动能和动量两个概念的关键。物体从速度 v 到速度为零,动量的变化反映的是外力的时间积累效应,表征了物体反抗阻力时能行进多久。而从速度 v 所具有的动能,到速度为零时的动能为零,动能的变化反映的是外力的空间积累效应,表征的是物体反抗阻力时能行进多远。个案评价的意义,得到了充分的体现。

研究编

概念和规律的辨析中,评价是以分析为基础的,但是分析不能替代评价。分析主要是对个案的条件、环境、过程、特点等进行描述,评价则是对分析所产生的观点、结论等进行判断和考量,可以支持原有观点和结论,也可以否定原有观点和结论。但不论是哪一种情况,都是思维活动以后得到的生成性成果,这是我们在学生高阶思维能力培养中应该注意区分的。

3. 概念和规律的应用中,加强对条件和方法的评价

物理概念和规律的应用,是对学生是否真正理解物理概念、物理规律的物理意义的"检验"。在这个过程中,加强对于条件和方法的评价,有助于学生从本质上更加深入地理解物理概念和规律的物理意义。

案例四:三力平衡破坏后小球的加速度

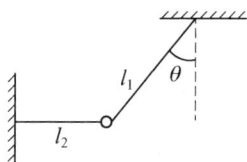

如图 5 所示,质量为 m 的小球在 l_1、l_2 两根细绳的作用下静止。其中 l_1 与竖直线的夹角为 θ,l_2 为水平。试求剪短 l_2 绳的瞬间,小球的加速度。

如果根据"三力平衡、撤除其中一个力,合力与所撤除的力的大小相等、方向相反"思维惯性,这个问题的求解将是错误的。小球在细绳被剪断瞬间的加速度,取决于细绳被剪断瞬间小球的受力情况。因此"微小形变"与"宏观性变"产生的弹力的差异,就成为了对条件进行评价的关键。注意到这一点,学生对"弹力"与"平衡的破坏"将会有新的理解,形成新的生成性思维。

概念和规律的应用中,要加强对条件和方法的评价。但有时学生的评价,往往做不到"一针见血",这时就需要教师的引导和启发,可以通过对照、比较、推理等方法,逐步深入,帮助学生养成评价的习惯,作出正确的判断。

本案例中为了帮助学生开展评价,可以采用对照、比较的方法:将 l_1 细绳改为轻弹簧(如图6),重复上面的问题,这样就会引发学生对细绳和弹簧产生弹力差异的深度思考,感悟"微小形变"与"宏观性变"的不同条件对平衡的影响。

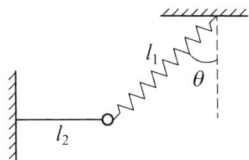

图6

案例五:"准复摆"的静止释放

一根长为 $2L$ 的轻杆,一端在 O 点被悬挂,使杆可绕 O 点在竖直平面内转动。杆的中点和另一端,分别固定了质量为 m 的小球 B 和 A,如图7。将杆拉至水平静止释放,求 A 球到达最低点时的线速度。

本案例是机械能守恒定律和圆周运动线速度及角速度有关知识的应用。但就核心问题而言,则是 A 球隔离后能否满足机械能守恒条件的问题。

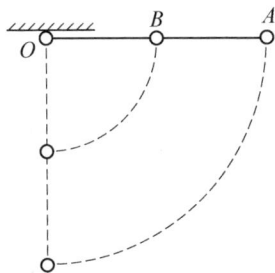

图7

"A 球隔离后的运动符合机械能守恒",这是基于单摆运动的特点而得出的结论。

"A 球隔离后的运动不符合机械能守恒",这是发现与单摆模型有差异得出的结论。

对于结论的评价,首先来源于对于条件的评价。

单摆的摆线与"准复摆"摆杆的差异在哪里?摆线与摆杆给小球的弹力有什么不同?小球所受摆杆的力是什么性质?沿什么方向?这样几个问题分析后,A 球隔离后能否满足机械能守恒定律条件的问题,就有了评价的依据和结论。在这个基础上,A 球隔离后使用机械能守恒定律的方法被放弃(批判性思维),采用系统机械能守恒的方法(生成性思维)和圆周运动相关知识,就可以求出 A 球到达最低点时的线速度。

概念和规律的应用中对条件和方法的评价,不同于概念形成中对现象、结果、猜测的评价,也不同于对概念规律辨析时的评价。概念形成过程中的评价主要是抽象、归纳,概念规律辨析过程中的评价主要是区分、辨别,而概念和规律应用中的评价则更具有综合性、针对性,更具有催生学生生成性思维的环境和线索。

物理概念和规律的教学具有很强的科学性和艺术性,概念和规律的教学中孕育着丰富的高阶思维能力培养的机遇,只要我们能关注学生思维培养的要求,有意识在教学中渗透高阶思维培养的相关元素,学生高阶思维能力的发展一定会更有成效。

(林　勤)

概念和规律教学中培养学生的高阶思维

物理概念和规律都是从物理现象、物理事实和实验中运用逻辑思维的方法抽象出来的，用来表征物质的属性和物质的运动状态。物理概念和规律既是构建物理理论的重要基础，也是学生掌握科学技术、发展创新能力的基石。

高阶思维，则是指发生在较高认知水平层次上的心智活动或认知能力，它在教学目标分类中表现为分析、综合、评价和创造。高阶思维能力集中体现了知识时代对人才素质提出的新要求，是适应知识时代发展的关键能力。那么，在学生形成、理解和掌握物理概念这一复杂的认识过程中，应如何培育学生的高阶思维呢？

一、通过争辩的形式，培养学生的高阶思维

争辩，是一种人们主动地获取信息、进行思维辨析、进行语言交换的活动。物理课堂上的争辩，是建立在稳定认知结构基础上的观点交锋，是学生物理学习过程中自我表达和相互交流的一种方式。课堂上学生对同一问题的认识与理解有差异，这是必然的，有了差异，就可能有争辩，有争辩，学生的主体意识就会大大增强，个体潜能就能得到尽情发挥，因此课堂上鼓励学生发问、争辩，既可凸显学生个性，又能激发学生学习物理的兴趣，进而培养学生的高阶思维。而教师在运用争辩方式设置问题情境时，要特别注意联系实际创设问题情境，以利于学生思维的延展。

例如，在如何理解电源输出功率最大的条件时，传统的教学方法是老师直接用公式推导出来，学生们只是学而不问、听而不说，没有自己的想法和观点，不能进行高阶思维的培养，我就提出如下问题情境：手头上有三根电炉丝，阻值分别为 $6\ \Omega$、$8\ \Omega$、

10 Ω，现要把其中一根电炉丝接到一电动势为 12 V、内阻为 8 Ω 的电源上，烧开一小杯水，选择哪一根电炉丝烧这杯水最快？由于这是一个来源于生活实际的问题，学生们都很感兴趣，纷纷发表看法，有的同学认为外电阻最小时电流最大，根据 $P=UI$，电流大了，电源的输出功率自然大；有的同学就驳斥，认为根据 $P=\dfrac{U^2}{R}$ 认为，外电阻小了，输出功率大；有的同学就指出上述两种认识都有问题，因为外电阻变了，根据全电路欧姆定律可知电源输出电压也变了。最后就会有同学根据这些公式，再结合数学知识得出正确的结论。再如在让学生正确认识牛顿第三定律这一规律时，我提出这样的问题：甲乙两人进行拔河比赛，甲胜了，那么甲胜的原因是什么？问题一提出，全班同学立即分成两派，A 派认为：甲对乙的拉力大于乙对甲的拉力。B 派反驳：甲乙间的拉力是作用力与反作用力，大小应相等，甲胜的原因是甲的体重大于乙的体重。A 派反驳道：决定胜负的应是水平方向的力，而不应是竖直方向的重力。通过争辩，两派都觉得各有欠缺，老师可适当点拨，最后得出决定胜负的是静摩擦力，而静摩擦力的大小又与什么有关呢？这样的争辩，相互之间有分析、有评价、有综合，不但使学生掌握了知识，而且使学生的高阶思维得到了培养。

二、运用角色扮演，培养学生的高阶思维

角色扮演法就是用演出的方法来组织开展教学，如运用现实模拟、短剧、小品或课本剧等形式，寓科技教育于表演过程中，使学生在角色扮演和角色交往中，学习科学知识，激发科学兴趣，培养高阶思维。教师在运用角色扮演法时要根据物理学科特点和学生心理特点，巧妙、合理地以现行教材为载体，根据不同的概念和规律设计一定的角色，让学生以当事人的身份，运用方方面面的物理知识来分析问题，要引导和鼓励学生独立思考，体验解决问题的过程，逐步学会分析问题、解决问题。如学习牛顿第一定律

这一规律时,我设定了一个总导演,一个编剧,五个演员,甚至还有场务。与学生们一起研读"剧本"(课本),上网搜集资料来丰富各个角色的内容。为了不使角色出现过于突兀,我们还运用了时空转换的方法,让各个角色以及他们所代表的思想在舞台上充分表现、撞击,来反映这一段跨越了近千年的物理学家对运动学和力学关系的探究过程。同学们通过扮演亚里士多德、伽利略、笛卡尔和牛顿这些如雷贯耳的物理学家,不但要思考如何使自己的表演更真实,而且也要思考这些物理学家的探索过程,还要相互指出对方的不足,而观看的同学,也会随演员提出的问题进行思考,如扮演伽利略的同学在表演理想斜面实验时就会问同学们:为什么小球从斜面上滚下不会到达另一斜面相同的高度?如果没有了摩擦呢?没有摩擦这是事实还是推理?再如教授功这一概念时,通过让学生表演搬运货物的不同情境来让学生分析正功、负功和不做功的情况。通过表演的方式,培养了学生们的分析、评价、创造能力。

三、运用类比和对比,培养学生的高阶思维

所谓类比,就是根据两个(或两类)对象之间在某些方面的相同或相似而推出它们在其他方面也可能相同或相似的一种逻辑思维。运用物理类比思维可以把陌生的对象和熟悉的对象相对比,把未知的东西和已知的东西相对比。在这样的学习过程中,学生不是接受现成的知识,而是经过自己的探索获得知识,这样不但使得到的知识更有效、更牢固,理解得也更透彻,而且培养了学生的高阶思维。所谓对比,是找出事物之间的差异点和共同点的思维方法,通过事物间相同特征或相异特征的比较,揭示事物的本质和区别。物理学中有许多概念和规律具有可比性,通过对比可帮助学生接受新概念并加深对概念的理解。而在复习课上运用对比,能使知识融会贯通,开拓学生的思维,并培养学生的知识迁移能力,从而培养高阶思维。如在"电流的形成"这一概念的教学中,我用"水流的形成"相类比,推出"电流的形成"的条件。我首先让学生们

讨论得出：形成水流的条件是有水和高度差。接着，我让学生把水流跟电流类比，学生们通过类比得出：(1)水流可以说是水的定向移动，而电流是电荷的定向移动，它们之间很类似。(2)形成水流的第一个条件是要有水，电流要有自由电荷。(3)水流要有高度差，自由电荷在电场力作用下移动，而要使自由电荷受到电场力，必须要有电场，而当导体的两端与电池的两极接通时，它的两端有了电压，导体中就有了电场。这样，导体中的自由电荷在电场力的作用下定向移动，形成了电流。因此，形成电流的另一个条件是有电势差（电压）。再如学习电场强度 $E = F/q$ 这个概念时可以类比初中学过的部分电路的欧姆定律，从而得出电场中某点电场强度 E 与在该点有没有引入检验电荷、检验电荷的电性、电量等无关，它是由产生这个电场的电荷决定的。同样，学习磁感应强度时，可类比电场强度，学习磁感线时可类比电场线等。而对比的方法特别适合于复习时，学完一个章节之后，让学生把本章节学过的概念的相同和不同点进行对比，使学生们把知识联系起来，形成知识体系，学生的学习就能达到事半功倍的效果。通过对比和类比，使学生们在新、旧信息间找相似和相异的地方，即异中求同或同中求异，既有模仿又有创新，从而培养学生的高阶思维。

四、展开想象的翅膀，培养学生的高阶思维

想象力是创造力的基础。没有想象，就谈不上创造。爱因斯坦曾说过："想象力概括了世界上的一切，推动着社会进步，并且是知识进步的源泉。"教学中要让学生展开想象的翅膀，设置疑问，训练发散思维。教师此时不要越俎代庖，任何高明教师的教都不可能代替学生自己的学，代替学生的思考。如讲授摩擦力概念时，可让学生们想象：没有摩擦力，我们的生活会发生怎样的变化？讲授万有引力定律时，可让学生们想象：如果没有了万有引力，我们这个世界是怎样的？要让学生展开想象的翅膀大胆设想。要允许和鼓励学生"无中生有"和"胡思乱想"，从而达到培养学生勇于探索和敢于创新

的思维能力。切不可挖苦、嘲笑学生,否则,我们极有可能会抹杀未来的"小伽利略"、"小牛顿"、"小爱因斯坦"……

在概念和规律教学时,要注意运用小组式合作学习方式,因为不同智慧水平、知识结构、思维方式、认知风格的小组成员各有自己的特长和优势,他们通过在讨论中发表自己的看法,交流自己的见解,相互启发,相互帮助,取长补短,拓宽了思维,激发出思维的火花,更好地培养了高阶思维能力。

（李树祥）

实验教学中培养学生高阶思维

一、高阶思维能力的简述

思维是可以培养和教授的，各种层次的思维都可通过教育得到改善和提高。高阶思维作为思维的高级形式，自然也可以在教学中获得提升。因此，培养和发展学生的高阶思维已经成为各国教育教学目标之一，作为教育第一线的教师，当然要义不容辞把实现这个目标作为自己的使命。

所谓高阶思维，是指发生在较高认知水平层次上的心智活动或认知能力。高阶思维超越了简单的记忆和信息检索，是一种以高层次认知水平为主的综合性思维能力，高阶思维涉及学生高阶能力的发展，如批判性评价能力、自主学习（自我调节学习）能力、问题解决能力、创造性思维能力、批判性思维能力、信息素养及协作能力等。因此，高阶思维能力集中体现了知识时代对人才素质提出的新要求，是适应知识时代发展的关键能力。布卢姆等人提出认知领域教育目标分类以来，该分类系统一直被国内外教育界广泛采用，它把人的认知思维过程从低级到高级分为六个层次，即记忆、理解、应用、分析、评价和创造。显然高阶思维在教学目标分类中表现为分析、评价和创造。

二、物理实验教学特点与高阶思维培养的核心要素

物理实验是物理学的基础，也是物理教学的重要内容。物理学的许多概念、定律和理论，均是在实验的基础上建立起来的。演示实验能展现物理过程，示范实验技能，体现物理思想；学生实验则是学生自主探究、获取与应用知识、提高科学素养和科学能

力的重要途径。丁肇中教授认为，"自然科学理论不能离开实验的基础，特别是，物理学是从实验产生的"，"实验可以推翻理论，理论却不能推翻实验"。

从教学法的角度分析，物理实验的教学应注意：

第一，演示实验内容与要讲的概念、规律紧密结合，课堂演示实验对学生有明确的示范作用。演示实验是用来配合教学的，应根据不同教学内容和要求，选择合适的实验，合理地进行实验，以便让学生清楚地认识物理概念和规律。

第二，让学生经历科学探究过程，学习科学研究方法，培养学生的探索精神、实践能力以及创新意识。培养学生的创新精神是素质教育的必然要求，提高学生的学习能力是培养学生创新精神和实践能力的重要条件之一，而学生实验教学对提高学生动手能力、观察能力、分析能力、创新能力有很大帮助，物理概念、物理规律是从实际问题中抽象、概括出来的，而物理实验对于建立物理基本概念和理论及加强对基本概念和基本理论的理解有着不可取代的作用。

在物理教学过程中运用实验的目的在于形成、发展和检验物理理论，可以给学生创造一个物理环境，使学生主动分析、归纳物理概念和规律，发展能力，促进科学品质和世界观的形成。通过分析实验现象，得出相应的物理规律；通过分析实验数据，找出定量关系；通过分析实验误差，对实验结果作出评判。通过"分析"，学生的"评价"、"创造"性思维得以发展。因此，物理实验分析能力的培养是物理实验能力培养的核心问题，而思维品质的培养又是实验思维能力培养的关键和基础。物理实验教学特点，决定了学生高阶思维能力的培养中，应该将高阶思维认知层次对应的"分析"、"评价"、"创造"三个指标中的"分析"，置于最为核心的位置。

我们还可以从"分析"这个认知层次指标所对应的动词，来理解"分析"的核心意义。"分析"对应的动词主要有"辨别、区分、选择"等，就认知的过程而言，这组动词体现出的是思维的发现和确认。在物理实验教学中，把"分析"作为培养中学生高阶思维的核心，是符合实际情况的，是有实际意义的。

三、物理实验教学中培养学生的高阶思维能力

物理实验的教学中,注重高阶思维能力的培养,就应该有意识地组织学生在学习过程中开展有针对性的分析活动,让学生在实验过程中发展自己的高阶思维能力。

1. 加强学生对实验现象的分析

心理学研究表明,人的思维活动是在感性材料的基础上产生的,感性材料是思维活动的源泉和依据。各种类型的物理实验现象,具体形象地揭示了物理概念、物理规律的本质,为学生的学习提供了丰富的感性材料,强化了学生的感知并纠正在感知中形成的错觉,从而达到丰富学生头脑中感性材料的储存及发展智力的目的。教师应该在教学过程中加强学生对实验现象的分析,在分析中发现现象本质,弄清实验原理,发展学生的高阶思维。

案例一:能量转化教学

实验现象:一个钢球从高处落下(图1)。

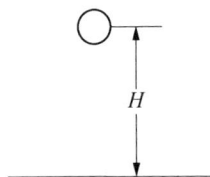

图1

看似一个非常简单的实验现象,如果我们从不同的角度进行分析,就会得到不同的方案。

如果要分析速度改变,就得分析其加速度,由牛顿运动定律结合运动学公式得出结论。

如果要分析物体的动量的改变,就得分析物体在这一个过程中受到的冲量,由动量定理得出结论。

如果要分析物体的动能的改变,就得分析在这一过程中物体所受到的力对其做的功,由动能定理得出结论。

如果要分析物体机械能的改变,就得分析除重力外其他力做的功,由功能原理求

解,或者由能量守恒定律得出结论。

我们分析同一实验现象,可以选择不同的角度。"横看成岭侧成峰",因为视角不同,所以结论也会不同。这就需要学生整体构建知识,从内在体系中掌握多角度;加强思维训练,从科学思维中掌握多角度;提取有效信息,从材料中寻找多角度。在教学中关注到这一现象的学生分析活动,就可以用全面、发展、联系的观点分析实验现象,在批判性思维中形成生成性思维,由实验现象的本质得到物理规律。

案例二:电流的磁效应——奥斯特实验教学

实验现象:在直导线附近,放置一枚小磁针,则当导线中有电流通过时,磁针将发生偏转(图2)。

对这一现象的分析应该是教学中的高度关注点:小磁针为什么会偏转? 说明了什么?

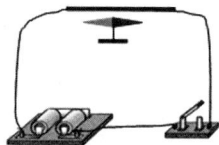

图2

通过分析可以揭示一个十分重要的本质——电流周围存在磁场。大多情况我们就仅仅将认识停留在这个层面上。

此时,教师应有意识地组织学生开展有针对性的分析活动,如:这里的"通电"是通直流电还是交流电呢? 二者情况是一样的吗? 改变电流方向,磁针会向相反方向偏转吗? 由于地磁场和小磁针摩擦的影响,要多大的电流小磁针才会偏转? 地磁场有多大呢? 它是怎样影响小磁针的呢?

现象是事物本质的外部表现,是局部的、个别的。本质是事物的根本特征,是同类现象中一般的或共同的东西;因此,本质比现象深刻、单纯,现象则比本质丰富、生动。加强对实验现象的分析,从实验现象入手,通过分析,发现物理本质,由特殊本质到共同本质、由初级本质到更深刻的本质,实现由感性到理性的飞跃,这是人类认识由浅入深、不断深化的辩证过程。这是实验教学的重要手段,也是培养学生高阶思维能力的方法。

2. 加强学生对实验数据的分析

实验数据是对客观事实的反映。对实验数据的分析能迅速有效地发现并掌握有价值的信息,应将实验的信息、现象与物理常识、规律和理论等迅速联系起来,用信息解决实际问题。通常看似复杂实验数据,经过理性思维的分析后,会变得简单化、规律化,从而能够轻松、顺畅地得出物理结论,这就是分析的魅力。这种分析能力是创新能力、创造能力、创意能力、创作能力等的基础,也是培养学生高阶思维能力的基础。

案例三:闭合电路内外电压测量

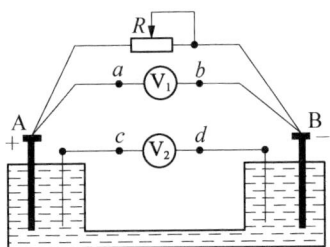

学生按照实验电路图(图3)分小组完成以下实验:测量闭合电路内电压和外电压。(第一、第二、第三小组控制外电阻不变,改变内电阻 r。第四、第五小组控制内电阻不变,改变外电阻 R)

第一小组:外电阻($R = 200$ 欧)不变,改变内电阻 r

图3

外电压 U(伏)	0.75	0.71	0.70	0.68
内电压 U'(伏)	0.10	0.12	0.14	0.16
$U+U'$(伏)	0.85	0.83	0.84	0.84

该组学生通过实验数据得出:当内电阻改变后,内电压和外电压也随之改变,内电阻增大,内电压增大,外电压减小,在误差允许的范围内,内、外电压之和是一个恒量。

第四小组:内电阻不变,改变外电阻 R

外电阻 R(欧)	开路	200	70	40	20	8
外电压 U(伏)	0.95	0.84	0.77	0.59	0.43	0.39
内电压 U′(伏)	0	0.06	0.12	0.15	0.19	0.22
U＋U′(伏)	0.95	0.90	0.89	0.74	0.62	0.61

该小组同学有不同结论。根据数据：当外电阻发生变化时，内电压和外电压也随之改变，外电阻减小，外电压减小，内电压增大。但内、外电压之和越来越小，不是恒量。

两组同学对实验数据分析后得到了不同的答案，此时，教师就要抓住生成问题，及时引导求异思维，针对学生的回答，正确的要追因，不对的要追错，有针对性地对问题进行"二次开发"。通过对数据的分析，最终让学生明白造成两种截然不同的结论是因为内电阻太小的缘故，从而对实验装置进行改进。

在分析讨论过程中，同学们要考虑自己的依据是否清楚、真实，证据是否能被老师、同学所接受、理解等，这恰恰是对学生批判性思维提出了严峻挑战。要分析清楚原因，对知识的掌握就不能停留在表面。学生只有对所学知识有了思考、有了分析，才能发现问题，才能提出自己的观点。在得到结论的同时，学生生成性思维也得以发展，他们完成了实验器材的改进最终得到了正确的实验结论。

3. 加强学生对实验误差的分析

实验误差的分析涉及实验器材的选择、原理的选择、方案的设计和数据的处理等一系列问题，具有一定的开放性，有利于培养学生发散性思维，提高学生理论联系实际的能力，因此成为物理实验教学所关注的焦点和近年来高考实验命题的重要方向。实验教学中，教师有责任和义务培养学生误差分析的能力，从而达到全面提高学生素质、发展其高阶思维的目的。

研究编

案例四:验证玻意耳定律

利用 DIS 实验仪器,探究一定质量的气体,在温度不变时,压强和体积的关系。从理论上分析,通过实验,我们应该可以在计算机上得到 $p-V$ 图线是一条双曲线;$p-\frac{1}{V}$ 图线是一条过原点的直线。然而,实际实验过程中,我们得到的 $p-\frac{1}{V}$ 图线并不过原点(图4)。分析实验误差可以知道是由实验中连接注射器与压强传感器的胶管所带来的明显系统误差造成的。图线截距为胶管内气体的体积。

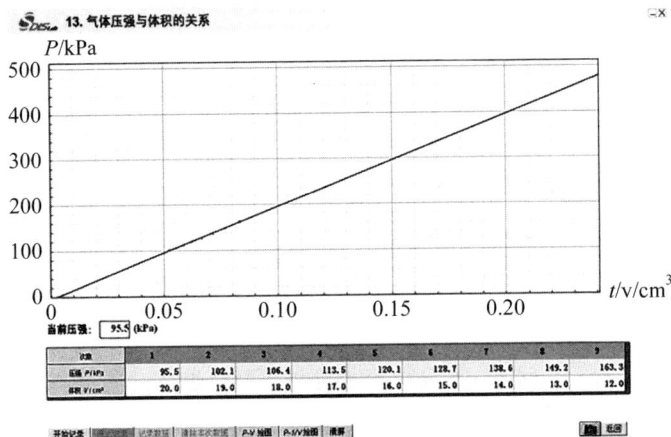

图 4

重新实验,发现修正不少,但还是存在误差。这时就需要教师进一步让学生体验实验的方法和过程,通过分析,引导学生对注射器初始气体体积这一因素对实验的影响进行思考分析。通过分析可以得到注射器初始气体体积越大,实验误差就越小。

在分析过程中提高学生批判性思维:批判了实验操作步序确定的、由因至果的关系。

在分析过程中提高学生生成性思维:是否可以利用此装置测量不规则小物体的

体积？

　　物理实验教学的目的决定了实验教学在培养学生高阶思维能力上有着至关重要的地位。培养学生高阶思维能力不是空谈，是要付诸实际行动的。在物理教学中，应有意识关注学生对问题的"分析"，使学生的高阶思维能力得到发展，以适应当前素质教育的需要。

（杨悦蓓）

研究编

实验误差分析过程中的高阶思维培养

"高阶思维"是发生在较高认知水平层次上的心智活动或较高层次的认知能力,主要由问题求解、决策、批判性思维、创造性思维这些能力构成。课程与学科相整合的教学应该是培养学生高阶思维最有效的教学方式,亦即在完成课程学习内容、实现教学目标的同时,发展高阶思维能力。

电学实验是高中物理实验的重要知识点,同时也是高考实验题中重要的考点。这部分内容对学生的逻辑思维的跨度和灵活运用能力要求高,下面就电学实验系统误差分析教学过程中教师如何发展学生"高阶思维"的教学流程作出展示。

教师设计问题,学生运用批判性思维,通过合作交流分析问题、评价实验误差原理,通过类比达到举一反三的目的。

一、设计问题

稳恒直流电路中"伏安法"测量用电器电阻学生比较熟悉。其基本原理为:$\dfrac{U_V}{I_A} =$

$\dfrac{U_x}{I_x} = R_x$,请同学以小组合作的形式,对实验结果是否准确进行分析。

最适合思维的教学,是以思维为基础的问答策略,也就是说,教师教学问题的设计是培养学生高阶思维的最有效手段。

成果展示:一类:电表是理想化的,故测量准确。另一类:实验室设备无法达到理想状态,因此,实验结果有误差。

自我评价:思想化思维方法在物理教学的实例较多,但在实验精细化要求前提下,忽略的次要因素常常是误差产生的原因。

解决方法:学生用实验设备通过伏安法自行测量标准电阻。

成果展示:测量结果与铭牌上标识不同,有误。

在以上过程中,教师只是作为问题的设计者,过程的观察者,分歧点的诱导者出现。在问题解决后,对失败组的激励同样渗透着"高阶思维的培养",即理想化的思维方法。同时探究式和开放式的学习环境,需要学习者生成知识,并且运用批判性思维,进而发展学习者的高阶思维能力。

二、问题生成:学习组展示测量结果

成果展示:测量结果分为两类,一类:大于真实值,一类:小于真实值。

活动设计:学生代表板画实验电路图,如图所示。引出"伏安法"两种不同的测量方式。两种接法结果各异,学生自然合作交流,寻求造成这种结果的原因。

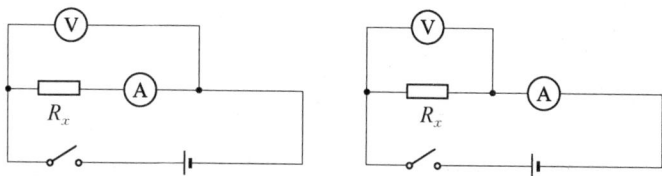

设置这一任务是为了提高学生物理学科素养。学生在自己动手实验时,部分学生会考虑到电表因素,在实验开始就有了一个较高的起点,有了探究的欲望。这一过程中,学生综合运用了"分析、综合、实验",高层次思维能力得到了锻炼和提高。高阶学习是一种需要学习者运用高阶思维的学习活动。而运用探究、发现和研究型学习的模式——合作小组,进行学习、讨论、角色扮演、项目研究、生成问题等学习活动,有利于发展学习者的高阶思维能力。尤其是发现问题,能比较有效地促进学习者高阶思维能力发展。

以下是教师为主导,学生解答问题,从而找出解释问题的规律的教学流程。

1. 两种测量方法中电压、电流表应该测量的是什么?

电压、电流表应该测量待测电阻 R_x 两端电压 U_x 和流经其的电流 I_x。

2. 实际情况中两电表测量的是什么?

内接法:电流表测量的就是流经 R_x 的电流,测量准确;电压表测量的却是 R_x 和 R_A 的两端电压之和,测量不准确。即 $U_V = U_x + U_A$。

外接法:电流表测量的是流经 R_x 和 R_V 的电流之和,测量不准确,即 $I_A = I_x + I_V$;电压表测量的就是 R_x 的两端电压,测量准确。

3. 为什么会出现这种情况?

是因为电表不可能是理想电表,也就是讲电压表的电阻不是无穷大,而电流表的内阻也不为零。

内接法:电压表之所以测量不准确是因为电流表分得部分电压造成的,其所分得电压为 $U_A = I_x R_A$。

外接法:电流表之所以测量不准确是因为电压表分得部分电流造成的,其所分得电流为 $I_V = \dfrac{U_x}{R_V}$。

在此,我们发现这样一个规律:测量值准确的电表造成了实验误差。

4. 两种接法既然都有误差,那么根据它们分别测量的结果,我们计算出来的到底是什么呢?

内接法:$R = \dfrac{U_V}{I_x} = \dfrac{U_x + U_A}{I_x} = R_x + R_A > \dfrac{U_x}{I_x} = R_x$。由此可见,内接法测量出来的电阻大于真实值。从等效的思想来看,在测量过程中我们没有考虑电流表的内阻的分压作用,即把电流表内阻等效为待测电阻的一部分。从计算结果不难得出,其与待测电阻串联。

外接法：$R = \dfrac{U_x}{I_A} = \dfrac{U_x}{I_x + I_V} = \dfrac{R_x R_V}{R_x + R_V} < \dfrac{U_x}{I_x} = R_x \left(I_x = \dfrac{U_x}{R_x}, \ I_V = \dfrac{U_x}{R_V} \right)$。由此可见，内接法测量出来的电阻小于真实值。从等效的思想来看，在测量过程中我们没有考虑电压表内阻的分流作用，即把电流表内阻等效为待测电阻的一部分。从计算结果不难得出，其与待测电阻并联。

5. 通过以上分析，既然知道了误差产生的原因，那么应该怎样减少实验误差，或者讲我们如何根据待测电阻的阻值来选择测量电路的接法？

内接法：从实验结果 $R = R_x + R_A$ 分析，R_A 比 R_x 越小实验越精确，即当 $R_x \gg R_A$ 时我们可选择内接法测量。

外接法：从实验结果 $R = \dfrac{R_x R_V}{R_x + R_V}$ 来看，R_V 比 R_x 越大实验越精确，即当 $R_x \ll R_V$ 时我们选择外接法测量。

总之，通过"问题解决"来突出学生的主体性，概括起来就是要在课堂教学中给学生设置目标，让学生为目标所驱动；给学生创造以自主学习为特征的学习环境，培养学生应具备的学习策略和管理自我学习的能力。为此，教师还要澄清关于高阶思维课堂教学的两点认识：一是在学习者完全掌握所有低阶思维技能之前，就应当允许学习者对有学术兴趣的、涉及高阶思维活动的问题展开研究；二是高阶思维能力的发展应当与各学科整合起来，而不是开设专门的、单独的课程。

三、类比教学

"伏安法"在高考中的考点，更多地体现在用"伏安法"测电源的电动势及其内阻。我们稍做变化，主体依然按上面的方法加以分析，思路非常流畅，学生根据前述学习教程积累的方法，以小组合作方法，完全可以达到教学目标。流程基本与上述方法相同，在此不再赘述。

许多物理规律的建立，都采用了类比方法，类比也是一种常用的思维方法。因此，在物理教学中，我们也应重视对学生进行类比思维方法的训练，使学生逐步领会这一思维方法，也是高阶思维培养的一个非常重要的方面。

很多研究表明，要发展学习者的高阶思维能力，教师在改变自我教学的同时，更要改变学生的学习习惯，设法让学习者投入到分析、比较、对比、批判、归纳、概括、问题求解、实验等系列学习活动中去。这样的过程可以促进我们的教育教学，让我们的教育教学为学生的终身发展服务。

（胡全斌）

将高阶思维的培养渗透在实验复习中

在物理实验的复习中,我们不但要提高物理实验复习课教学的有效性和针对性,帮助学生构建起综合实验体系,形成一定的应变能力,更要借助实验复习,来培养学生的高阶思维能力,即高层次认知水平为主的综合性能力,如批判性地评价信息、自主学习(自我调节学习)、问题解决能力、创造性思维能力、批判性思维能力、信息素养及协作能力等。在复习课教学中,如何才能达成以上目的呢? 总结如下:

一、归类梳理,使知识系统化,这样既有助于学生对知识的深层理解,也有助于高阶思维能力的培养

复习时不能就某一个实验论实验,把实验内容简单过一遍,而应让学生用小组讨论的方式从不同的角度把分散在各个分组实验和演示实验中的实验知识进行归类梳理,分门别类地进行归纳,通过分析、比较其异同,抓住其特点,掌握其规律,从而达到更好的教学效果。分类归纳不仅能使学生全面系统地掌握实验知识,而且学生们在进行讨论总结时要进行分析、综合、概括、比较,而这些也是培养高阶思维能力的重要方法。

归类方法有很多,这就需要老师进行指导和点拨,如根据实验要求,可讨论总结出基本仪器使用类、验证性实验类,测量性实验类、研究性实验类;再如数据处理方法可归类出算术平均值法、列表法、图象法、直接比较法、描迹法、逐差法等。在进行归类后,再让学生们总结出每一类的共同点及注意事项并举例说明。

如在讨论测量性实验类时,老师提出问题:高中物理分组实验中哪些物理量可以

直接用仪器测量？主要的测量性实验有哪些？有哪些共同的特点？学生们归纳出高中物理可直接用仪器测量的物理量有：质量、长度、时间、力、温度、电流、电压、电阻等等；学生分组实验有："用 DIS 测定位移和速度"、"用 DIS 测定加速度"、"用单摆测定重力加速度"、"用油膜法估测分子的大小"、"练习用多用电表测电阻、电压、电流"、"测电池电动势和内电阻"、"用 DIS 测通电螺线管的磁感应强度"、"用双缝干涉测光的波长"等。然后学生们找出这一类分组实验的共同特点就是除直接用 DIS 测量的外，其他实验都是先通过直接用仪器测量某些相关的物理量，然后以某一原理或物理规律（公式）为依据，来间接测定某个或某些不能直接测定的物理量或物理常数，如用单摆测当地重力加速度，就是先用刻度尺测出摆长，用秒表测量单摆的周期，然后用单摆的周期公式求出当地重力加速度。

再如，对数据处理方法类，以图象法为例，要学生们总结出什么是图象法及使用图象法应注意的问题（如合理选取纵轴、横轴的标度，并根据数据特点正确确定坐标原点，使所作的图象布满整个坐标纸；要有足够多的描点数目，作出的图象应尽可能穿过较多的点；尽量采用置换变量法使非线性关系线性化等）。

二、在复习仪器的使用上，通过"一器多用"、"一器多问"等来培养学生的高阶思维

"一器多用"，即让学生找出同一种仪器的多种用法，使学生们在思考时大脑呈现一种扩散状态的思维模式，思维呈现出多维发散状，从而培养发散思维能力。而发散思维是创造性思维的最主要的特点，是高阶思维能力的主要标志之一。

如给你一个矿泉水瓶子，可以做哪些实验？学生总结出：1. 在底部打一小洞，灌满水，让整个瓶子自由落体、竖直上抛、竖直下抛、平抛、斜抛，来做超失重实验；2. 把瓶口堵住，让水从小洞流出，来做等温变化的玻意耳定律实验；3. 使瓶子形变做弹力实验；

4.用嘴吹瓶口演示瓶内空气柱振动发声,即瓶内装不同深度的水,即空气柱长短不同发声音调不同,用大力吹发声响度大做声源,音调,响度的实验;5.把矿泉水瓶从中间剪开,用去掉瓶盖的上半部分做成一个漏斗,和乒乓球一块做流体压强与流速关系的实验,下半部分可以用作阿基米德原理实验中的盛水小桶;6.打开矿泉水瓶瓶盖,用嘴对准瓶口吸气,大气压会把瓶子压瘪,可以演示大气压存在的实验;7.寒冷干燥的冬天,可以用干燥的矿泉水瓶在化纤衣服上摩擦做摩擦起电实验……

"一器多问",就是对一种仪器提出多个问题,让学生在探索解决问题的思维活动中,掌握知识、发展智力、培养技能,进而培养学生自己发现问题、解决问题的能力,使学生学会思考、学会学习、学会创造,促进学生创造思维的发展,从而培养高阶思维能力。

如对打点计时器,就有如下问题:1.打点计时器是记录什么的仪器? 2.打点计时器有几种? 它们的工作原理是什么? 它们的异同点是什么? 3.在实验中出现变频、漏点、拖尾等现象怎么办? 4.通常打点计时器与哪些器材组合使用? 5.打点计时器的纸带记录了什么物理量? 6.通过打点计时器记录下的纸带可以算出什么物理量? 各量是怎样计算的? 7.利用打点计时器我们还可测出哪些物理量?(如与牛顿第二定律结合起来考虑可以求力 F、与动能定理结合起来可以求合外力做的功,与动量定理结合起来考虑可以求合外力的冲量,把打点计时器置于竖直方向使用,可以得到重力势能的变化量或动能的变化量等等)8.由纸带计算加速度的"逐差法"你熟悉吗? 9.当某个实验需要测量加速度时你会想到利用打点计时器吗? 10.打点计时器的重要特点是"留迹",从"留迹"角度考虑可以用哪些仪器取代打点计时器? 11.打点计时器也是计时的仪器,还可用什么仪器计时? 二者有何差别?

三、针对某一个实验,让学生设想多种实验方法,来培养学生们的高阶思维

在实验复习时,我们可针对某一实验,让学生通过广泛联系和运用所学的知识和

方法,来设计实验方案,然后组织学生讨论、辨析,对合理的加以肯定,不恰当的提出问题所在,对无法完成的方案阐明其原因,各种方案在逐一论证以后,只要条件许可,都可组织学生自己动手操作,进行实际测量。这样学生在讨论、辨析的过程中,有效地训练了思维的广阔性,使其分析、抽象、综合能力都得到了提高,从而使高阶思维得到了培养。

例如让学生们思考如何用刻度尺测量一枚硬币的周长。学生讨论总结了如下方法:1.包绕法:用纸条将硬币围一圈,在纸条的重叠处用针打一个眼,然后将纸条拉直,用刻度尺量出两个针眼间距,即硬币周长;2.滚动法:让硬币在直尺上滚一圈,直接读出硬币的周长;3.剪纸法:将硬币平放在纸上,用铅笔沿着硬币周围划一圈,用剪刀剪下后对折,量出圈的直径,将之乘于3.14,即可间接得出硬币的周长;4.等效测量法:用直尺和三角板量出硬币的直径,再算出硬币的周长。

再如设计一个测动摩擦因数 μ 的实验,同学们讨论出如下几种方案:利用"力和运动"中动平衡的原理设计实验、利用"力和运动"中静平衡的原理设计实验、利用"力和运动"中的非平衡态(如匀加速直线运动)的有关原理(如牛顿第二定律)设计实验、利用"动量定理"设计实验、利用"功能关系"的思路设计实验(如用 $\mu = \dfrac{h}{s}$)。

再如"测电阻的方法",学生们设计出"欧姆表法"、"伏安法"、"半偏法"等;"测电源电动势和内阻的方法",学生设计出"伏安法""伏箱法"、"安箱法"、"两伏法"等。实验方案定出后,再让学生紧接着设计一套实验步骤,包括实验使用的仪器、数据处理方法和如何减少误差等,最后让学生们进行论证和验证。通过这一方法的使用,既可使学生掌握一个实验问题的多种解决方法,以便选择"最佳"方案,又使高阶思维能力得到培养。

四、对课本实验教学的内容进行合理的变化，通过改变器材、条件，变化数据处理方法，以及改变实验原理、目的来培养学生的高阶思维

对实验进行合理的变化本身就是在想象的基础上进行的一种创新，它能激发学生独立思考，激活创新意识，进而达到培养学生高阶思维能力的目的。因此，在物理实验复习时，我们应当对课本实验进行改进、完善、拓展，增强实验的探索性、综合性，引导学生以类科学研究的方式去发现问题和解决问题。

例如：对于"用单摆测定重力加速度"实验，若把均匀小球换成不规则小石块，则无法测出摆长，那么又如何测得重力加速度呢？根据"摆长测定"这一实验条件的改变，我们可引导学生设法测出摆线的长度 l，并设摆线下端至小石块中心的距离为 x，由

$$T = 2\pi\sqrt{\frac{L+X}{g}}，$$ 几次改变 l 的长度，测出对应的 T，利用上式解方程组，即可求得 g。

在数据的处理上，课本上先由公式来计算，再采用的是多测几组再求平均值的方法，我们可以以 L 和 T^2 为坐标轴，用测得的数据放入描点，通过画直线求斜率方法求 g。再如："电场中等势线的描绘"要求学生用电流场模拟静电场，描绘两个异种电荷电场的等势线，那么，能否采用类似的方法，描绘匀强电场的等势线或点电荷电场的等势线？需要配备怎样的器材？我们可将原实验中的两个圆柱形电极换成两个平行金属条，接上电源后模拟匀强电场；还可将原实验中的两个圆柱形电极换成针尖形电极，接上电源后模拟点电荷电场，操作方法与原实验相似。

五、通过设计性实验，来培养学生的高阶思维

设计性实验是根据给定的实验题目、要求和实验条件，由学生自己设计方案并基

本独立完成全过程的实验，它是学生综合、灵活性地运用所学的知识、方法，去独立地研究问题，通过创造性的实验设计去验证知识、获得知识和进行探索性的研究。在设计实验的过程中，教师应对学生的实验方案提出具体的指导性要求，这也是对学生进行科学思维方法训练，培养实事求是、独立思考、开拓创新和高阶思维能力的一种有效途径。

设计实验的内容包括根据要求确定实验原理，设计实验方案，选择实验仪器，编拟实验步骤，设计实验表格等。在设计性实验复习时要让同学们注意实验的设计原则：第一，科学性。实验方案所依据的原理应当正确，符合物理学的基本规律。第二，安全性。实验方案的实施要安全可靠，不会对器材及人身造成危害。第三，准确性。实验的误差应在允许的范围内，若有多种可能的实验方案，应尽可能选择误差较小的方案。第四，简便性。实验应当便于操作、读数及数据处理。

实验设计中，较为重视的设计思想包括：1. 理想化模型的思想。实验物理现象中的研究对象，外部因素往往复杂多变，为此研究时常可采用忽略某些次要因素或假设一些理想条件的办法，以便能突出现象的本质因素，取得实际情况下合理的近似结果。2. 平衡的思想。一个物理系统中，常存在着对立的矛盾双方，当双方使系统向彼此偏离的因素（或作用）互相抵消时，系统就取得了暂时的平衡，于是根据矛盾双方使系统偏离的因素，就可得出使系统平衡的条件，列出相应的平衡方程式，在物理中常根据这种思想指导实验的设计。3. 放大的思想。物理实验中对于某些直接测量的微小量，或观察、显示某些极细微的现象和图景，常采用物理方法加以放大。4. 间接测量的思想。对于某些不易直接测量（或显示的量（或现象）），实验设计中常借助于力、热、电、光、机械等方法之间的转换，用某些直接测量（或显示）的量来代替，或者根据研究对象在一定条件下可以有相同的效果作用，间接地观察、测量。5. 模拟的思想。在进行物理研究时，有时受客观条件的限制，无法对某些物理现象和物理过程进行实验，此时人为地创造一定的条件和因素，使之与物理现象或物理过程有一定的相似，从而在模拟的情况下进行实验。

除此之外,实验复习中还应注意实验方法的总结和比较,分析各种实验方法的特点和优势,分析各种实验方法所折射的设计思想,进一步提升学生的思维水平,如物理量测量方法中的"换测法"(对一个物理量的测量转化为另一个物理量的测量),"累计测量法"(将微小量累计后测量,减小测量的相对误差),"控制变量法"(先控制某些因素不变,依次研究一个因素),"留迹法"(把瞬时即逝的现象如位移、轨迹、图象等直接记录下来)等等。使实验的方法复习与学生思维水平的培养同步起来,可以更好地提高物理实验复习的有效性。

(李树祥)

浅析环境对培养学生高阶思维的影响

《上海市物理课程标准》明确规定,中学物理课程的根本使命是"全面提高未来国民的基本科学素养,培养具有科学知识、科学思维方式、科学创新精神和科学实践能力的一代新人"。创设良好的育人环境,培养学生的高阶思维,势在必行。

布卢姆教育目标分类理论把人的认知思维过程从低级到高级分为六个层次(记忆、理解、应用、分析、评价和创造)。低阶思维(low order thinking)是指较低层次的认知水平,主要是学习事实性知识或完成简单任务的能力,在布卢姆的教学目标分类中表现为记忆、理解、应用;而高阶思维(high order thinking)则发生在较高认知水平层次上的心智活动或认知能力,它在布卢姆的教学目标分类中表现为分析、评价和创造,它超越简单的记忆和信息检索,是一种以高层次认知水平为主的综合性能力,关注学生系列能力的发展,如批判性地评价信息、自主学习(自我调节学习)、问题解决能力、创造性思维能力、批判性思维能力、信息素养及协作能力。促进学习者高阶思维能力的发展是弘扬人的主体性,开发人的潜能,发展人的创造性,培养健全人格的素质教育的具体体现。高阶思维能力集中体现了知识时代对人才素质提出的新要求,是适应知识时代发展的关键能力。

一、环境对思维发展的影响

人和环境的关系,正如马克思、恩格斯所说的一种辩证关系:"人创造环境,同样环境也创造人。"人生活在一定的环境中,必然受到环境的影响和制约,打上环境的烙印。环境还分为积极的和消极的,天然的和营造的。所有动物和人类的思维都来自环境的影响,大脑经过环境的刺激有了思维能力,思维能力又牵动着行动力。这说明环境可以改变任何动物的习性,包括人类,环境控制思维,思维控制行动,行动控制结果。

目前,影响学生思维的消极环境因素如下:

1. 家庭教育环境。

具体表现为:很多家长在教育子女过程中,实施的是"顺从"教育,把"听话"视为好孩子的最高标准,孩子从小想象力、创造力就遭到封杀,使孩子循规蹈矩,墨守成规。

2. 学校教育环境。

具体表现为:传统教育中的教学、考试评价以教学大纲、教师、教材为中心,忽视学生的主体作用,教师和学生把教学大纲、教材奉若经典,甚至是评判各种问题对与错的唯一标准,教师则是知识的权威,使学生迷信书本、迷信权威。

3. 社会环境。

具体表现为:①所处区域生活环境普遍创新意识、创新能力不强,对学生的创造性思维产生负面影响;②新想法总是得不到支持,无法转化为行动;③具有一定冒险性的创新想法或行为受到惩罚;④提出新观点、新办法等会遭到打击。

4. 文化环境。

具体表现为:①受传统文化影响,认为质询、提问、反驳是不礼貌的;②受传统文化影响,认为对老师的内容、书本提出质疑是不谦虚的表现;③受传统文化影响,理想过于实际;④受传统文化影响,缺少冒险精神。

二、在培养学生高阶思维前提下创设育人环境的几点实践

(一)为学生营造安全的心理环境,开放学生的高阶思维

人本主义心理学家罗杰斯(C. R. Rogers)强调:当外部威胁降低到最低限度时,学生比较容易觉察和同化那些威胁到自我的学习内容,当对自我的威胁很小时,学生就

会用一种辨别的方式来知觉经验,学习就会取得进展。在没有等级评分和鼓励自我评价的环境里,学生能够消除内心的恐惧,在一种安全的心理环境下积极地思考,努力地探索,形成创造性品质和能力。所以我们要努力为学生营造安全的心理环境。

1. 建立教学和乐环境。

老师对学生要关爱,微笑教育,建立良好的师生关系。在教学过程中遇到学生答错或完全没思路时,教师不应批评讽刺,而应巧妙地引导或艺术地鼓励,比如提出关键问题步步引导,又比如用爱护的语言慰藉、鼓励:"错了没关系! 学习就是在不断犯错纠错中提高的。相信自己,再试试!"当学生回答正确时,不忘表扬:"好!""真棒!""聪明!"对于那些敢于质疑的同学应适时给予一些小奖励,鼓励他们大胆思维。

2. 建立良好的家庭教育环境。

发扬民主,改变"顺从"教育,鼓励孩子发表不同意见,鼓励孩子遇事有自己的观点和主张,并正确引导。

3. 创造社会思维环境。

各企事业单位和社会团体应多开展一些活动,鼓励人们参与和创新,如建设美丽城市"金点子"活动,"我爱发明"创新活动,"超级变变变"娱乐节目……社会在某种程度上对学生的热情参与要给予适当的支持。

4. 改善文化思维环境。

我们对待传统文化要取其精华,去其糟粕,批判继承,要有创新意识,要用扬弃的观点对待传统文化。礼貌待人,谦虚谨慎是对的,但礼貌、谦虚不等于没有自己的思想,不等于全盘接受。我们应鼓励学生质疑,鼓励学生敢于向权威说"不",鼓励学生"冒险"。

(二)在课堂教学中要留给学生足够的时空,在"三维"的基础上培养学生高阶思维

杨振宁教授在对中美学生的对比中谈道:"中国学生学得多,悟得少;美国学生则学得多，悟得多。纵观我们的教学，学生总是被塞得满满的，哪有时间悟自己所学的东西？要学生悟，就要给他们一些启发、一些思考的余地和能够自由控制的时间。"另外，给全体学生留足时空，加深体验感悟，"一切为了每一位学生的发展"是新课标的核心理念，所以我们在课堂教学中要留给学生足够的时空，让他们的思维任意驰骋，在达成三维目标的基础上培养其高阶思维。

1. 设置纠错环节。

心理学家盖耶认为："谁不考虑尝试错误，不允许学生犯错误，就会错过最富有成效的学习时刻。"错误是正确的先导，学生犯错误的过程应看作是一种尝试和创新的过程。我们平时留意、比对、积累一些学生在解题中所犯的错误，变"废"为"宝"，为教学服务，进行纠错训练，有助于培养学生的高阶思维。

案例：浮力的计算。

题目：一个空心铝球的质量是 5 kg，体积为 2.5×10^{-3} m³，将其投入水中静止时，小球受到的浮力是多少？（$\rho_{铝} = 2.7 \times 10^3$ kg/m³）

错解：$F_{浮} = G = mg = 5$ kg $\times 10$ N/kg $= 50$ N。

要求学生找出错解的原因并重新解题。同学们需用批判的眼光去审视这个解法，经过一番思辨、讨论得出：$F_{浮} = G$ 这个公式只有在漂浮或悬浮时才适用，而这里小球静止时的状态未知。这是批判性思维。所以，解题的关键是判断小球静止时的状态。这是生成性思维。于是，各小组开始重解，解法不一。有的小组从密度的角度，算出 $\rho_{球} = m/V = 5$ kg$/(2.5 \times 10^{-3}$ m³$) = 2 \times 10^3$ kg/m³，因为 $\rho_{球} > \rho_{水}$，所以小球静止时沉底。有的小组同样从密度的角度得出了相同的结论，但方法略有不同：因为 $\rho_{铝} = 2.7 \times 10^3$ kg/m³，所以 $\rho_{铝} > \rho_{水}$，小球静止时沉底。还有的小组从力的角度，由 $F_{浮} = \rho_{水} gV_{排} = 1.0 \times 10^3$ kg/m³ $\times 10$ N/kg $\times 2.5 \times 10^{-3}$ m³ $= 25$ N，$G = mg = 5$ kg $\times 10$ N/kg $= 50$ N，得出浸没时小球受到的浮力小于小球的重力，所以小球静止时沉底。这是发散性思维。尽管三组判断出小球静止时的状态都是"沉底"，最后也都由

$F_浮 = \rho_水 \, gV_排$ 算出 $F_浮 = 25$ N，但谁对谁错？众说纷纭。正确的解题方法在辨析、交流、批判、纠错中渐渐清晰，从批判性思维形成生成性思维，高阶思维得以凸显。

2. 开展变题比赛。

爱因斯坦说："提出一个问题往往比解决一个问题更重要，因为解决一个问题也许仅是一个科学上的实验技能而已。而提出新的问题，新的可能性，以及从新的角度看旧的问题，却需要有创造性的想象力，而且标志着科学的真正进步。"而"变题"，正是一种富有创造力的思维训练，"比赛"则是促进思维的手段，所以"变题比赛"有助于学生高阶思维的培养。

案例：电路故障

题目：如图所示，当开关 S 闭合时，发现灯泡 L_1、L_2 均不发光，电流表无示数，电压表示数约等于电源电压。根据上述现象，下列判断中正确的是（　　）。

A. 灯泡 L_1 短路　　　　　　　B. 灯泡 L_2 短路

C. 灯泡 L_1 断路　　　　　　　D. 灯泡 L_2 断路

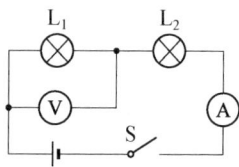

要求学生先解决上题，然后以小组为单位进行变题比赛。有的变题干。甲：灯泡 L_1、L_2 均不发光，电流表、电压表均无示数。乙：灯泡 L_1 发光、L_2 不发光，电流表有示数，电压表示数约等于电源电压。丙：灯泡 L_1 不发光、L_2 发光，电流表有示数，电压表无示数。也有的题干和选项一起变。丁：灯泡 L_1、L_2 均不发光，电流表、电压表均无示数，并将 D 选项改成"电流表断路"。也有的索性把此题的条件与结论互换了一下，变成问答题：当开关 S 闭合时，如果灯泡 L_1 断路，两灯的亮暗情况如何？电流表、电压表的示数如何？L_2 断路呢？L_1 短路呢？L_2 短路呢？

在学生互评、老师点拨过程中把有效题留下，把无效题剔除，根据各小组有效变题的数量和所花时间的长短评出"变题大师组"三个，进行奖励，以资鼓励。

在物理思维过程中最高品质、最高层次、最可贵的是创造性思维品质。其实物理学家创造能力的大小是与他本身的发散思维能力成正比的,即:创造能力＝知识×发散思维能力。加强发散思维能力的训练,是培养学生创造性思维的重要环节。在整个变题比赛的过程中,学生小组讨论、分析、思辨、创造、评价,思维在理解中发散,发散中创造,在创造中提升,逐渐由低阶发展为高阶。

3. 纳入合作学习。

合作学习主要"以生生互动为特征",是一种旨在促进学生在异质小组中互助合作,达成共同的学习目标,并以小组的总体成绩为奖励依据的教学策略体系,其主要特征包括小组目标、个人责任、成功机会均等、小组竞争、任务专门化和适应个人需要等。在合作学习的过程中,学生可以互相启发、互相补充,实现思维、智慧的碰撞,从而产生新的思想,即从批判性思维中形成生成性思维。

4. 尝试师生换位。

师生换位教学是指就课程的某一内容,让学生充当教师来备课、讲课,教师充当学生来学习。充当教师的学生可以提问同学,也可以提问教师。教师要就学生的提问作答,也可以就学生讲错的某一问题提出异议,甚至与学生辩论,开拓学生思维。学生因为要在同学、教师面前讲课,为了不出洋相,为了表现自己,其备课的过程一定很用心,不会停留于表面知识。而且备课的过程也是一个分析的过程,属于高阶思维。

问题的产生伴有生成性思维,评价的时候伴有批判性思维,辩论的时候批判性思维与生成性思维共存。所以师生换位教学也是培养学生高阶思维的一个途径,值得一试。

（三）注重课后学生高阶思维的延展性

英国文学家兰姆说:"你可以从别人那里汲取某些思想,但必须用你自己的方式加以思考,在你的模子里铸成你思想的砂型。"可见,要掌握知识,形成良好思维品质,光靠课堂内的生生之间、师生之间的思维碰撞远远不够,课后高阶思维的延续活动必不可少。

1. 注重预习作业的多样性。

作业的多样性可以带动思维的多样性,有助于发展高阶思维。预习作业要有变化,如:写预习笔记,完成预习题,在细节处质疑对方法质疑,画思维导图,编物理操等。

2. 注重课后作业的拓展性。

作业的拓展可以在原有的思维基础上出现新思维,有助于高阶思维的培养。如:开放题的训练,科技小制作,变题、编题,实验的设计与改进等。

3. 注重物理活动的思维性。

意大利历史学家、哲学家克罗齐说:"人类用认识的活动去了解事物,用实践的活动去改变事物;用前者去掌握宇宙,用后者去创造宇宙。"所以我们要适时开展小实验、小设计、小探究、小发明等活动,在活动中发展学生高阶思维,培养学生的创新能力。

结语

高阶思维是创新的灵魂。我们要从家庭、社会、文化、教育等方方面面努力营造学生的心理安全环境,形成高阶思维的"安全场"。教师在课前要研究学生、研究教材,根据三维目标的要求精心设置具有针对性的课堂教学高阶思维环节,合理分配学生思维的时空,做到课中的因材施教。教师对于课后作业的设置更要创新,要考虑学生思维,特别是高阶思维训练的延展性。

(钱丽琴)

辨析与讨论中培养学生的高阶思维

物理规律的学习过程是物理知识和方法的整合与应用过程，也是物理思维的训练与培养过程，同时更是高阶思维的训练与培养的契机。

所谓高阶思维，它是相对于低阶思维而言的，指发生在较高认知水平层次上的心智活动或认知能力。布卢姆教育目标分类理论将人的认知思维过程从低级到高级分为六个层次（记忆、理解、应用、分析、评价和创造）。高阶思维在教学目标分类中表现为分析、评价和创造，关注的是学生批判性地评价信息、自主学习（自我调节学习）、问题解决、创造性思维、批判性思维、信息素养及协作等系列能力的发展。一般的思维过程往往反应为简单的日常表现，但高阶思维则需要通过训练进行培养和改善。

物理规律的学习中，我们非常注重探究的原理性、缜密性和逻辑性，往往需要经过分析——结论——质疑（批判）——修正——结论（反思）的思维过程，这与高阶思维所强调的"要能对他人的思维予以评价"是高度契合的。因此，如能在教学中特别注重挖掘思维的碰撞点，则能较有效地提升学习者的高阶思维能力。

一、物理规律学习的形成阶段的高阶思维训练

在物理规律学习的形成阶段，更多地需要教师通过情境的设置，让学习者发现问题、总结规律、相互评价、得到结论，从而提升学习者思维评价的主动性。

教学片段 1：加速度"＋"、"－"的物理含义

在引出了加速度的概念、知道了加速度大小的计算并推导出单位后，进入熟悉等

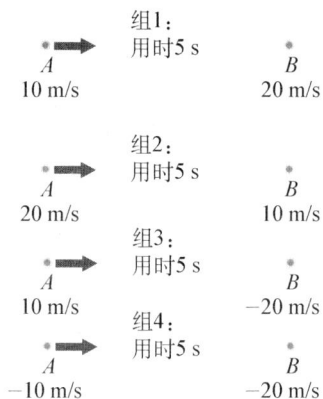

组1：
用时5 s

A —→
10 m/s

B
20 m/s

组2：
用时5 s

A ·—→
20 m/s

B
10 m/s

组3：
用时5 s

A —→
10 m/s

B
−20 m/s

组4：
用时5 s

A —→
−10 m/s

B
−20 m/s

图1

式的练习环节。

例题：某物体做速度均匀变化的直线运动，经 A 点和 B 点相关数据如图1所示。判断组1和组2的加速度。

【问题出现】大部分学生在组2计算中会发现，公式代入数值后会有"−"，其中一部分同学会考虑"−"需要保留吗？

教师：如果计算结果中出现"−"，那么可以表示什么物理含义？

学生1：末速度比初速度小。

学生2：物体做减速运动。

教师：我们同学对这个"−"的解释是否有普遍意义？请同学们继续计算组3和组4。

问题反思：在组3和组4的计算过程中，同学们会发现，之前的两种说法都有问题。

批驳1：组3和组4计算结果中都有"−"，但末速度都比初速度大，因而学生1的结论错误。

批驳2：组4是加速过程；而组3中前半段减速，后半段加速。可见，"−"未必就表示减速运动。因而，学生2的结论有误。

【结论思考】

教师：计算过程中的"−"是怎么出现的？

学生：末速度减去初速得到的。

教师：既然这个"−"是两个矢量——末速度与初速相减得到的，那么在这个等式的右侧它有什么物理含义？

学生："−"表示速度变化的方向。

教师：根据等式的结构，我们可以判断加速度是矢量，"＋"和"－"可以表示其方向。那么如何理解加速度的大小和方向呢？

学生：加速度的大小表示速度变化的快慢，方向则表示速度变化的方向。如果出现"－"，则表示速度变化的方向与设定的正方向相反。

教师：请学生 2 总结认为"－"表示物体做减速运动的原因。

学生 2：组 1 和组 2 都是单一的加速或减速运动，并且初速度的方向为"＋"。

【教学分析】

片段 1 说明，加速度"＋"、"－"的物理含义、符号判定是本节非常重要的一部分内容，也是学生在练习中反映出的一个易错点。

$y = \dfrac{\Delta x}{\Delta t}$ 的矢量"＋"、"－"问题在高中阶段才接触到。第一次是 $v = \dfrac{\Delta s}{\Delta t}$，但是由于速度的大小在初中学习过，而方向可以直观判断，所以 v 与 Δs 的方向关系很少引起学生的关注。即，y 与 Δx 的方向关系是在本节正式学习理解的。

此处在教学环节设计时，为了突出重点，只给出了简易的条件，摒弃了复杂题干，将学生的注意力集中在关于加速度"－"的作用探讨上。教师通过情境让学生先发现问题（"－"有用吗）；学生 1 和学生 2 从直观感受进行了初步的总结，看似两个人的结论差不多，但学生 1 着眼于前后两个状态，学生 2 着眼于过程；教师通过组 3 和组 4 让学生发现之前的不足，对之前的结论进行否定和批判；通过对于等式的再认知，再次总结生成结论，并让学生反思得到错误结论的原因，由此使学习者经历一个发现——解决——否定——再次生成——自我反省的过程，从而达到高阶思维训练培养的目的。

二、物理规律巩固阶段的高阶思维训练

在物理规律学习的巩固阶段，学生往往具有了一定的知识储备，容易出现概念或

规律的混淆。这时，学生具有了一定的评价能力，可以采取学生之间互评或辨析的方式澄清概念或规律，提升学习者的高阶思维水平。

教学片断 2：最大电功率的计算

在电路章节的复习课中，针对最大电功率的计算问题，根据学生练习中出现的错点，设计了一个辨析环节。

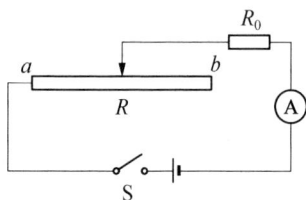
图 2

例题：如图 2 所示电路中，电源电动势为 3 V、内阻 r 为 1 Ω，定值电阻 R_0 阻值为 5 Ω，滑动变阻器 R 最大阻值为 20 Ω。问：电键闭合后，滑动变阻器 R 的阻值为多少时，定值电阻 R_0 的电功率最大？

甲同学认为：当 R 为 0 时，定值电阻 R_0 的电功率最大。

乙同学认为：当 $R = R_0 + r$ 时，即 $R = 6$ Ω 时，定值电阻 R_0 的电功率最大。

【辩论分析】甲、乙两位同学的分析是否正确？若不正确，分析错误原因。最终给出正确解答方法。

同学们读题计算、判断。（因为是数值计算，所以学生不难比较出乙同学的方法有问题）

"大家来找茬"——对象直指乙同学的方法，采用自由发言，畅所欲言。

【教师引导】

教师引导 1：乙同学的判断依据是什么？

学生思考：将 R_0 和 r 视为等效电源的内阻，当内外电阻相等时，等效电源的输出功率最大。

教师引导 2：我们引用的这一规律最初是用来解决什么问题的。

学生讨论：电源的输出功率最大值问题。

教师引导 3：这一规律是如何得出的?

学生归纳：根据输出功率 P 与外电阻的函数关系得到的(图 3)，而其中的外电阻为变值电阻,内阻为定值电阻;此规律适用于变值电阻的功率判断。

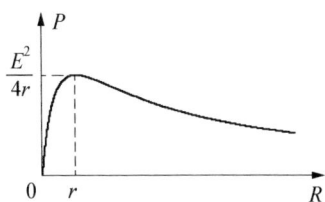

图 3

【学生总结】① 定值电阻的功率判断……

② 变值电阻的功率判断……

③ 物理规律的得出往往伴有条件限制,特别要关注其适用条件。

【教学分析】

在高二电路学习的过程中,定值电阻及变值电阻最大电功率的计算学生已经非常熟悉。尤其是"电源输出功率的最大值"计算和用其来判断电路中变值电阻的最大功率是经常进行考察的知识点。但是练习多了,同学们就容易"熟记结论,忽视本源"。用"$R_外 = r, P_出$ 有最大值"来解决定值电阻的最大电功率的问题就是一例。在章节诊断时,这个问题出错的同学达到一半,即便做对的同学也未必说得清其他同学错误的原因。

这个环节的目的是讨论错解的原因,因此设计为数值计算题。这样能使学生迅速发现乙同学的方法是错误的,同时将注意力集中在如何说明乙同学的错误所在。在这个过程中,学习者先核查乙同学使用的"$R = R_0 + r$"方法由来;然后思考"$R_外 = r, P_出$ 有最大值"的成因,发现该规律适用于判断变值电阻功率大小的真正原因,反之评判乙同学方法的对错;最后,在这个评判过程中,总结出不同性质的电阻功率最大值的判断方法。

在这个环节中,并没有热火朝天的争论,但同学们都进行了自我反省。与其说大家发现乙同学错了,纷纷在给他"找茬",还不如说是大家发现自己错了,在给自己"找茬"。而这个辨析环节给学生们提供了一个主动"批判"的平台。

　　可以说，在物理规律的学习中，通过高阶思维的训练，学生更加倾向于从物理原理来深入地思考问题，并能够有质量地审视和批判我们所得到的结论。

　　物理规律的学习给高阶思维的训练与培养提供了一块肥沃的土壤，而高阶思维的训练更扎实地促进了物理规律的学习效果。

（宁斐斐）

高中物理探究性实验教学中学生高阶思维能力的培养

在当前教育的转轨中，如何着眼于学生能力的培养，是教育界讨论的课题。物理学科在素质教育中的地位不容忽视。物理教学除了传授知识以外，更重要的是培养学生的能力。学生的学习能力的培养，首先应是思维能力的培养。物理学家劳厄曾指出："重要的不是获得知识，而是发展思维能力，教育无非是把一切学过的知识都遗忘掉时候所剩下来的东西"。因此，在教学中，使学生的思维能力不断提高，能更好地理解和掌握物理概念、规律、实验，解决物理问题，这是物理教学的一项重要任务。

学生思维能力的培养是一个复杂而艰巨的任务，在教学中教师要根据学生思维发展的规律及学生的具体情况有步骤地从比较、分析、综合、归纳、演绎和创造等方面对他们进行思维能力的培养。教师应把学生思维能力的培养贯穿于中学物理教学的全过程。教师在教学中应做出示范，要有意识地从中学阶段就注意培养和训练学生对物理问题进行深入思考的习惯和正确的思维方法，这样才能使学生的思维能力得到较快的发展。

在高中物理实验教学中，探究性实验是一种创造性、实践性很强的活动，实验设计者没有对实验的具体做法、使用的器材等做出明确的规定，同一个实验可以选择不同的实验设计方案，这实际上提高了对物理实验的要求，使师生更加注重对实验中的科学思想和科学方法的思考，更加注重学生科学探究能力和高阶思维能力的培养。探究性实验能达到既传授知识又培养高阶思维能力的目的。

为了使学生获得充分的自主思考与活动的空间，激发和满足不同层次学生的探究和创新欲望，使不同层次的学生都能得到最充分的发展，探究性物理实验宜采用个人、小组、班级相结合的教学组织形式。如何利用探究性物理实验培养学生的思维能力在以下的案例中予以说明。

案例:探究滑动摩擦力大小与哪些因素有关

教师引导学生对有关滑动摩擦力的几个问题进行探究:

探究 1:滑动摩擦力的大小与正压力的关系。

探究 2:滑动摩擦力的大小是否与物体间的接触面积有关。

探究 3:滑动摩擦力的大小与接触面的粗糙程度的关系。

教师将学生分组后,由各小组的学生自主研究,交流讨论,提出实验方案并选择合理的实验方案进行实施。

一、探究滑动摩擦力的大小与正压力大小的关系

理论方案:测定物体滑动时其受到的滑动摩擦力的大小,测定物体与接触面之间正压力的大小,通过对数据的比较分析,找出物体滑动摩擦力的大小与其对接触面正压力的大小之间的相互关系。

实验器材:一块一端带有小钩的长方体木块、一块长木板、棉布、毛巾、弹簧测力计以及砝码若干。

设计实验方案:

甲组学生设计了如图甲所示的实验,他们的实验方案如下:

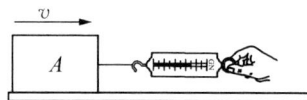
图甲

① 用弹簧测力计测出木块重力 G。

② 用弹簧测力计拉着木块在水平固定的长木板上做匀速直线运动,读出拉力大小 F,根据平衡条件得出,正压力 $N = G$。

③ 在木块上加不同质量的砝码以改变正压力,重复上述实验步骤,测出相关数据并记录在表 1 中。

表1　实验数据记录表

正压力 N(N)	1.0	1.5	2.0	2.5	3.0
滑动摩擦力 f(N)	0.41	0.65	0.78	1.10	1.30
f/N	0.41	0.43	0.39	0.44	0.43

④ 分析表1中各组 N 和 f，得到了两者比值大致相等的结果，从而得出滑动摩擦力大小与正压力成正比的结论。

学生1质疑：我认为这种方案有以下不妥之处：用弹簧测力计拉木块使滑块做匀速直线运动很难控制，木块在运动中弹簧测力计读数很难准确读出，实验误差较大。为了更有利于测定滑动摩擦力，我们能不能调整实验装置让 B 不动而让木板运动，比较准确测出滑动摩擦力？

教师：请大家针对甲组实验设计中的不足，重新设计实验方案，解决学生1的质疑，即当木板做非匀速直线运动时，如何使弹簧测力计的读数真实地反映滑动摩擦力的大小？

经过讨论，乙组学生设计了如图乙所示的实验，他们的实验方案如下：

① 用弹簧测力计测出木块重力 G，根据平衡条件得出正压力 $N = G$。

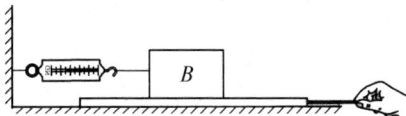

图乙

② 弹簧测力计一端固定，另一端钩住长方形木块，木块下面是一长木板，实验时拉动长木板，然后读出弹簧测力计的示数 F，由于木块稳定时弹簧测力计大小等于木块和木板间的摩擦力，所以可测出木块和木板间的摩擦力。

③ 在木块上增加不同质量的砝码以改变正压力，重复上述实验步骤，测出相关数据并记录在表2中。

表2　实验数据记录表

正压力 N(N)	1.0	1.5	2.0	2.5	3.0
滑动摩擦力 f(N)	0.41	0.60	0.80	1.0	1.20
f/N	0.41	0.40	0.40	0.40	0.40

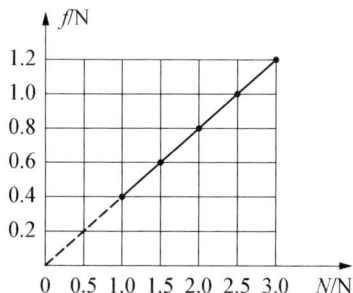

图丙

④ 分析表2中各组 N 和 f，求出 f/N，并绘制 f-N 图象（图丙），根据两者比值基本相等的结果，得出滑动摩擦力大小与正压力成正比的结论。

学生2提出看法：对比甲乙两组学生的实验，我认为乙组学生设计的实验方案优于甲组学生设计的实验方案，理由是甲组学生的实验过程中，很难保证滑块做匀速直线运动，弹簧测力计的读数不等于滑动摩擦力大小；乙组学生实验方案比较合理的理由是木块不必做匀速直线运动，拉木板的力也不必是恒力，弹簧测力计的读数等于滑动摩擦力大小。我的疑问是为什么不拉动木块后就立即读数？

学生3思考后有如下的看法：我认为正确的方法是待木块稳定后读数。理由是刚拉木板时，木块和木板间没有相对运动，他们之间的摩擦力是静摩擦力，弹簧测力计读数稳定后木板相对于地面和相对于木块都是运动的，而木块相对于地面是静止的，此时弹簧测力计读数等于木板对木块的滑动摩擦力大小，而且弹簧测力计保持静止时，便于准确读数，实验误差较小；而且乙组同学用作图法处理数据，直观、简便，有取平均的效果，由图线的斜率研究物理量 f 与 N 之间的变化及其关系，容易找出它们的规律。

二、探究滑动摩擦力的大小是否与物体间的接触面积有关

在探究滑动摩擦力的大小是否与物体间的接触面积有关时，甲组学生先后用质量

不同,接触面积不同的大、小木块按照图甲所示的方法进行对比实验。学生甲结论"滑动摩擦力的大小与物体间的接触面积有关";乙组学生先后用同一木块平放和侧放于木板上,使得接触面积不同,按照图乙所示的方法进行对比实验。乙组学生的结论"滑动摩擦力的大小与物体间的接触面积无关"。两者结论不同,问题出在哪里?

学生4的评价:甲组学生做法不正确,他们在研究摩擦力的大小是否与物体间的接触面积有关实验过程中,先后用质量不同的大、小木块来进行实验,没有保持相同的正压力。在多因素的实验中,我们可以先控制某些量不变,依次研究某一个因素的影响。而乙组学生除了接触面不同外,其他因素均相同,因此乙组学生的结论"滑动摩擦力的大小与物体间的接触面积无关"的结论是正确的。

三、探究滑动摩擦力的大小与接触面的粗糙程度的关系

通过对以上实验装置选择,丙组学生选择照图乙所示的方法进行对比实验得到如下实验数据:

实验次序	接触面	压力(N)	摩擦力(N)
1	木块和木板	2.0	0.41
2	木块和棉布	2.0	0.62
3	木块和毛巾	2.0	1.21

分析表格中的数据,得出实验结论:

滑动摩擦力大小与接触面的粗糙程度有关;接触面越粗糙,滑动摩擦力越大。

综合上面的实验可以得到以下结论:

滑动摩擦力的大小与正压力成正比、与接触面积大小无关,与接触面的粗糙程度有关,在其他条件不变的情况下,接触面越粗糙,滑动摩擦力越大。

研究编

教学回顾与反思:

学生在该探究性实验中不仅获得了关于滑动摩擦力大小与哪些因素有关的结论,同时运用了不同的实验方法创造性地完成了实验探究任务,在亲身体验实验探究的全过程中,不论是自主思考,还是交流探究、相互质疑,都有助于提高学生的思辨能力。

探究滑动摩擦力与哪些因素有关的分组探究实验,不仅使学生对滑动摩擦力有了深刻理解,而且激发了学生的学习热情,培养了同学之间的合作学习能力。而不同的实验方案的提出,更体现出探究性实验教学对培养学生高阶思维能力的巨大优势,同时也充分展现了真正的"教学相长"给学生带来的快乐体验。

在整个教学过程中,教师起组织者、指导者、帮助者和促进者的作用,以学生为中心,利用分析、综合、评价等手段充分发挥学生的主动性、积极性,激发学生对事物的性质、规律以及与其他事物之间的深刻联系的相关思考。

探究性物理实验培养了学生们独立探索的能力,使他们能够在质疑、思辨中解决问题,在评价中寻找解决问题的最优方案,同时也培养了学生高阶思维的能力。

(黄　静)

从生活走向物理 从物理走向生活

——拓展性课程中培养学生高阶思维

二期课改按照全面实施素质教育的要求，提出了"以学生发展为本"的思想。新课程结构为不同学校、不同学生创设了可以多项选择并富有弹性的课程。拓展性创新课程因此进入了课堂，推进了从生活走向物理，从物理走向生活的学习活动。

新课程理念下的物理拓展性创新教学所要求的能力，不再仅仅是对知识的记忆和理解能力、应用能力，而是对已有知识的整理和改组能力，对未来知识的探究和发现能力。这些能力主要通过解决问题的学习过程得到发展。

高中物理创新课程有助于学生学习物理知识与技能的同时，体验科学探究过程，了解科学研究方法；增强创新意识和实践能力，发展探索自然、理解自然的兴趣与热情；认识物理学对科技进步及文化、经济和社会发展的影响；为终身发展及形成科学世界观和科学价值观打下基础。

一、拓展性创新课程中培养学生高阶思维的核心要素

当代社会，培养富有创新能力的竞争性人才非常重要。创新能力是体现国家综合竞争力的重要表现之一。人才的培养在于教育，学生创新能力的高低是衡量一个国家教育水平的重要标志。而课堂教学是学生思维能力培养的主要途径，因此如何培养学生的创新能力是每一位教育工作者都必须要认真思考的问题，而在这中间，对学生的高阶思维能力的培养，也成为了我们必须面对的新的课题。

思维有不同的层次。最初级的思维技能是感知活动和回忆事实的过程。然后是

分析、比较、分类、评价、预测、解释以及推论等思维活动。分析之后，通常是综合、概括、总结的过程，逐渐建构起理论体系。更加复杂的思维活动则是：解决问题、科学决策、批判性思考以及创造性思维等。上述这些思维层次中，比感知以及简单分类等活动更加高级的那些思维过程，就是高阶思维。而高阶思维能力，是以高阶思维为核心，解决劣构问题或复杂任务的心理特征。

从教学法的角度分析，物理创新课程教学要素主要包括：

第一，物理创新教学目的是根据现代科技社会对人的发展的基本要求，培养具有主动、负责和不断开拓、创新的个性特征，具有多元化和批判性的思维方式，能与周围人达成理解和合作，能促进民族间的交流、协作的21世纪的现代国际人才。

第二，物理创新教学目的体现在学生的发展和课程教育功能的"知识与技能，过程与方法，情感态度和价值观"三个层次上。

第三，创新教学目的的实现，重点是教学生如何将知识转化为能力，如何形成正确的世界观和人生观。

物理创新课程的目的，决定了学生高阶思维能力的培养中，应该将高阶思维认知层次对应的"分析"、"评价"、"创造"三个指标中的"创造"，置于最为核心的位置。

我们还可以从"创造"这个认知层次指标所对应的动词来理解"创造"的指标的核心意义。指标"创造"对应的动词主要有"产生、假设、设计"等，这正是鉴别和批判基础上的思维的飞跃。所以从培养学生高阶思维能力的角度分析，"创造"的环节，应该是物理创新教学中培养学生高阶思维能力的核心环节。

二、拓展性创新教学实践中培养学生高阶思维的实践

通过恰当的教学条件支持，学习者的高阶思维能力是可以培养和训练的。最有效的高阶思维能力发展方式，应当是融合于具体教学活动之中的，亦即在完成课程学习

内容、实现教学目标的同时，发展高阶思维能力。因此，教师应该有意识地在教学活动中贯彻落实高阶思维的培养。

1. 在体验中展开逻辑性思维

"实践出真知。"纵观科学家们发现自然规律的过程，绝大多数都是从身边的自然现象开始引出猜想，而后设计实验进行探究，通过实验现象和结果分析总结出当中蕴含的自然规律。实验是激发学生学习物理积极性的重要手段，是培养学生观察、思维能力，发现物理规律，开展逻辑思维的重要途径，是促进高阶思维的重要手段。

案例：夹钱游戏：拿出一百元人民币，让学生用手指夹住钱，如果成功，就会得到钱。课堂上很多同学都跃跃欲试，气氛十分活跃。

游戏结果：没有学生可以得到钱。

提出问题：这是什么原因？和我们学过的哪个物理知识有关？

拓展实验：自制人体反应时间测量仪。

拓展研究：人体反应时间与哪些因素有关？学生讨论得到人体反应时间可能与性别、年龄、职业等许多因素有关。

实验是从现象走向本质并提炼出本质的必由之路。结合实验教学，亦是教师施展教学艺术、提升教学效果的最佳办法。实验给学生最为直观的体验，能正向引导学生对概念和规律形成正确的认识，提高学生应用物理知识观察问题和分析解决问题的高阶思维能力。

2. 在想象中展开发散性思维

想象是发展创造力、陶冶高尚情操的智力因素。一切创造活动都离不开想象。爱因斯坦说过："想象力比知识更重要。因为知识是有限的，而想象力概括了世界上的一切，推动着社会进步，而且是知识进化的源泉。"在教学中，应创设多种条件拓展学生想象空间,让他们想象的翅膀能在一个广阔的天地翱翔。

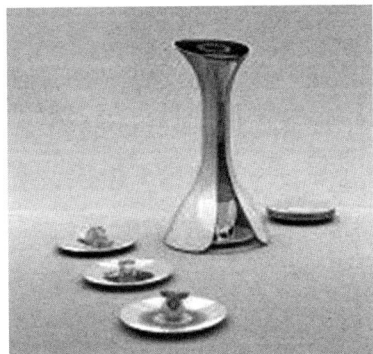

案例:猜猜图中的物体在生活中有什么作用?

学生甲:这是一个花瓶,美化我们的用餐环境。

学生乙:这是一个负离子发生器,让我们在用餐的时候享受优质的空气。

教师:大家再大胆点猜猜看。

学生丙:这是一个神奇的音响,我们吃不同的食物时,它会自动播放不同的音乐。

答案揭晓了:这是一款"三维分子食物打印机",由德国科隆国际设计学院学生设计,入围 2009 年伊莱克斯 Design Lab 大赛前 8 强。它通过将微小粒子在空间上一层一层排列制作出食品,既可以自动准备一些基础的食品,也可以制作一些更加复杂的食品。有了这个设计,就好像拥有了机器猫的一些特殊道具,可以把想象的东西变成现实。学生完全被这种装置的神奇功能吸引了。

紧接着展示另一图片,让学生猜想它的功能。

学生甲:这是一种擦窗小球,它可以帮助我们把高处的玻璃窗擦干净。

学生乙:这是会飞的音响,它们飞在空中,带给我们美妙的环绕音乐。

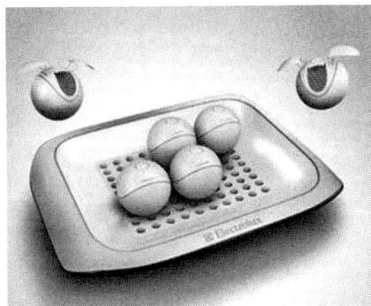

学生丙:这是灭蚊器,家里有了它们,我们再也不怕被蚊虫叮咬了。

学生丁:这是一些可以吸附 PM2.5 的小球,它们在空中工作,净化我们的空气。

可以发现,有了前一次的经验,学生的想象空间更加宽阔了。随后教师告诉学生,这种小球叫"Water Catcher"。这种自动化设备可以派遣小球在空中收集落下的雨水,并通过托盘将雨水净化为饮用水。净化完毕后,小球可以直接飞到饮用者手中。而托盘上的指纹读取设备,还能探测出需要向水中添加哪些成分,以满足用户的健康需求。当我告诉学生这些都是已经获奖的设计方案时,学生的创新欲完全被调动起来了。

创新的价值往往在于"事先人人都想不出来,事后人人都感到简单"。创新意识是进行创新活动的出发点和内在动力,是培养高阶思维的前提,也是形成高阶思维能力的基础。教师在教学中必须重视对学生的创新潜能、创新意识和创新精神的开发和培养。

3. 在争论中展开批判性思维

教师教学问题的设计是培养学生高阶思维的最有效手段。开放性的、挑战性的、没有现成答案的、具有穿透力的、需要学生运用他们的聪明才智才能够回答的问题,是发展学生的高级思维技能的好问题。对同一问题的不同观点,能够表现出学生的不同创造能力和带有个性特征的思维方式,因而教师在探究活动中要努力促进多方发现。

案例:创新实验过程中,我们往往需要通过查找资料获得相关信息,因此,在课堂上提出"查找资信息素养中的 wwwh 到底指什么"这一问题。开放的问题能激发学生的参与热情和交流欲望,促使学生主动搜索已有知识,展开"头脑风暴",促进学生思维碰撞。

经小组讨论,出现了多种答案。有小组认为是 who、where、what、how,即先要确定查找资料的人选,再确定查找资料的地点,随后明确查找的内容,最后讨论查找资料的方法。随即有小组提出了不同的看法,他们认为 wwwh 是 what、where、which、how,即首先要明确查什么,再要知道到哪里查,接着选择哪个是我们要查的,最后明确查找的方法。也有小组提出 wwwh 是 why、who、where、how，即为什么要查、谁去查、哪里查、怎样查……

学生在交流过程中，表达了自己的想法和观点，并对其他同学的想法和观点进行了批判。这种课堂强调学生自己主动参与思维实践，能够促进学生进行有效的思维过程建模，发展思维技能，并激发学生学习。在学生激烈的思维碰撞之后，教师给出信息素养的概念：能够判断什么时候需要信息，并且懂得如何去获取信息，如何去评价和有效利用所需的信息的能力。随后和学生一起得到 wwwh 的确切含义，即 when、where、what、how。

由一般的讨论发展到高层次的思维学习活动，师生的互动交流达到了一种崭新的境界。学生起初只能"就事论事"，即"因为……，所以……"在教师的指导下，学生能够从定义中提炼出基本观点，进入了"观点提炼"、"就事论理"的更高思维层次。

4. 在问题中展开创造性思维

通过"问题解决"来突出学生的主体性是创新课堂中培养学生高阶思维的关键。学生面对现实的问题，通过"分析"的方法，解决问题和作出决策，达到"创新"的目的。因此，要发展学习者的高阶思维能力，教师在改变自我教学的同时，还要改变学生的学习习惯，设法让学习者投入到分析、比较、对比、归纳、概括、问题求解、调研、实验和创造等系列学习活动中去。

案例：穆派姆巴效应即热水有时比冷水更快凝结是物理学中一个十分有趣的现象。对于这一特别现象已经有许多人做了科学研究。就这个实验在课堂上组织学生讨论。

（1）问题：开展热水结冰快还是冷水结冰快这一课题，哪些是关键字？

经讨论发现我们要关注的点有好几个，对"冷"、"热"的定义；什么是"结冰"；"快"、

"慢"指的是时间;我们研究的对象是"水"。

（2）问题：如何设计实验？

经过学生讨论交流，发现实验过程中有许多因素需要考虑：使用什么容器？容器的形状如何？需要多少容器？取多少温度研究？容器内倒入多少深度的水？其他液体的结冰情况……

（3）问题：放入冰箱后会遇到什么情况？

经过学生讨论交流，发现如何观察结冰是最困难的。学生提出了许多方法：每隔10分钟取出观察；在冰箱中安装温度传感器；在冰箱中安装摄像头……

教师通过选择典型的实验，通过多种实验方案的设计、讨论和辨析来培养学生的物理创新能力。学生在此过程中为寻求新方法而持续不懈地努力，这就是创造性思维。在物理实验教学中，不仅要让学生学会实验的具体做法，掌握一些基本的实验技能，还要引导学生学会研究物理问题的实验方法，为培养他们的物理创新能力打下良好的基础。

总之，高阶思维的培养和教学没有固定的模式，是贯穿于教育教学的过程中的。创新课程教学是培养学生高阶思维的平台，教师要时常反思自己的教学是否属于高阶思维层次，自己的教学设计是否有利于促进学习者高阶思维能力的发展，自己的教学方法和学习任务是否提升了学生的问题求解、决策、批判性思维和创造性思维等高级思维技能的培养。这样的思考可以促进我们的教育教学，让我们的教育教学为学生的终身发展服务。

（杨悦蓓）

创造的魅力

——高中物理研究性学习中学生高阶思维能力培养的实践

高阶思维是相对于低阶思维而言的,指发生在较高认知水平层次上的心智活动或认知能力。布卢姆教育目标分类理论将人的认知思维过程从低级到高级分为六个层次,依次为记忆、理解、应用、分析、评价和创造。而高阶思维在教学目标分类中主要表现为分析、评价和创造,关注于学生批判性地评价信息、自主学习、问题解决、创造性思维、批判性思维、信息素养及协作等系列能力的发展。其中,创造通常指产生新思想、发现和创造新事物,是高阶思维中最高水平的要求,是人类特有的一种综合性本领。也因此,人们往往认为不可能在高中物理学习过程中发明一个产品,所以高中物理学习与创造鲜有交集。

事实上,创造就是在一个群体中,用自己的方法创造新的、别人不知道的东西。这个结果有可能在小范围群体中是第一次被发现(其他群体可能已经知道),那么这就是这个小范围群体中的一项创造;也有可能,某个思维实践的结果仅仅是对一个方法或结构的细微改变,这实质上也是一次创造。因此,创造并不是高不可攀的思维活动,在高中物理学习,尤其是研究性学习的过程中,经常会碰撞出创造的火花。

一、高中物理研究性学习的特征

物理研究性学习是指学生在教师的指导下,根据各自的兴趣、爱好,从学习内容和社会生活中发现问题,用类似科学研究的方式,主动探索获取知识,并运用知识解决问题的学习活动。相对于以往传统接受性学习而言,物理研究性学习具有综合性、开放性、实践性、趣味性、生成性和研究性等特征,是师生共同探索新知的学习过程,是师生围绕着解决问题而共同完成研究内容的确定、方法的选择以及为解决问题相互合作和交流的过程。美国著名学者加涅(R. M. Gagne)曾把研究性活动描述为类似科学家所做的工作。但基于研究性学习的综合性和生成性等特征,学生必须有充足的知识、技能与方法的积累,才能在研究性学习的过程中拥有广阔的实践空间。

进入高中阶段,学生在物理学科上已积累和掌握了一定的基础知识与技能,而且在化学、生物等多门学科中也奠定了一定的知识基础,但是在知识深度及研究精力和能力的层面上远不及大学生和机构研究人员。因此,高中学生的研究性学习和大学、科研机构的"研究"在内涵和要求上有根本的区别。它仍然是一种学习,只不过是"像科学家一样"的学习。它形式上是"研究",实质上是学习。在学习活动中,它以多种形式存在:课题研究、实验探索、理论推测等。

二、研究性学习中的创造因子

创造是将各个元素组装在一起,形成一个完整且具功能的整体。创造的目标是要学生能通过思维实践重组元素或重组局部,从而形成一个过去鲜少出现的组型或结构。创造由产生、规划和创作三个因子组成。

研究性学习通常是通过提出问题、作出假设、制订计划、搜集证据、处理数据、解释问题、表达交流等环节实施的。其环节实施与创造的因子密不可分。

(一) 研究性学习中的"产生"

所谓"产生",实际就是提出假设的过程。表现在行为上,就是针对问题思考满足特定规准的多种可能性,提出假设或者提出解决问题的想法或思路。我们往往会发现,研究者提出的假设总是依赖于自身已有的知识与经验,尤其是提出的解决问题的想法总是在原有的知识或前人做法的基础上做重组，这似乎和创造扯不上任何关系。事实上，这需要研究者整合自己目前所知道的所有信息源，并将研究内容与信息源进行有效连接，根据连接结果最终对已有的知识与经验进行重组和拓展，从而完成一次有效的创造。

例如，"如何测微小力"。不同的学生，提出的解决方案各异。方案1.用劲度系数很小的弹簧做弹簧秤测量；方案2.通过利用光的直线传播测微小形变的方法测微小力；方案3.将力信号转变成电信号，用灵敏电流计测量；方案4.利用微小力改变封闭气体的体积，在等温变化的情况下，通过测量压强的变化来间接测量微小力……从学生提出的各种方案，我们可以看到平时上课和作业内容的影子。如案例2，利用光的直线传播显示微小形变是我们课堂上的演示实验，学生将原有实验原理与"力可以使物体产生形变"进行了有效连接，提出将微小力转变成微小形变，利用光点移动的距离测定力的大小。这就是在原有知识的基础上进行了知识重组，产生出一种解决问题的方法。当然，对于经验丰富的科研人员而言，这个方案可能已经有人涉足过，但对于高中学生而言，尤其对于这个学生个体来说，在他不知情的情况下，这是他完成的非常了不起的一次创造。

（二）研究性学习中的"规划"

"规划"表现在行为上，就是围绕问题的解决，制订一个初步的研究计划。一般来讲，研究者可以根据以下几个问题来制订研究计划："问题是什么？""你对这个问题已经了解多少？""为了解决这个问题你还需要了解什么？""为了得到你所需要的信息，你将要做什么？"当然，这个研究计划还会随着后来新想法、新信息的出现，加以适时调整与修订。最重要的是，在"规划"过程中研究者不能像提出假设阶段时那么"天马行空"，而是要考虑到实施方案的科学性、严密性及可操作性。因此，"规划"既希望"求全"，又要受限于实验条件，这就要对备选计划进行剖析和选择，最终形成一套可执行的计划。

例如，"测定直流电动机的效率"。在进行实验方案设计时，同学们对于速度的测量提出了两种方案：方案 1. 利用光电门传感器来进行速度测量；方案 2. 用直尺测重物的位移，用秒表测运动的时间，从而计算平均速度。方案 1 的支持者认为，用光电门传感器只需要测量一个物理量，而且数值准确。方案 2 的支持者认为，重物"匀速"上升很难完全做到，如果用传感器对速度进行测量，测量点很难选择，所以并不科学；而方案 2 计算出的结果为平均值，实验操作比较简单易行。双方同学讨论下来，方案 2 更为合理可行。这就是研究者根据实际情况，对两个计划进行剖析比较的过程。剖析时，研究者不仅要辨别每套方案的科学漏洞，还要将方案与实际操作相结合，最后对方案进行挑选和修正。这个辨析的过程是创造的前提。

（三）研究性学习中的"创作"

"创作"是一个制作、建立的过程，表现在行为上，就是对搜集到的资料信息进行组织和加工处理，或者对原有假设进行检验，最终得出一个最佳结论。这是研究性学习的中后阶段，为了结论的科学性，研究者必须对搜集的信息进行主次归类，在繁杂的信息和数据中观察、捕捉主要因素，忽略次要因素，用辩证的思维审视原有假设，进一步建立更为科学的结论。

例如，"滑动摩擦力的大小和哪些因素有关"。研究者们最初提出可能影响滑动摩擦力大小的四个因素：压力大小、接触面的粗糙程度、接触面积以及滑动速度。其后，研究者用如图所示的一套装置，依次通过改变重物数量、接触面材质、接触面面积以及抽板速度进行控制变量探究，最终形成了如下几组数据。

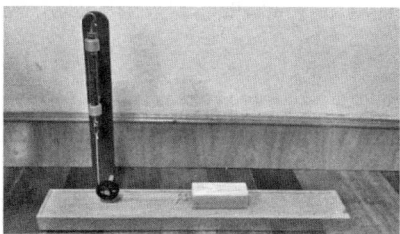

	N（正压力）	S（接触面积）	V（滑动速度）	粗糙程度（材料）	滑动摩擦力（N）
第1次	1	1	慢	木块	0.30
第2次	2	1	慢	木块	0.50
第3次	1	1/2	慢	木块	0.32
第4次	1	1	快	木块	0.34
第5次	1	1	慢	海绵	0.70
第6次	1	1	慢	砂皮	0.45

从数据中，我们可以初步判断压力和接触面的粗糙程度对滑动摩擦力的大小有明显影响，接触面积以及滑动速度对滑动摩擦力的大小影响不明显。但后者是影响比较小，还是根本没有影响呢？在这种情况下，研究者又继续进行了多组实验，同时每次实验时将物理量改变得更加明显。通过重复多次，研究者发现实验数值变化依然不大且无规律；反观实验器材及实验操作，还不能完全达到理想状态。木块的多个接触面虽然材质一样，但制作工艺导致粗糙程度有所差别，同时每次拉动时只能保证近似匀速。最终认定接触面积以及滑动速度对滑动摩擦力的大小确无影响，数值有所波动是操作误差造成的。

结论的建立往往需要依赖于大量的实验探究数据。在庞杂的信息中，通过对探究方法的科学性、实验数据的有效性的辨析，挑选出有用的实验结果后，进行有机总结，这就是非常棒的一次"创作"。

三、研究性学习中中学生高阶思维培养的实践

案例课题：单摆的运动周期与哪些因素有关

作出假设：

大部分学生的直观感觉认为，摆球的质量、摆角及摆长应该都会影响到单摆的周

期;个别做过预习的学生提出,单摆的周期与摆长及当地的重力加速度有关。经过总结,同学们认为单摆周期可能与摆球质量、摆角、摆长、重力加速度四个因素有关。

制订计划:

学生分小组分别进行实验方案设计。

各小组都认为要运用控制变量法,依次只改变摆球的质量、摆角、摆长及重力加速度,测量单摆的周期;通过改变摆球的材质来改变摆球的质量;通过改变释放位置来改变摆角;通过改变悬线长来控制摆长。

但是在改变重力加速度的方法上,各小组采取的方案各异。小组1选择在电梯里进行实验,利用电梯的加速和减速使物体获得超重(失重)状态;小组2选择在楼底和楼顶获得不同的重力加速度;小组3在铁质摆球下放置一块磁铁,通过磁体对摆球的吸引来模拟重力加速度增加的情况。

搜集证据:

小组1在进行实验操作时,用秒表记录每次单摆摆动的周期,但在电梯里测量超重和失重状态下的周期时,遇到了问题——这一过程时间太短,很难维持一个周期,因此只粗略测量了 $\frac{1}{4}$ 周期,然后乘以4。

小组2在进行测量时,直接采用比较法,将两个不同材质的摆球(其他物理量相同)同时释放;将两个相同的单摆,同时不同摆角释放;将两个不同摆长的单摆(其他物理量相同)同时释放,分别做对比。在楼底和楼顶的单摆周期用秒表进行测量,数值基本相等。

小组3在进行实验操作时,用秒表记录每次单摆摆动的周期,在改变摆长和加入磁体前后,单摆周期差异明显。

处理数据:

小组1通过对数据的观察,认为单摆周期一定与摆长及重力加速度有关,与小球质量、摆角无关。

小组2通过对数据的观察,认为单摆周期一定与摆长有关,与重力加速度、小球质量、摆角无关。

小组3通过对数据的观察,认为单摆周期一定与摆长及重力加速度有关,与小球质量、摆角无关。

交流讨论:

三个小组的结论有异,各自阐述自己的实验方法及数据的处理结果,并对三种方法作出评价。

1. 小组1和小组3认为小组2改变重力加速度的方法有问题,由于教学楼的高度有限,重力加速度的改变非常微弱。因此,这种方法无法判断重力加速度是否会对周期产生影响。

2. 三个小组均认为小组1的方法原理上行得通,但是用 $\frac{1}{4}$ 周期乘以4的办法,误差太大,实验结果不可信。

3. 相比组1和组2,组3的方法从原理到操作都更为科学合理,实验结论更为可信。

4. 组2使用了两个单摆同时摆动的现场对比的方法,在定性判断时,简洁直观,其他两个小组认为这个方法更为巧妙。

总结调整:

三个小组将实验方案重新进行了调整——运用控制变量法,依次只改变摆球的质量、摆角、摆长及重力加速度,测量单摆的周期;通过改变摆球的材质来改变摆球的质量;通过改变释放位置来改变摆角;通过改变悬线长来控制摆长;通过在铁质摆球下方加入磁铁改变等效重力加速度;采用两个摆球同时摆动的现场比较方式,直接进行观察。

最终根据实验观察得出结论：单摆周期与摆长及重力加速度有关，与摆球质量、摆角无关。

案例分析：

教师在进行实验方案设计时，采用了分组设计的方式，以任务布置的方式让每个小组在相对独立的情况下提出自己的想法。这种方式有效调动了思维的开放性，从每个小组的设计可看出，他们选择的知识连接确实各不相同，所涉及的物理方法也不同。这是学生对原有知识与方法的一次连接与重组。

实验方案设计好后，小组间没有交流讨论，而是自己体验完成方案操作。在操作的过程中，学生自己会发觉操作可行性的强弱。

在实验成果交流阶段，每个小组将自己的成果归纳呈现给大家的同时，还会相互比较每种方案的优劣。这个比较既建立在原有的理论基础上，同时也建立在实际的操作体验上。在经过了相互的评价总结后，学生不仅总结归纳了实验结论，而且还重新修正建立了一套更为科学可行的实验方案，经历了一个创造新方法的愉悦过程。

（宁斐斐）

高中物理习题课教学中培养学生思维能力

在高中物理教学中，习题课教学是一个重要环节，是运用所学知识解决实际问题的实践。它对于学生掌握物理基本规律，培养分析问题和解决问题的能力以及提高学生的思维能力等具有不可替代的作用。

高中物理习题课的教学能帮助学生巩固、深化物理概念、规律。物理学科的教学存在学生看得懂、听得懂而做题难的现状，一定量的物理习题教学可以使学生对概念、规律的理解更为透彻、全面，使物理概念、规律得到加深和拓展。学生在新授课上能初步掌握所学的概念和规律，但是对概念和规律的理解往往只是表面的、片面的、孤立的。通过适当的具体物理习题的解答，学生能从不同侧面、不同角度完善对概念、规律的理解，巩固与深化所学物理概念、规律。

一、利用高中物理辨析题提高学生思维能力

高中物理辨析题的题型由辨和析两部分组成，它的特点是有辨有析，辨析结合。辨是指辨别判断，析是指对判断的分析说明。因此，辨析题所提供的题目观点或现象，有的是亦此亦彼，不能一概而论；有的是对错相混，需作具体分析；有的有两重性，需作双重分析；有的带有根本性的缺陷，有合理的因素，不能肯定一切或否定一切；有的在整体上是正确的，但有不合理成分，需区别对待；有的具有条件性，在一定条件下是正确的，在另一种条件下又是错误的，需灵活对待等。

从辨析题的具体表现形式上看，大致可分为以下几类：

1. 给定的观点或材料，或者正确，或者错误，即单向辨析型。

2. 给定的观点或材料,解法不合理,考虑问题不全面,遗漏一些因素。

3. 给定的观点或材料,有的地方正确,有的地方错误,即正误混杂型。

第一类:给定的观点或材料,解法是正确的

案例1:如图1所示,电阻可忽略的光滑平行金属导轨长 $s = 1.15\,\text{m}$,两导轨间距 $l = 0.75\,\text{m}$,导轨倾角为 $30°$,导轨上端 a、b 间接一阻值 $R = 1.5\,\Omega$ 的电阻,磁感应强度 $B = 0.8\,\text{T}$ 的匀强磁场垂直轨道平面向上。阻值 $r = 0.5\,\Omega$,质量 $m = 0.2\,\text{kg}$ 的金属棒与轨道垂直且接触良好,从轨道上端 ab 处由静止开始下滑至底端,在此过程中金属棒产生的焦耳热 $Q_r = 0.4\,\text{J}$。(取 $g = 10\,\text{m/s}^2$)

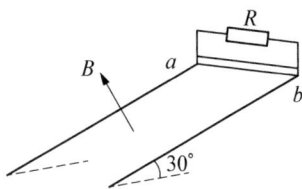

图1

为求金属棒下滑的最大速度 v_m,甲同学解答如下:由动能定理 $W_\text{重} - W_\text{安}$ $\frac{1}{2}mv_\text{m}^2 \cdots\cdots$ 由此所得结果是否正确? 若正确,说明理由并完成本小题;若不正确,给出正确的解答。

乙同学分析解答:此解法正确。

金属棒下滑时受重力和安培力作用,其运动满足

$$mg\sin 30° - \frac{B^2 l^2}{R + r}v = ma$$

上式表明,加速度随速度增加而减小,棒做加速度减小的加速运动。无论最终是否达到匀速,当棒到达斜面底端时速度一定最大。由动能定理可以得到棒的末速度,上述解法正确。

$$mgs\sin 30° - Q = \frac{1}{2}mv_\text{m}^2$$

研究编

$$v_m = \sqrt{2gs\sin 30° - \frac{2Q}{m}} = \sqrt{2 \times 10 \times 1.15 \times \frac{1}{2} - \frac{2 \times 0.4}{0.2}} = 2.74 (\text{m/s})$$

第二类:给定的观点或材料,解法是错误的

启动加速度 a_1	4 m/s²
制动加速度 a_2	8 m/s²
直道最大速度 v_1	40 m/s
弯道最大速度 v_2	20 m/s
直道长度 s	218 m

案例 2:要求摩托车由静止开始在尽量短的时间内走完一段直道,然后驶入一段半圆形的弯道,但在弯道上行驶时车速不能太快,以免因离心作用而偏出车道。求摩托车在直道上行驶所用的最短时间。有关数据见表格。

甲同学是这样解的:要使摩托车所用时间最短,应先由静止加速到直道最大速度 $v_1 = 40$ m/s,然后再减速到弯道最大速度 $v_2 = 20$ m/s, $t_1 = \frac{v_1}{a_1} = \cdots$; $t_2 = \frac{v_1 - v_2}{a_2} = \cdots$; $t = t_1 + t_2$。

你认为这位同学的解法是否合理? 若合理,请完成计算;若不合理,请说明理由,并用你自己的方法算出正确结果。

乙同学分析解答:甲同学分析不合理。因为按甲同学的解法可得 $t_1 = 10$ s, $t_2 = 2.5$ s,总位移 $s_0 = 275$ m $> s$。故不合理。由上可知摩托车不能达到直道最大速度 v_1,设满足条件的最大速度为 v,则:

$$\frac{v^2}{2a_1} + \frac{v^2 - v_2^2}{2a_2} = s$$

解得: $v = 36$ m/s。

又 $t_1 = \frac{v}{a_1} = 9$ s, $t_2 = \frac{v - v_2}{a_2} = 2$ s,因此所用的最短时间 $t = t_1 + t_2 = 11$ s。

第三类：给定的观点或材料，解法不合理，考虑问题不全面，遗漏一些因素

案例3：如图2所示，一木块（可视为质点）沿倾角为37°的斜面从斜面底端以4.2 m/s的初速度滑上斜面。已知斜面与小木块间的动摩擦因数为0.25，规定木块初始位置重力势能为零，试求木块的重力势能等于动能时距斜面底端的高度。

图2

甲同学是这样解的：设木块的重力势能等于动能时距斜面底端的高度为h，重力势能为E_p，动能为E_k。

则有：$E_{k0} = E_k + E_p \cdots$ ①

其中：$E_{k0} = \dfrac{1}{2}mv_0^2$，$E_k = E_p = mgh$，代入①式即可求出高度$h$。

你认为这位同学的解法是否合理？若合理，请完成计算；若不合理，请说明理由，并用你自己的方法算出正确结果。

乙同学分析解答：不合理。

因为根据题意：斜面与小木块间有摩擦，所以小木块在运动过程中要克服摩擦力做功，在小木块向上滑的过程中有：$E_{k0} = E_k + E_p + W_f \cdots$ ①

其中：$E_{k0} = \dfrac{1}{2}mv_0^2$，$E_k = E_p = mgh$，$W_f = \dfrac{\mu mgh \cos 37°}{\sin 37°}$，代入①式即可求出高度$h = 0.38$ m；

又在小滑块向上滑到最高点时有：$E_{k0} = E_{pm} + W_f' \cdots$ ②

其中：$E_{k0} = \dfrac{1}{2}mv_0^2$，$E_{pm} = mgh_m$，$W_f' = \dfrac{\mu mgh_m \cos\theta}{\sin\theta}$，代入②式即可求出最高高度$h_m = 0.66$ m；

在小滑块向下滑的过程中有：$E_{pm} = E_k' + E_p' + W_f'' \cdots$ ③

其中：$E_{pm} = mgh_m$，$E_k' = E_p' = mgh'$，$W_f'' = \dfrac{\mu mg(h_m - h')\cos\theta}{\sin\theta}$，代入③式即可求出高度$h' = 0.26$ m。

h 与 h' 都符合题意。

第四类:给定的观点或材料,解法有的地方正确,有的地方错误

案例 4:在粗糙水平面上的 A 点处,放置一质量为 m、边长为 a 的立方体形的大木箱子,现在将该箱子从 A 点移到远处的 B 点,两点之间的距离为 s $(s \gg a)$,关于在这一过程中外力所做的功,甲、乙二位同学有如下论述。

甲同学认为:用水平恒力将木箱子缓慢地从 A 点推到 B 点时外力做的功,一定要比木箱子从 A 点翻滚到 B 点时外力做的功少。(不计翻箱子过程中外力做的负功)

乙同学认为:用水平恒力将木箱子缓慢地从 A 点推到 B 点时外力做的功,一定要比木箱子从 A 点翻滚到 B 点时外力做的功多。(不计翻箱子过程中外力做的负功)

以上二位同学的论述是否正确? 如果不正确,给出你的观点,要求有详细的推理、说明。

丙学生分析:

用水平恒力将木箱子匀速地从 A 点推到 B 点时外力做的功 $W_1 = \mu mgs = \mu mg(na)$。

从 A 点翻滚到 B 点时外力做的功 $W_2 = \dfrac{na(\sqrt{2}-1)mg}{2}$。

当 $\mu > \dfrac{\sqrt{2}-1}{2}$ 时,翻滚木箱前进更合理,做功较少。

当 $\mu < \dfrac{\sqrt{2}-1}{2}$ 时,推动木箱前进更合理,做功较少。

在学生展开讨论中知道:对于结论可能正确,也可能不正确的,要展开讨论,具体说明其在什么条件下是正确的,在什么条件下是不正确的。一个观点中既包含着正确的、合理的因素,又包含着错误的因素,解答这类辨析题,也要按照解答必然点的原则和方法,针对每一个辨析点,分别指出其合理正确的因素是什么,以及为什么是合理的、

正确的;错误的、不正确因素是什么,以及为什么是错误的、不正确的。补充遗漏点,对题目中观点的成立需要一定的条件,而命题并没有完整地给出条件的题目,要有针对性地补充其所需要的条件。通过这些思辨活动,学生的分析、评价的思维能力得以提升。

二、学生自编物理题目提高他们的思维能力

题目和情境来源于学生,又让学生自己进行分析、归纳、综合、推理、判断、评价,让他们总结可能出错的知识点和环节,寻求解决物理问题的正确途径。教师重视学生在学习中的体验、感悟和亲身经历,通过他们的分析和评价学习活动,学生的思维能力得到了提高。

以往的学习过程通常是学生发生错误,由老师评点错误,学生改正,但效果并不理想,学生往往会反复犯同一个错误。可以通过学生们自己收集易错题、分析错因、编制评价题的学习过程,培养学生分析评价的能力。

鼓励学生主动参与、人人参与。课堂交流更有利于学生在有限的时空内获得更多有用的信息,促进学生的思维能力的发展。此外,课堂提供给学生展示学习成果的机会,让学生亲身体验和感悟成功的喜悦,从而激发了学生的学习兴趣与热情,同时培养了学生善于交流、乐于合作的协作精神。

例如:教师在平时教学中发现学生在研究对象、受力分析、规律选择这几个方面容易出错,而这几个方面又是力学学习的重要环节,因此想到了让学生自己收集平时作业中遇到的一些问题和所犯的一些错误,并编制成评价题,在课堂上共同交流,分析错因,帮助学生评价易错点。

案例 5:如图 3 所示,三根长度均为 L 的轻杆用铰链连接并固定在水平天花板上的 A、B 两点,A、B 两点相

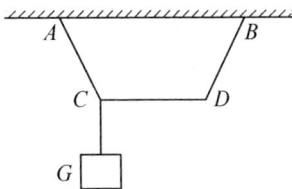

图 3

距为 $2L$。今在铰链 C 上悬挂一个质量为 m 的重物，要使 CD 杆保持水平，则在 D 点上应施的最小力为多大？

这是一个静态平衡问题，A 同学主张用整体法分析，但苦于 AC 和 BD 绳的拉力未知，B 同学说整体法不能做出，试一试隔离法，于是同学们先隔离 C 点分析求出 CD 绳的弹力，再隔离 D 点用矢量三角形求出 D 点 F 作用力的极小值。

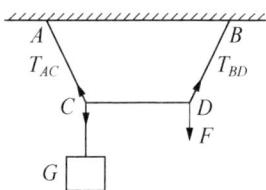

当答案已形成共识时，又有同学提出能不能用力距平衡求解，教室里顿时炸开了锅。A 同学提出如下解法：以 CD 为研究对象，受力分析如图 4 所示，根据力矩平衡条件求解，将转轴取在 CD 中点处，则当力 F 垂直于 CD 绳时，F 力的力臂最大，F 有最小值，得：$F_{min} = G = mg$。

图 4

B 同学的疑问是：将转轴取在 CD 中点处，AC 和 BD 的拉力的合力矩是否为零？当力 F 垂直于 CD 绳时，力 F 的力臂是不是最大？此时 F 的值是不是最小值？

对于 B 同学提出的疑问同学们觉得很有道理，没有分析判断 AC 和 BD 的拉力的合力矩是否为零，就在力矩平衡中将其别去是没有道理的。那么怎样消除 AC 和 BD 拉力的力矩的影响呢？同学们议论纷纷，有人说以 A 或 C 为转轴，但 BD 绳拉力未知，有人说以 B 或 D 为转轴，但 AC 绳拉力未知。正当同学们激烈争论时，C 同学说：既然 AC 绳拉力和 BD 绳拉力均未知，可不可以以 AC 与 BD 绳的延长线交点 O 为转轴，这样两绳拉力力矩都为零，只要分析重物的力矩和拉力 F 的力矩即可。接下来同学们纷纷把注意点转向如何求 F 的最大力臂的问题上来。通过分析发现当 F 的力臂过 D 点垂直于 OD 斜向下时符合条件，于是列方程求出：$F_{min} = G/2 = mg/2$。

通过观察、倾听、分析，发现他人问题解决方法的不足和缺陷，同学们及时指出（评价），并能够及时修改找到完善方案，甚至另辟蹊径重新设计新的方法，重新予以评价，这样的思维过程既包含了生成性思维过程，又形成了批判性思维的过程，符合了高阶思维能力培养的基本要素。

　　案例6：如图5所示，物体在一个粗糙斜面上，给物体一个平行于斜面向下的初速度它能沿斜面匀速下滑。

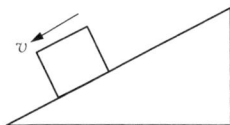

图5

　　（1）如果有平行于斜面向下的拉力 F 作用于物体上，斜面相对水平面无滑动，水平面对斜面是否有摩擦力？若有，方向如何？

　　（2）如果物体向下滑动时对它施加一个竖直向下的压力 F，斜面相对水平面无滑动，水平面对斜面是否有摩擦力？若有，方向如何？

　　A 同学解法如下：如果在平行于斜面向下的拉力 F 作用下，斜面相对水平面无滑动，把物体和斜面看作整体分析，水平面对斜面有向右的摩擦力。如果物体向下滑动时对它施加一个竖直向下的压力 F，斜面相对水平面无滑动，因斜面静止，故水平面对斜面无摩擦力的作用。

　　B 同学提出了不同的看法，他认为 A 同学第一问结果是错误的，如果有平行于斜面向下的拉力 F 作用于物体上，物体做加速运动，系统并不平衡，此时用隔离法分析，斜面对物体的弹力和摩擦力和匀速时比较均没有发生变化，合力竖直向上，物体对斜面反作用力竖直向下。

　　B 同学认为 A 同学第二问结果正确，但只是 A 同学只有结果没有给出详细的有说服力的理由，认为尽管施加向下的力 F，斜面对物体的支持力与压力的合力方向依然是竖直向上的，物体给斜面的反作用力向下，故地面对斜面无摩擦力作用。

　　正当此题有了完整的分析后，C 同学觉得如果将 F 方向改为斜向下更能……

　　尽管这样的教学，在课后学生花费比较多的时间收集题目，在课堂上用了较多的时间给学生进行分组交流、辩论,但从培养学生高阶思维的角度看,确实是值得的。这节课给学生留下了深刻的印象,不仅这一部分的知识要求得到了落实,学生的思维也得到了较大发展。

自编题目学生分组演讲、点评、质疑、辩论等教学活动,有别于传统课堂教学形式。这种教学组织形式最大的特点,是提供了开放、宽松、自由的思维环境,让学生去自由思考、自由批判、自由表述,这对于学生高阶思维能力的培养,具有积极的意义。

三、利用"一题多解"培养学生思维能力

"一题多解"是教学中经常采用的教学方法。它要求学生不为解题定式左右,通过生成性思维的过程和方式,获得更多的解题方法。不管新的解题方法是技巧上的提高,还是解题思维上的变化,或是在他人基础上的改进,还是自己全新设计,教师都要有所关注,进而才能正确点评和激励学生并培养他们的思维能力。

案例7:火车紧急刹车后经7 s停止,设火车匀减速直线运动,它在最后1 s内的位移是2 m,则火车在刹车过程中通过的位移和开始刹车时的速度各是多少?

分析:首先将火车视为质点,由题意画出草图(图6):

图6

教师:从题目已知条件分析,直接用匀变速直线运动基本公式求解有一定困难,大家能否用其他方法求解?

(学生独立解答后相互交流)

A同学:用基本公式、平均速度。

质点在第7 s内的平均速度为:

$$v_7 = \frac{s}{t} = \frac{1}{2}(v_6 + 0) = 2(\text{m/s})。$$

则第 6 s 末的速度：$v_6 = 4$ m/s。

求出加速度：$a = (0 - v_6)/t = -4$ m/s^2。

求初速：$0 = v_0 + at$，$v_0 = -at = -4 \times 7 = 28(\text{m/s})$。

求位移：$s = v_0 t + \frac{1}{2}at^2 = 28 \times 7 - \frac{1}{2} \times 4 \times 49 = 98(\text{m})$。

B 同学：逆向思维，用推论。

倒过来看，将匀减速的刹车过程看作初速度为 0、末速度为 28 m/s、加速度大小为 4 m/s^2 的匀加速直线运动的逆过程。

由推论：$s_1 : s_7 = 1 : 7^2 = 1 : 49$。

则 7 s 内的位移：$s_7 = 49s_1 = 49 \times 2 = 98(\text{m})$。

求初速度：$s = \frac{1}{2}(v_0 + v_t)_t$。

$$v_0 = 28 \text{ m/s}。$$

C 同学：逆向思维，用推论。

仍看作初速为 0 的逆过程，用另一推论：

$$s_{\text{I}} : s_{\text{II}} : s_{\text{III}} : \cdots = 1 : 3 : 5 : 7 : 9 : 11 : 13$$

$s_{\text{I}} = 2$ m，则总位移 $s = 2(1+3+5+7+9+11+13) = 98(\text{m})$。

求 v_0 同解法二。

D 同学：用图象法作出质点的速度—时间图象（图 7）。质点第 7 s 内的位移大小为阴影部分小三角形面积：

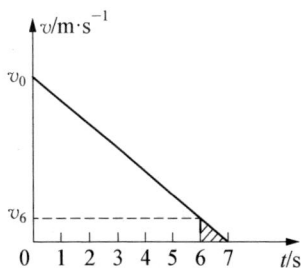

图 7

$$s_7 = \frac{1}{2}(1 \times v_6), \ v_6 = 4 \text{ m/s}。$$

小三角形与大三角形相似,有

$$v_6 : v_0 = 1 : 7, \ v_0 = 28 \text{ m/s}。$$

总位移为大三角形面积:

$$s = \frac{1}{2}(7 \times 28) = 98(\text{m})。$$

从以上几个同学的解法中可以看出,B、C 同学用到逆向思维。有些物理问题,若用常规的正向思维方法去思考,往往不易求解,若采用逆向思维从反面推敲,则可使问题得到简明的解答;熟悉推论并能灵活应用它们,既能开拓解题的思路,又能简化解题过程。图象法解题的特点是直观,有些问题借助图象只需简单的计算就能求解。这几种解答,在方法上差异较大,而思维的差异更为明显。A 同学的解题思维按部就班可以称为正向思维,B、C 同学的思维则是由结果反推属于逆向思维,D 同学用到图象法解题,他将信息集中于图象。本题教学中在注重求解方法差异的同时,有意识地从思维角度去分析,可以形成高阶思维能力培养的切入点。

四、在高中物理习题课教学中关注学生的讨论

教师提出问题,学生思考、讨论,实现互动。强调师生间、同学间动态的信息交流,通过信息交流实现师生互动、相互影响、相互补充,从而达成共识、共享、共进,这是教学相长的真谛。

习题课要高度重视调动学生主动梳理的积极性,使学生对所学的知识和方法能够条理化、系统化、结构化。梳理要在归纳的基础上进行,突出知识所描述(或反映)的物

理属性,不要搞成对知识内容的复述再现;整合要根据概念、规律和方法之间的相互联系,突出知识间的逻辑关系和结构层次,不要搞成知识点的罗列再现。梳理和整合必须让学生自主完成,就好像新授课中的"新知探究"环节,教师创设平台,让学生展示交流,互动完善。在梳理(不是复述)、归纳(不是罗列)、感悟(不是问答)的过程中实现知识和方法的温故知新和跃迁提升。学生在互动的活动中分析别人的观点并与自己的想法辨析,形成更有深度的论点和论据,在活动中提高思维能力。

案例8:在同一直线上,让一小球从高 H 处自由下落的同时,另一小球自地面竖直上抛,为使它们在空中相遇,上抛的小球的初速度 v_0 的取值条件是什么?

甲同学的解法:如图 8 所示,上抛小球在上抛到最高点时没和下落小球相碰就开始下落,

所以,临界条件是在地面相碰。

A 球下落到地面的时间 $t_1 = \sqrt{\dfrac{2H}{g}}$。

B 球下落到地面的时间 $t_2 = \dfrac{2v_0}{g}$。

在地面相碰的条件是 $\sqrt{\dfrac{2H}{g}} = \dfrac{2v_0}{g}$。

在空中相碰的条件是 $t_2 > t_1$,即 $\dfrac{2v_0}{g} > \sqrt{\dfrac{2H}{g}}$,

$$v_0 > \sqrt{\dfrac{Hg}{2}} \qquad\qquad ①$$

学生1. 若小球上抛到最高点时和下落的小球相遇,v_0 应满足什么条件?

如图 9 所示,A 球下落到相遇点的时间和 B 球上升到最高点的时间相等为 t。

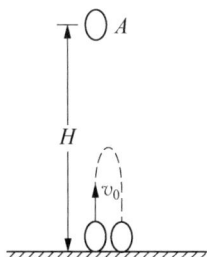

研究编

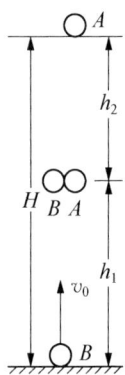

所以 A 球和 B 球相碰时的速度等于 B 球落回抛出点的速度即等于 v_0。

有 $h_2 = h_1 = \dfrac{H}{2}$，$v_0^2 = 2 \times g \times \dfrac{H}{2}$，所以

$$v_0 = \sqrt{gH} \qquad\qquad ②$$

学生 2. v_0 满足什么条件时，上升过程中和下落的小球相碰？

由②式可知，小球上升到最高点时和下落的小相碰的条件是 $v_0 = \sqrt{gH}$，所以上升过程中和下落的小球相碰的条件是

$$v_0 > \sqrt{gH} \qquad\qquad ③$$

学生 3. v_0 满足什么条件时，上抛的小球在下落的过程中被自由下落的小球追上，而发生相碰？

由①式和②式可知，满足上抛的小球在下落的过程中被自由下落的小球追上，而发生相碰的条件是：

$$\sqrt{\dfrac{gH}{2}} < v_0 < \sqrt{gH}$$

学生 4. 上升过程中相碰时，相碰点的范围在什么地方？

由学生 1 的解答可知相碰点的范围在 $H \sim \dfrac{H}{2}$ 之间。

学生 5. 下降过程中相碰时，相碰点的范围在什么地方？

由学生 1 的解答可知相碰点的范围在 $0 \sim \dfrac{H}{2}$ 之间。

学生 6. 若两球相碰时速度大小相等，方向相反，v_0 满足什么条件？

两个小球用时相等，则上抛小球上升到 C 点，再上升到 H 高度，

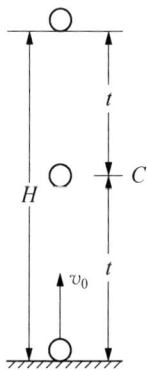

图 9

图 10

又下落回到 C 点。所以 $v_0^2 = 2gH$,所以 $v_0 = \sqrt{2gH}$。

相碰时的速度是中间时刻的瞬时速度即 $v = \dfrac{\sqrt{2gH}}{2}$。

相碰时离抛出点的距离为:$\dfrac{3}{4}H$。

  从以上教学活动中可以看到:教师所归纳出的分析问题的思路和方法,学生掌握得不一定深刻,他们在理解上或许也存在误区。因此教师在教学中通过变式讨论让学生在解题过程中感悟分析问题的思路和方法。变式讨论的题目设置跟例题相近又相异,可以提高教学的指导功能。讨论要形成氛围,允许同学之间讨论、合作。变式讨论的题目在教学过程中关注学生的讨论,让学生在变式题目的讨论、分析、评价的体验中提高思维能力。

  学生在该探究性实验中不仅获得了关于滑动摩擦力大小与哪些因素有关的结论,同时运用了不同的实验方法创造性地完成了实验探究任务,在亲身体验实验探究的全过程中,不论是自主思考,还是交流探究、相互质疑,都有助于培养相互合作的团队精神。

  探究滑动摩擦力与哪些因素有关的分组探究实验,不仅使学生对滑动摩擦力有了深刻理解,而且激发了学生的学习热情,培养了同学之间的合作学习能力。而不同的实验方案的提出,更体现出探究性实验教学对培养学生高阶思维能力的巨大优势,同时也充分展现了真正的"教学相长"给学生和教师带来的快乐体验。

  在整个教学过程中,教师起组织者、指导者、帮助者和促进者的作用,以学生为中心,利用分析、综合、评价等手段充分发挥学生的主动性、积极性,激发学生对事物的性质、规律以及与其他事物之间的深刻联系的相关思考。

  探究性物理实验培养了学生们独立探索的能力,使他们能够在质疑、思辨中解决问题,在评价中寻找解决问题最优方案,同时也培养了学生高阶思维的能力。

五、利用长期作业培养学生高阶思维能力

由于高中物理课时有限,将不可能在有限课堂时间完成的实验分散在一学期或一学年在课余完成,并充分利用现有的实验室的条件,积极引导学生参与这些活动,在活动中培养学生分析与评价的思维能力。

案例 10:测量当地的重力加速度

A 组学生方案:用自由落体法测量重力加速度。

实验原理:设光电门 A、B 间的距离为 s,球下落到 A 门时的速度为 v_1,通过 A、B 间的时间为 t,则有:$s = v_0 t + gt^2/2$。

两边除以 t,得:$s/t = v_0 + gt/2$。

设 $x = t$,$y = s/t$,则:$y = v_0 + gx/2$。

这是一个直线方程,当测出若干不同 s 的 t 值,用 $x = t$ 和 $y = s/t$ 进行直线拟合,设所得斜率为 b,则由 $b = g/2$ 可求出 g,$g = 2b$。

B 组学生的方案:利用水滴测重力加速度。

实验原理:在水龙头下固定一块挡板,使水一滴一滴连续地落在挡板上,仔细调节水龙头,使耳朵刚好听到前一个水滴滴在挡板上的同时,下一滴水刚好开始落下。量出水龙头离挡板的高度,再用停表计时,当听到某一水滴滴在挡板上的声音的同时,开启停表开始计时,并数"1",每听到一次水滴声便数一下,一直数到 n,按下停表按键停止,读出停表示数 t,利用以上数据求出 g。

滴水的周期就是水滴自由下落的时间,则 $T = \dfrac{1}{n-1}t$。

$$h = \frac{1}{2}gT^2,得 g = \frac{2(n-1)^2 h}{t^2}。$$

C 组学生的方案:利用单摆测重力加速度。

实验原理:单摆小球沿圆弧运动摆线与竖直方向夹角为 θ,重力在运动切线方向上的分力为 $F = mg\sin\theta$。当 θ 角很小(一般不超过 $5°$)时,$\sin\theta \approx \theta$,考虑到切向分力的方向与角位移方向相反,有 $F = -mg\theta$,即 F 起回复力作用,所以,单摆在 $\theta < 5°$ 时做简谐振动。角速度 $\omega = \sqrt{\dfrac{g}{l}}$,其振动周期 $T = \dfrac{2\pi}{\omega} = 2\pi\sqrt{\dfrac{l}{g}}$,故 $g = 4\pi^2\dfrac{l}{T^2}$。

D 组学生的方案:利用打点计时器测重力加速度。

实验原理:当电磁打点计时器的线圈通以 $50\ \text{Hz}$ 的交流电时,振动片的磁极随着电流方向的改变而不断变化,在永久磁铁的磁场作用下,振动片上下振动,其振动周期与线圈中的电流变化周期一致,即为 $0.02\ \text{s}$。振动片的一端装有打点针,当纸带从针尖下通过时,便打上一系列点,相邻点之间对应的时间间隔为 $0.02\ \text{s}$。当忽略空气阻力时,物体在重力作用下的下落运动是匀加速直线运动。这种运动可以用下列方程来描述,即 $s = v_0 t + \dfrac{1}{2}gt^2$。式中,$s$ 是在时间 t 秒内物体下落的距离,g 是重力加速度。设物体从点 O 开始自由下落,到达点 A 的速度为 v_1。从点 A 起,经过时间 t_1 后,物体到达点 B。令 A、B 两点间的距离为 s_1,则 $s_1 = v_1 t_1 + \dfrac{1}{2}gt_1^2$。设它到达点 B 的速度为 v_2,从点 B 起经过时间 t_2 后,物体到达点 C。令 B、C 两点间的距离为 s_2,则 $s_2 = v_2 t_2 + \dfrac{1}{2}gt_2^2$。电磁打点计时器打出的纸带上,相邻点 A、B、C 之间间隔的时间为 $0.02\ \text{s}$,即 t 相同,则

$$s_1 = v_1 t + \frac{1}{2}gt^2$$

$$s_2 = v_2 t + \frac{1}{2}gt^2$$

又 $v_2 = v_1 + gt$,$s_2 = s_1 + gt^2$。

类比可得 $s_n = s_{n-1} + gt^2$,其中 $n = 2, 3, 4, \cdots$,即

$$g = \frac{s_2 - s_1}{t^2} = \frac{s_3 - s_2}{t^2} = \cdots = \frac{s_n - s_{n-1}}{t^2}$$

$$g = \frac{(s_2 + s_3 + \cdots + s_n) - (s_1 + s_2 + \cdots + s_{n-1})}{(n-1)t^2} = \frac{s_n - s_1}{(n-1)t^2}$$

同理 $g = \dfrac{s_{n+1} - s_2}{(n-1)t^2} = \dfrac{s_{n+2} - s_3}{(n-1)t^2} = \cdots$

运用逐差法

$$g = \frac{(s_n - s_1) + (s_{n+1} - s_2) + \cdots + (s_{2n-2} - s_{n-1})}{(n-1)^2 t^2}$$

$$= \frac{(s_n + s_{n+1} + \cdots + s_{2n-2}) - (s_1 + s_2 + \cdots + s_{n-1})}{(n-1)^2 t^2}$$

E 组学生的方案：利用倾斜气垫导轨测重力加速度。

附：(本组为参加全国物理竞赛小组的学生构成)

实验原理：设导轨倾斜角为 θ，滑块质量为 m，则

$$ma = mg\sin\theta$$

上式在滑块运动不存在阻力时才成立。实际上滑块在气垫导轨上运动虽然没有接触摩擦，但是有空气层的内摩擦。滑块在气垫导轨上以速度 v 运动时，滑块下方气垫中的空气将以不同的速度运动，附在滑块上的空气速度为滑块速度 v，附在轨面上的速度为零，气垫中的空气速度由 v 逐渐变为零，可以设想气垫中的空气分为不同速度的若干层，不同流速各层间的作用力为内摩擦力 $F_{阻}$，在流体力学中给出

$$F_{阻} = \eta s \frac{\mathrm{d}v}{\mathrm{d}z}$$

式中 s 为接触面积，$\dfrac{\mathrm{d}v}{\mathrm{d}z}$ 为速度梯度，设气垫厚为 z，则 $\dfrac{\mathrm{d}v}{\mathrm{d}z} \approx \dfrac{\overline{v}}{z}$，即 $F_{阻} = \dfrac{\eta s}{z}\overline{v}$。$\eta$ 为黏度，设 $b = \dfrac{\eta s}{z}$（黏性阻尼常量），则阻力 $F_{阻}$ 和平均速度成比例，即 $F_{阻} = bv$。

考虑此阻力后，则 $ma = mg\sin\theta - b\overline{v}$。

整理后，重力加速度 $g = \dfrac{a + \dfrac{b}{m}\overline{v}}{\sin\theta}$。

F 组学生的方案：利用复摆测重力加速度。

附：(本组为参加全国物理竞赛小组的学生构成)

实验原理：复摆实验通常用于研究周期与摆轴位置的关系，并测定重力加速度。复摆是一刚体绕固定水平轴在重力作用下做微小摆动的动力运动体系。如图 14，刚体绕固定轴 O 在竖直平面内做左右摆动，G 是该物体的质心，G 与轴 O 的距离为 h，θ 为其摆动角度。若规定右转角为正，此时刚体所受力矩与角位移方向相反，则有：

$$M = -mgh\sin\theta \qquad ①$$

复摆侧面图　　　　复摆正面图

图 13

又据转动定律，该复摆又有：

$$M = I\ddot{\theta}\ (I\ \text{为该物体转动惯量}) \qquad ②$$

由①和②可得：

$$\ddot{\theta} = -\omega^2\sin\theta \qquad ③$$

其中 $\omega^2 = \dfrac{mgh}{I}$。若 θ 很小时(θ 在 $5°$ 以内)近似有：

$$\ddot{\theta} = -\omega^2\theta \qquad ④$$

此方程说明该复摆在小角度下做简谐振动，该复摆振动周期为：

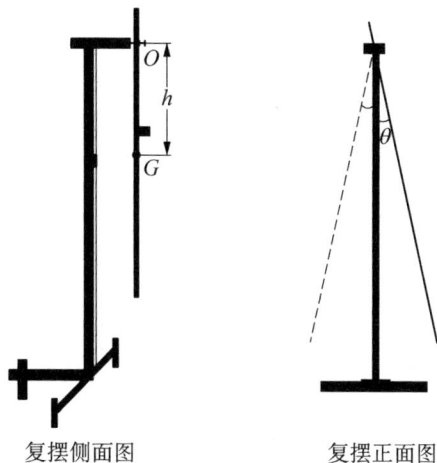

研究编

$$T = 2\pi \sqrt{\frac{I}{mgh}} \qquad \text{⑤}$$

设 I_G 为转轴过质心且与 O 轴平行时的转动惯量,那么根据平行轴定律可知:

$$I = I_G + mh^2 \qquad \text{⑥}$$

代入⑤式得:

$$T = 2\pi \sqrt{\frac{I_G + mh^2}{mgh}} \qquad \text{⑦}$$

设⑥式中的 $I_G = mk^2$,代入⑦式,得:

$$T = 2\pi \sqrt{\frac{mk^2 + mh^2}{mgh}} = 2\pi \sqrt{\frac{k^2 + h^2}{gh}} \qquad \text{⑧}$$

k 为复摆对 G(质心)轴的回转半径,h 为质心到转轴的距离。对⑧式平方则有:

$$T^2 h = \frac{4\pi^2}{g} k^2 + \frac{4\pi^2}{g} h^2 \qquad \text{⑨}$$

设 $y = T^2 h$,$x = h^2$,则⑨式改写成:

$$y = \frac{4\pi^2}{g} k^2 + \frac{4\pi^2}{g} x \qquad \text{⑩}$$

⑩式为直线方程,实验中测出 n 组 (x, y) 值,用作图法求直线的截距 A 和斜率 B,由于 $A = \frac{4\pi^2}{g} k^2$,$B = \frac{4\pi^2}{g}$,所以

$$g = \frac{4\pi^2}{B},\ k = \sqrt{\frac{Ag}{4\pi^2}} = \sqrt{\frac{A}{B}} \qquad \text{⑪}$$

由⑪式可求得重力加速度 g 和回转半径 k。

物理学是实验的科学,很多新概念的确立和新规律的发现都依赖于反复实验。以

上的这些方法使学生课余有充分时间思考,展开想象的翅膀利用所学的知识创造性解决问题。

学生的评价1:用自由落体、水滴、单摆、打点计时器、倾斜气垫导轨、复摆几种方法对重力加速度进行测量,对每种实验方法的实验数据进行记录、处理、误差分析,得到最终结果并与本地重力加速度的公认值进行分析比较,得到在这几种测量方法中以单摆法测得的g与公认值最接近。相比较下,单摆法是我们目前实验室测量本地重力加速度的最佳方法,从总体上来说是相对简便准确的。在实验操作中自由落体测量法、气垫导轨测量法简单。

学生的评价2:在使用自由落体测量时,操作较简单,所引入的误差主要来自:实验仪器自身引入的误差;实验装置的竖直程度调节不到位引入的误差;空气的阻力的误差;断电后具有剩磁,使小球断电后不是自由下落,还受到磁力的影响(此点我组在实验过程中发现,断电后小球没有下落,粘在电磁铁上),这样也会引入一定的误差。在选择小球的过程中发现,小球越小所受磁力影响越大,同时测量时误差越大,从而说明断电后的剩磁所带来的误差也不小,所以在用此方法进行实验时,不要选择太小的小球进行实验。

学生的评价3:在用单摆法测量时,操作者不仅要细心,还要反应快、动手快。如果在操作过程中注意力不集中,把摆动周期数数错;或是反应不够快,没有及时按下停表;或是在操作过程中不规范,在释放小球时没有让小球和摆线在同一平面内摆动,而是在绕圆锥转动。对于这一点,在大量的实验经验中发现:在摆长越短时越难控制,小球越容易绕圆锥转动,同时引入的误差也很大;但在此也并不是说摆长越长越好,由大量的经验得出在选择摆长时,摆长不应太长也不应太短,因此摆长的选择对实验结果的影响较大,还有空气的阻力也会引入误差。

学生的评价4:用气垫导轨法测量重力加速度,实验原理较容易理解,而要把气垫导轨调节到水平状态的是不容易做到的,需要进行多次的调试。气垫导轨水平状态的好坏程度对整个实验影响很大。如果气垫导轨的调平工作没有做好，会给实验的最终结果带来较大的误差。

学生的评价 5：比较用单摆和复摆测量重力加速度的精确度：

单摆周期为 $T = 2\pi\sqrt{\dfrac{l}{g}}$，$T^2 = 4\pi^2\dfrac{l}{g}$，得到 $g = \dfrac{4\pi^2 l}{T^2}$。由此测量公式可知，测 l，即需测绳和球的长度，测量时产生的误差较大。而复摆的周期为 $T = 2\pi\sqrt{\dfrac{k^2+h^2}{gh}}$，所以 $g = \dfrac{4\pi^2(k^2+h^2)}{T^2 h}$。此公式中，$h$ 为质心到转轴的距离，数据可从复摆上直接读取，因此大大减少了误差，所以，复摆法精确度高。

学生所选用的实验方法从实验仪器的使用到对实验原理的理解都比较容易，但有的方法虽然容易理解，但要得到最佳的实验结果，在实际操作中要求很高，不容易做到，有一定的难度。因此要在课外活动中指导学生对所做的实验进行分析评价，在分析与评价过程中培养学生的高阶思维能力。

总之，物理习题可以培养学生解决实际问题的能力。物理练习是学生运用理论知识解决实际问题。物理定律和公式是用物理量的符号表示的函数关系。学生在做物理练习时，要将学过的物理定律、公式应用到具体情况中，这样就能很自然地建立理论与实际的联系。如果习题的题材取自学生经历和体验，那么这种联系就更加明显了。

在物理长期题解题的实践过程中，教师积极引导，学生独立钻研与总结，可以提高学生分析、评价、创造的能力。

（黄　静）

利用解题中的思维转化来培养学生高阶思维

杜威认为高阶思维即是反省思维,布卢姆和加涅等人将认知领域的教育目标分成识记、理解、应用、分析、评价和创造六个类别,其中分析、评价和创造,通常被称为是"高阶思维"。上海市教育科学研究院普教所的夏雪梅认为目前取得共识的有关高阶思维的界定包含如下一些维度:

第一,"迷思概念"(myth conception)的转化。相对于抽象的思维策略,学习科学中的高阶思维是与人如何学习这些具体学科内容相关联的。所谓"迷思概念"是学习者在学习过程中由于已有的知识基础或知识经验相冲突而产生的错误。这些错误具有重要的价值,它能暴露学生的思维。学生转化"迷思概念"的过程就是高阶思维的过程。

第二,能应用于实践的深层知识。低阶思维与高阶思维关键区别在于,低阶思维发生在一个人已经知道如何做的情况下,即所要解决的任务或题目仅需要存取、注入或列举很容易获得的信息与概念。而高阶思维强调,个人以一种对自身而言新奇的方式来利用信息和概念去解决一个难题或任务。只有在真实学习情境中获得的知识,才是具有生命力与活力的,才不会变成缺乏迁移能力的毫无活性的惰性的知识。

第三,主动的学习意愿。学习科学认为,人在知识的获取中具有绝对的主导权,不应被动吸取知识,而应让知识为其服务。高阶思维的发生源自学习者对意义的追求。当学习者试图解决我们已经知道的与我们感知到的情境之间的不协调时,这种不协调引发了疑惑、不安、混乱、期待、好奇。

第四,外显化的表达与知识共同体中的反省。高阶思维需要在真实的情境中通过社会性的协商与互动解决问题,促进自我调节和省思。学习情境中的对话或交流在学习者内化观念和知识的过程起着重要的作用。当必须相互解释观点时，学习者就需要对自己的理解结果再组织，这种导致认知变化的共同建构活动，是高阶思维过程发展的关键。

在高中物理教学中，不可避免地要涉及大量的学生解题的问题，前苏联数学家雅诺斯卡娅就曾说过："解题，就是意味着要把所解的问题转化为已经解决过的问题。"转化是问题解决的一种重要策略，在习题课教学中，我们就可利用同学们在解题过程中对问题的分析和与已有的知识基础或知识经验相冲突而产生的错误，让学生们进行反省、评价，来达成思维的转化，从而既迅速、简捷地解决了问题，又培养了学生们的高阶思维。

一、把实际问题转化为理想模型

例 1. 一跳水运动员从离水面 10 m 高的平台上向上跃起，举双臂直体离开台面，此时其重心位于从手到脚全长的中点，跃起后重心升高 0.45 m 达到最高点，落水时身体竖直，手先入水（在此过程中运动员水平方向的运动忽略不计）。从离开跳台到手触水面，他可用于完成空中动作的时间是_____s。（g 取 10 m/s²）

同学们在解决此题时，有的同学提出运动员身高未知，有的同学说运动员身体各部分如何运动也不知，而有的同学提出了由于空气阻力如何变化及大小都不知，从而无法解决此问题，但一个同学提出可把运动员看作是全部质量集中在重心的一个质点的理想化模型。在能不能看成理想化模型时，同学们进行了辩论，最后得出阻力、运动员体型等实际上都是次要因素，完全可把运动员看成质点，而且，运动员离台到落水的过程也可看作两个理想过程，即竖直上抛和自由落体，则两过程时间之和即为运动员在空中完成动作的时间，并得出了如下解题结果。

运动员上升时：

$$t_1 = \sqrt{\frac{2h_1}{g}} = \sqrt{\frac{2 \times 0.45}{10}}\,\text{s} = 0.3\,\text{s}$$

运动员下落时：

$$t_2 = \sqrt{\frac{2h_2}{g}} = \sqrt{\frac{2 \times (10 + 0.45)}{10}}\,\text{s} = 14\,\text{s}$$

所以 $t = t_1 + t_2 = 17$ s。

同学们在分析此题时，通过建立模型过程中的讨论，把问题分解成一个个部分加以理解，通过与学过的理想化模型进行比较，从而设计出了解题思路，使问题得到了解决。这个过程，也是高阶思维的培养过程。

方法总结：由于实际问题都是比较复杂的，在解题时要抓住主要矛盾，忽略次要因素，将实际问题转化为理想模型来研究和处理从而使复杂问题得以简化。

二、正向思维转化为逆向思维

例2. 一个小球竖直向上抛出，已知它上升的最后 1 s 内上升的高度是上升总高度的 $\frac{1}{6}$，试求小球上升的总高度。（g 取 $10\ \text{m/s}^2$）

刚学此部分内容时，同学们解决此题，首先想到的是根据匀减速运动的规律来求解，但须建立多个方程，解决起来非常麻烦，老师就让同学们进行反思，主动思考初中学过的光路问题，在学习光的反射和折射时，经常要用到光路可逆。据此，有的同学摆脱旧有思维，得出以下解法：将上升运动倒过来进行，将问题等效转化为已知自由落体运动第 1 s 内下降的高度是总高度的 $\frac{1}{6}$，求总高度，则可很容易求解得：

$$H = 6 \times \frac{1}{2}gt^2 = \left(6 \times \frac{1}{2} \times 10 \times 1^2\right)\text{m} = 30\,\text{m}$$

同学们解决此问题时,就是由正向思维转化为逆向思维,从而扩展了思维的灵活性和广阔性,使高阶思维得到了培养。

方法总结:在通常情况下,人们往往习惯于从条件或原因分析其结论或结果,这是正向思维的模式。逆向思维是把人们通常思考问题的思路反过来加以思考,即从结论或结果出发倒着分析问题,分析这一结论或结果产生的条件或原因。逆向思维是一种创造性的思维,也是思维广阔性和灵活性的表现。将逆向思维应用于物理解题,要求能灵活地转变思维方向,克服思维定式的消极影响。特别是在某些情况下,按照正向思维的方式分析非常麻烦,甚至陷入困境,这时就应立即转换思维方式,从相反的方向重新思考,往往能收到意想不到的效果。例:光路的可逆原理,变大和变小等都是可逆向的。

三、将一般转化为特殊

例3. 如图1所示,两个定值电阻 R_1、R_2 串联后接在输出电压 U 稳定于 12 V 的直流电源上,有人把一个内阻不是远大于 R_1、R_2 的电压表接在 R_1 的两端,电压表的示数为 8 V。如果他把此电压表改接在 R_2 两端,则电压表的示数为(　　)。

A. 小于 4 V

B. 等于 4 V

C. 大于 4 V

D. 等于或大于 8 V

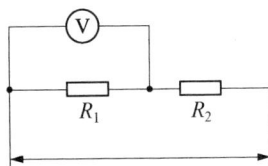

图 1

学生们解决此题时很多人首先想到的就是根据欧姆定律和串并联知识列方程,但复杂并且不好求解,有的同学给出了解释:电压表接在 R_1 两端,电压表的示数 8 V,则此时 R_2 两端的电压为 4 V。把此表改接在 R_2 两端时,由于电压表的内阻不是远大于

R_1、R_2,电压表与 R_2 并联的阻值小于 R_2,而 R_1 与并联部分串联,总电压 $U=12$ V,则 R_1 的电压大于 8 V,电压表与 R_2 并联的电路的电压小于 4 V。有的同学直接把 R_1、R_v 设定了特殊的数值,解法为:电压表接 R_1 两端时,由示数 8 V 知,R_2 两端电压为 4 V,即 R_1 与 R_v 的并联总电阻为 R_2 阻值的两倍。设 $R_1=3$ kΩ,$R_v=6$ kΩ,则 $R_2=1$ kΩ,再将电压表接 R_2 两端,由电路的并串联关系易得电压表示数为 $\frac{8}{3}$ V,故应选 A。

对以上做法,同学们进行评价后比较认同后一种解法,这就是特值法。同学们在比较各种解法的过程中,相互评价各自做法的优劣,使思维得到了提升,同时,由一般到特殊,也是思维的一种创新。

方法总结:1. 一般与特殊是一个辩证的统一体,任何特殊总具有一般的性质,而一般是对特殊的共同性的概括。从解决问题的角度看,任何特殊问题的解决都预示着相应的一般问题的解决。如果在一般情况下难以求解的问题,推到特殊的情况便容易解决,就可以将一般问题特殊化,从特殊问题的结论中,总结出一般问题的结论。

2. 特值法就是通过设题中某个未知量为特殊值,从而通过简单的运算,得出最终答案的一种方法。这个特殊值应该满足的条件,首先,无论这个量的值是多少,对最终结果所要求的量的值没有影响;其次,这个量应该要跟最终结果所要求的量有相对紧密的联系;最后,这个量在整个题干中给出的等量关系中是一个不可或缺的量。

3. 许多物理现象和物理过程存在临界状态,其表现形式是某些物理量达到极值时,物体在此前后运动情况发生突变。解答这类问题一般可依据物理量变化的方向逐步推向极端,通过分析临界状态和极值求得问题的解决。有时很难在一般情况下得出结论,也可以考虑把一般推向极端,做出极端条件下的判断,再回到一般,往往会很快得出结论。它能考查学生思维的深度、广度和思维的敏捷性,提高运用物理规律分析解决实际问题的能力。如一个量增大，可以设想它一直增加到无穷大；同样，一个量减小，可以设想它一直减小到零。

四、由部分转化为整体

例4. 质量为 M 的金属块和质量为 m 的木块通过细线连在一起，从静止开始以加速度 a 在水中下沉，经过时间 t，细线断了，金属块和木块分开，再经过时间 t'，木块停止下沉。问此时金属块的速度多大？

同学们解决此题时有用牛顿第二定律结合运动学公式分别来分析金属块和木块的，有分别对金属块和木块应用牛顿第二定律和动量定理的，但同学们在使用这种方法时明显感到繁琐，由此，同学们寻找新的解题方法，最后使用以下方法：取金属和木块组成的系统为研究对象，对系统从细线断前的瞬间至木块停止下沉的整个过程分析，应用动量定理有 $Ft' = (Mv' + 0) - (M+m)v$，其中 $F = (M+m)a$，$v = at$。由以上各式可解得：$v' = \dfrac{(M+m)a(t+t')}{M}$。

这种方法明显是把两个物体分别运动的过程化为一个整体的运动过程，解题方法简单明了。这就是把部分化为整体的方法。第一种方法虽也有对过程的分析，但明显是常规思维，而转化为整体法，进行系统思维，问题的解决变得简单明了，也使高阶思维得到了培养。

方法总结：当物理问题涉及多个物体或多个过程时，通过对变化中的物体系统或物理过程综合分析、整体考虑，找出所遵循的共同规律或等量关系，将问题的处理由部分转换到整体，可达到避繁就简的目的。整体法有物体系统整体化和物理过程整体化两种思维方法。一般情况下，整体法是处理多体或多过程问题的最佳途径。在分析和处理物理问题时，抓住研究对象的整体性和物理过程的整体性进行分析，这就是系统思维的方法。

在物理解题时,掌握系统思维方法,应当学会从整体上把握研究对象,如对系统进行受力分析的整体法,它与隔离法是相辅相成的,都应熟练掌握。有些物理过程是很复杂的,不但要学会把复杂的过程分解为若干简单的过程,也要学会把复杂的物理过程看成一个统一整体来处理。在很多情况下,根据系统思维的方法,抓住研究对象的整体性和物理过程的整体性,解决问题往往能简便快速。

五、由动转化为静

例5. 一升降机以 $a=1\ \mathrm{m/s^2}$ 的加速度竖直上升,在上升过程中一螺钉从升降机的天花板上松落,天花板与地板之间的距离为 2 m,问螺钉从天花板落到地板上所需的时间为多少秒?(g 取 $10\ \mathrm{m/s^2}$)

很多同学拿到此题,想到的是螺钉做竖直上抛运动,升降机做匀加速直线运动,对两物体分别利用位移方程列式,再根据螺钉落到地板上,列出一个两物体的位移关系方程,求解比较麻烦,但同学们根据学过的参考系得出新的解法,即以运动的升降机地板为参考系,化升降机的动为静,则对螺钉,刚松落时初速度为零,相对于地板的加速度为 $a+g$,相对于地板的距离为 L,则由 $s_{相对}=\dfrac{1}{2}a_{相对}t^2$,得 $t=\sqrt{\dfrac{2s_{相对}}{a_{相对}}}=\sqrt{\dfrac{2L}{g+a}}=$

$\sqrt{\dfrac{2\times2}{10+1}}=0.6(\mathrm{s})$。

此题与例4类似,都是通过对复杂的常规思维进行分析评价,创新出新的解题方法,此题就是找到了化动为静的新的解题思路,从而使高阶思维得到培养

方法总结:物体的运动是相对于一定的参考系而言的,当参考系改变时,运动和静止可相互转换,通常情况下,我们取地面为参考系,但有时若取运动的物体为参考系,化动为静,则可使解题更为简捷。

研究编

六、化无限为有限

例6. 如图 2 所示为由电阻 r 组成的无限网络，试求 a、b 端的电阻。

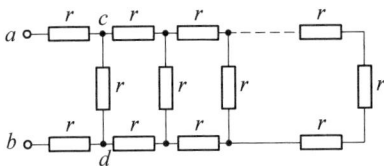

图 2

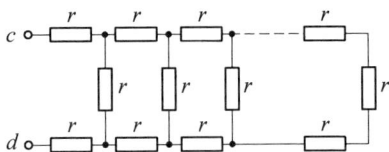

图 3

对此题，很多同学感觉无从下手，在讨论中，有同学提出了由于网格无限，多一个少一个无所谓，从而给出如下求解方法：将原电路的左边三只电阻取掉，如图中的 3，因为是无限网络，故图 2 和图 3 没有差别，设图 2 中的 a、b 端总电阻为 R，则图 3 中的 c、d 端总电阻也为 R，这样图 2 的无限网络就可转化为图 4 中的由四只电阻构成的简单电路了。根据串、并联电路特点有 $R = 2r + \dfrac{Rr}{R+r}$，则可解得：$R = (1+\sqrt{3})r$。

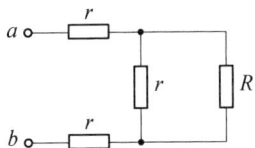

图 4

在解决此题时，同学们先分析此问题应如何解决，但按照常规思路却无从下手，同学们就要考虑创新解题方法，从而得出了化无限为有限的方法，也使高阶思维得到了培养。

方法总结：在有些问题中，可以找到无限和有限的联系，采用有限的方法，来处理无限的问题，摆脱难以入手的困境。

七、将宏观转化为微元

例 7. 如图 5 所示,均匀带电圆环的带电量为 Q,半径为 R,圆心为 O,P 为垂直于圆环平面的对称轴上的一点,$OP = L$,试求 P 点的场强。

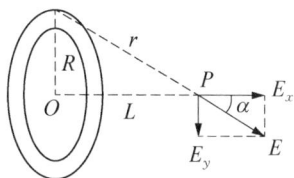

在解决此题时,有同学直接把圆环看成一个点电荷,然后用点电荷场强公式得出 P 点场强大小,对这种解法,同学们进行了争辩。通过争辩,同学们根据能否把带电

物体看成点电荷的条件得出,此带电圆环不能看成点电荷,在讨论过程中,有同学提出将圆环等分为 n 个小段,当 n 相当大时,每小段便可以看作是点电荷,其带电量为 $q = \dfrac{Q}{n}$。由点电荷场强公式,可得每一小段点电荷在 P 点的场强为 $E = \dfrac{kq}{r^2} = \dfrac{kQ}{n(R^2 + L^2)}$。由对称性知,各小段带电环在 P 处场强为 E 的垂直分量 E_y,相互抵消,而 E 的轴分量 E_x 之和,即是带电圆环在 P 处的场强为 E_p,所以 $E_p = \sum E_x = \sum \dfrac{kQ}{n(R^2 + L^2)} \cos \alpha = \sum \dfrac{kQ}{n(R^2 + L^2)} \cdot \dfrac{L}{\sqrt{R^2 + L^2}} = \dfrac{kQL}{\sqrt{(R^2 + L^2)^3}}$。

对错误的问题进行分析和批判,并根据点电荷的条件从而形成微元法的观点,这一过程就是高阶思维培养的过程。

方法总结:一切宏观的物体、物理现象和物理过程都可以视为由微小的单元(微元)组成。化宏观为微元就是从事物的微元入手分析,达到解决事物整体问题的方法。微元法不仅可以用于实际物体也可以用于过程、状态、轨迹、线段等。微元法中大量运用近似,在分析过程中化曲为直、化变为恒,将复杂问题转化为简单问题,使问题的解决变得非常简便。

八、将物理量转化为图形

例8. 水平拉力 F_1、F_2 分别作用在水平面上的物体上,经一段时间后撤去,使物体由静止开始运动而后停下,如果物体在两种情况下的总位移相等,且 $F_1 > F_2$,那么在这个过程中( )。

A. F_1 比 F_2 冲量大

B. F_1 比 F_2 冲量小

C. F_1 和 F_2 的冲量相等

D. F_1 和 F_2 的冲量无法比较

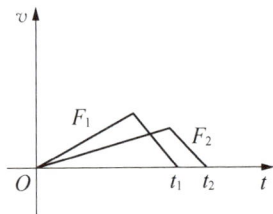

图6

同学们在分析此题时,有些同学用牛顿第二定律和运动学公式求解,有的同学利用动量定理和运动学公式求解,在解题过程中虽然都对题目进行分析,但发现,纯粹用公式规律替换分析,两冲量关系较难确定,不好求解,如何找出比较好的方法呢?有同学提出如果转化为图形,即根据运动中的位移相等和加速度的关系把它们画成如图6所示的 $v\text{-}t$ 图象,则显然有 $t_1 < t_2$。再对全程应用动量定理有:$I_1 - F_f t_1 = 0$,$I_2 - F_f t_2 = 0$。由此可得 $I_1 < I_2$。故答案选 B。

在这个过程中,同学们看到了利用图解法的简便。提出图解法的同学,明显摆脱了旧有的思维定式,是非常值得肯定的,同学们也在解题反思和讨论中,培养了自己的高阶思维。

方法总结:我们在解题时,根据题意作出恰当的图形,把题目中的诸物理量转化在图形中,借助于图形,可使题意变得直观、形象,这样就能在由物理量向图形的转化中提高审题的准确性,清晰地把握住解题思路,使问题得到解决。

九、将综合问题转化为若干单一问题

例 9. 质量为 M 的重锤从离木桩 H 高处自由落下,打在质量为 m 的木桩上并和木桩一起在泥土中下降 h 深后停止,求泥土对木桩的平均阻力。

同学们拿过此题后,感觉到本题过程比较复杂,在通过对题目的认真分析之后,同学们讨论得出问题解决的方法,即应通过对过程的分解使之转化为如下三个过程逐步求解。

1. M 自由下落,由机械能守恒定律得:

$$MgH = \frac{1}{2}Mv_1^2 \tag{①}$$

2. M 和 m 做完全非弹性碰撞,由动量守恒定律得:

$$Mv_1 = (M+m)v_2 \tag{②}$$

3. M、m 受重力和阻力一起向下运动,由动能定理得:

$$(M+m)gh - F_f h = 0 - \frac{1}{2}(M+m)v_2^2 \tag{③}$$

联立①②③解得:$F_f = \dfrac{M^2 gH}{(M+m)h} + (M+m)g$。

在解决此题时,同学们首先找到了过程分解的方法,然后再分别对每一过程进行分析评价,在思维的活跃中得到生成性的成果,使高阶思维得到提升。

方法总结:任何一个综合性的物理问题都是由一些基本的物理问题组合而成的,因此解题时只要善于恰当地把一个综合性问题转化成若干个单一问题,化整为零,各个击破,然后抓住各部分题意间的联系,沟通和综合,形成完整的解法,问题就解决了。

十、由不对称转化为对称

例 10. 质量为 m 的质点受半径为 R，质量为 M 的球 A 的万有引力大小为 F，质点与球 A 球心相距 r，若在球 A 右侧挖去直径等于球 A 半径的球 B，如图 7 所示，求质点受到 A 剩余部分的万有引力 F' 的大小。（已知 $R \ll r$）

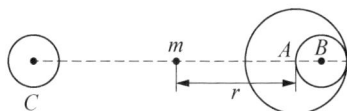

图 7

同学们在解决此题时，有直接用万有引力公式求解的，但立刻有同学指出，万有引力公式的使用条件是质点或球体，但此题中，A 不符合看成质点的条件，且 A 也不是球体，有同学提出，如果把 B 部分填满呢？从而得到了如下方法：设把挖去的球 B 再填入球 A，再在质点另一侧关于 B 对称的地方放置一与球 B 相同的球 C，则 $F' = F - G\dfrac{mm_C}{\left(r + \dfrac{R}{2}\right)^2}$，由于 $F = \dfrac{GMm}{r^2}$，$\dfrac{m_C}{M} = \dfrac{1}{8}$，可解得 $F' = \dfrac{7}{8}F$。

同学们在能否应用万有引力公式的过程中，通过讨论、争辩，最后利用填补和对称来解决了公式不成立的问题，这明显就是对条件进行评价后的生成性思维，也就是一种高阶思维。

方法总结：很多物理题给出的物理模型是不对称的，有些用中学知识无法直接求解，必须将其作对称变换，这样由不对称转化为对称，可使问题的解决变得简单。

十一、化隐含为明朗

例 11. 在真空中速度 $v = 6.4 \times 10^7$ m/s 的电子束，连续地射入两平行极板之间。极板长为 $L = 8.0 \times 10^{-2}$ m，间距 $d = 5.0 \times 10^{-3}$ m。两极板不带电时，电子束将沿两极

板间的中心线通过，如图 8 所示，在两极板加上 50 Hz 的交变
电压 $U = U_{min} \sin at$，如果所加电压的最大值 U_{min} 超过某一值
U_C 时，将出现以下现象：电子束有时能通过两极板，有时间
断，不能通过。求 U_C 的大小。

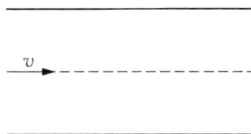

图 8

　　同学们在分析此题时，有些同学会考虑电子所受重力，因为平常受力分析时，首先
要分析物体的重力，也有同学考虑电子之间的相互作用力，还有同学考虑到电子在板
间的运动过程中，由于两板间电压的变化而导致电子受力也不断变化，这些问题的出
现都导致问题似乎无法解决，同学们通过认真思考，结合理想化模型，提出电子重力和
电子间的相互作用力远远小于电子所受的电场力（该同学用数据说话），由此得出电子
重力和相互作用力为次要因素，完全可以忽略不计，如此电子的运动可视为平抛运动。
因为电子通过电场的时间 $t = \dfrac{L}{v}$ 和交变周期 10^{-2} s 的数量级相比较，前者远远小于后
者，因此，电子在极板中运动的过程中隐含着电场为匀强电场的条件，由此不难得出：

$$U_C = \frac{mv^2 d^2}{el^2} = 91 \text{ V}。$$

　　同学们在分析此题时，很明显遇到了常规思维所无法解决的问题，他们通过联想
理想模型的得出方法，生成了重力不计、电子间作用力不计及电子穿过板的时间不计
三个观点，从而使问题得到了解决。

　　方法总结：我们常把隐蔽在题中的已知条件称为隐含条件，解题时应细辨题意，深
入推敲，把题目字里行间或示意图中含而不露的条件挖掘出来，使隐含条件朝着明朗
实用的方向转化，获取解题条件。

十二、由物理到数学的转换

例 12. 以速率 v_1 运动的客车上的司机，见前面距离 d 处有一列货车在同一轨道

上沿同一方向以较小的速率 v_2 匀速行驶便立即刹车，使客车以加速度 a 做匀减速运动而停下来。若要两车不相碰，a 必须满足什么条件？

同学们在分析此题时，很多同学会根据避碰的条件即恰要追上时，根据速度相等求出时间，再根据客车和货车的位置关系列出方程求解，但有同学却用如下方法：设客车经过时间 t 会与货车相碰，则在时间 t 内，客车的位移为 $s_1 = v_1 t - \dfrac{1}{2} a t^2$，货车的位移为 $s_2 = v_2 t$，依题意有 $s_1 = s_2 + d$，即 $\dfrac{1}{2} a t^2 + (v_2 - v_1) t + d = 0$。若此方程无解，则表示没有这样的时间，即是说永不会碰撞。由 $\Delta = (v_2 - v_1)^2 - 4 \times \dfrac{1}{2} a \times d \leqslant 0$（$\Delta = 0$ 表示触而不碰），得：$a \geqslant \dfrac{(v_2 - v_1)^2}{2d}$。

在本题的求解方法中，第一种方法思维按部就班，为直线思维，虽然当中也有分析和评价，但后者的思路是联想到数学方程的利用判别式确定有解和无解的方法，从而生成新的思维，使问题得到解决。

方法总结：有很多数理结合的物理题，如一些极值问题，列出的方程数少于未知量，只有将它们转化为数学问题，利用灵活多变的数学工具，才能处置有方，使问题迎刃而解。

十三、由变化转化到守恒

例 13. 电阻为 R 的矩形导线框 $abcd$，边长 $ab = L$，$ad = h$，质量为 m，自某一高度自由落下，通过一匀强磁场，磁场方向垂直纸面向里，磁场区域的宽度为 h，如图 9，若线框恰好以恒定速率通过磁场，线框中产生的焦耳热是_____。（不计空气阻力）

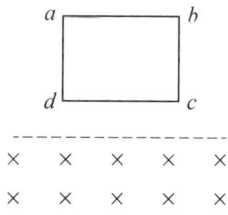

图9

同学们在分析此题时,有同学直接想到用焦耳热公式 $Q = I^2Rt$ 来求解,但立刻有同学指出,此线框是变加速下落,因此产生的感应电流是变化的,用这种方法无法求解。有同学就联想到用能量守恒的方法求解,即将一个运动的变化过程转化为能量守恒问题,线框在磁场上方下落的过程中受重力作用,机械能守恒;线框穿过磁场区域的过程中,做匀速运动,动能不变,减少的重力势能为 $2mgh$,通过克服安培力做功转化为电势能,再由电荷克服电场力做功转化为线框的内能,因此产生的焦耳热为 $2mgh$。

此题的求解,很明显是在常规的直接利用公式无法求解的情况下,通过分析和联想,形成新的生成性思维,从而得出正确的求解结果。

方法总结:守恒的观点贯穿于整个物理学中,守恒定律是物理学中最重要、最基本的规律,如动量守恒、能量守恒、电荷守恒、质量守恒等。物理过程无论变化多么复杂,只要满足某些条件,就存在某种守恒。因此,从守恒的角度综合分析系统变化问题,列式简练、运算方便、准确可靠。

十四、将真实转化为虚拟(或假设)

例 14. 如图 10,一个横截面积为 S 的圆筒形容器竖直放置,金属板 A 的上表面是水平的,下表面是倾斜的,下表面与水平面的夹角为 θ,圆板的质量为 M,不计圆板与容器内壁之间的摩擦,若大气压强为 p_0,则被圆板封闭在容器中的气体的压强等于(   )。

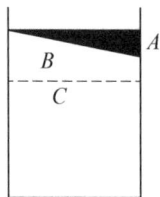

图 10

A. $p_0 + \dfrac{Mg\cos\theta}{S}$

B. $\dfrac{p_0}{\cos\theta} + \dfrac{Mg}{S\cos\theta}$

C. $p_0 + \dfrac{Mg\cos^2\theta}{S}$

D. $p_0 + \dfrac{Mg}{S}$

同学们分析此题时,按照常规的分析方法,是直接对金属板进行受力分析,由于金属板下表面是倾斜的,导致下面气体对板的作用力与板垂直斜向上,从而使题目求解变得复杂,但有同学设想在容器内某一高度放置一片重力可忽略的塑料薄膜,将封闭气体和金属圆板构成的系统作为研究对象,则据受力平衡有:$Mg + p_0 S = pS$,解得 $p = p_0 + \dfrac{Mg}{S}$,故答案选 D。

本题中,前一种解法虽然有分析,但却是一种常规的直线思维,但后一种思维确是创造出一种新的模型,通过对新的模型进行分析从而得出结果,明显属于创造性思维。

方法总结:用虚拟或假设的物理情境,替代题设的真实的物理情境,从而使问题得以快速解答。

(李树祥)

探究的尝试

——《闭合电路内外电压测量》拓展型课例报告

所谓高阶思维,是指发生在较高认知水平层次上的心智活动或认知能力。高阶思维超越了简单的记忆和信息检索,是一种以高层次认知水平为主的综合性思维能力,高阶思维涉及学生高阶能力的发展,如批判性评价能力、自主学习(自我调节学习)能力、问题解决能力、创造性思维能力、信息素养及协作能力等。因此,高阶思维能力集中体现了知识时代对人才素质提出的新要求,是适应知识时代发展的关键能力。布卢姆等人提出认知领域教育目标分类以来,该分类系统一直广被国内外教育界所采用,它把人的认知思维过程从低级到高级分为六个层次,即记忆、理解、应用、分析、评价和创造。显然高阶思维在教学目标分类中表现为分析、评价和创造。

思维是可以培养和教授的,各种层次的思维都可通过教育得到改善和提高。高阶思维作为思维的高级形式,自然也可以在教学中获得提升。因此,培养和发展学生的高阶思维已经成为各国教育教学目标之一,作为教育第一线的教师,当然要义不容辞把实现这个目标作为自己的使命。

高阶思维的培养可以通过教学过程的各个具体环节得到实现。下面以《闭合电路内外电压测量》一课教学为例,谈谈我在探究型实验课的各环节中培养学生高阶思维的体会。

采用新的教学模式,课前布置预习作业,要求学生以小组为单位,每个人先独立用各自的方法,弄清电池内部的结构,然后在组内交流。对学生来说,获得足够的感性认识是学习物理规律的基础,也是在物理规律教学中培养学生高阶思维能力的基础。实际授课过程中发现学生的方法非常多,思维非常活跃。有些小组是通过上网查找资料得到的结构图,有些小组同学干脆把撬开的电池带到课堂,边展示边讲解。学生的学习兴趣被激发了,这样就为探索规律创造了良好的环境。接着,教师在课堂上提出问题。

【课堂实录1】

师:如何测量电源内部电压?

(小组讨论······)

这是一个开放性的问题,能促进学生进行超出能力范围的思考,允许学生使用广泛的解决方法和策略,打开学生分析、评价、创造之窗。

2分钟后

生1:电池撬开,把电压表探针伸进去测内电压。

生2:这种方法不可行,你怎么知道测的是内电压? 探针从哪个部位伸入? 伸到什么程度?

生3:我们小组认为干电池不好,不易测量内部电压,可以尝试用化学中学过的"原电池"作为电源。

生4:我们小组参考了教科书(《高中物理拓展型课程Ⅰ 第二册》),同意第三小组的意见。请大家看图2,A是铜板,B锌板,电解液用稀硫酸,这样电压表 V_2,测量的就是内电压。

生5:可以用电压传感器代替电压表,效果更好。

······

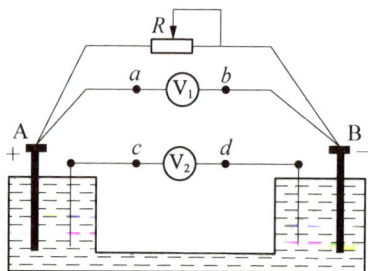

图1

教师允许学生在课堂上自由地表达自己的看法和观点,因此,我们能听到学生解释、推测、描述、交流他们的观点。学生在交流过程中,表达了自己的想法和观点,并对其他同学的不同想法和观点进行了批判。实际效果非常理想。这样的操作消除了教师和教材对教学的控制,强调以学生为中心的参与,从而培养了学生的自主学习(自我调节学习)、问题解决、协作、批判性评价等高阶思维能力。

【课堂实录 2】

要求学生按照实验电路图,分小组完成以下实验:测量闭合电路内电压和外电压。(第一、第二、第三小组控制外电阻不变,改变内阻 r。第四、第五小组控制内阻不变,改变外电阻 R)

10分钟后

师:请各小组交流实验数据并对数据进行分析。

实验结果的数据处理包括技术处理和理论分析,它是运用数据关系来揭示事物的现象和本质的联系。让学生掌握物理实验数据处理的方法,有意识地收集和积累资料,获得一切相关的知识,并且挑选信息、分析数据、得出结论,从而培养其高阶思维能力。

第一小组:外电阻($R=200\ \Omega$)不变,改变内阻 r。

外电压 U(伏)	0.75	0.71	0.70	0.68
内电压 U'(伏)	0.10	0.12	0.14	0.16
$U+U'$(伏)	0.85	0.83	0.84	0.84

生:通过实验数据,我们发现:当内阻改变,内电压和外电压也随之改变,内阻增大,内电压增大,外电压减小。我们小组讨论后认为,在误差允许的范围内,内外电压之和是一个恒量。

研究编

师：非常好，其余小组的结论和他们一样吗？

第四小组：内阻不变，改变外电阻 R

外电阻 R（欧）	开路	200	70	40	20	8
外电压 U（伏）	0.95	0.84	0.77	0.59	0.43	0.39
内电压 U'（伏）	0	0.06	0.12	0.15	0.19	0.22
$U+U'$（伏）	0.95	0.90	0.89	0.74	0.62	0.61

生：我们小组有不同结论。根据数据，我们小组发现：当外电阻发生变化时，内电压和外电压也随之改变，外电阻减小，外电压减小，内电压增大。但内外电压之和越来越小，不是恒量。

两组同学对实验数据分析后得到了不同的答案，此时，教师就要抓住生成问题，及时引导求异思维，针对学生的回答，正确的要追因，错误的要追错，有针对性地对问题进行"二次开发"。

师：看来大家对实验结论产生了分歧，那么究竟哪个结论正确呢？

（各小组热烈讨论……）

在小组讨论过程中，同学们要考虑自己的依据是否清楚、真实，证据是否能被老师、同学所接受、理解等，这恰恰是对学生批判性思维提出了严峻挑战。要分析清楚原因，对知识的掌握就不能停留在表面了。学生只有对所学知识有了思考，有了分辨，才能发现问题，才能提出自己的观点。

生1：老师，我们认为第一小组的结论是正确的，因为教科书上也是这样阐述的。

师：非常好！有同学知道了利用教科书这一工具来支持自己的观点。既然第一小组的结论是正确的，那么第四小组的结论错了吗？

我们的学生往往习惯于"拿来主义"、"接受哲学"，对于课堂上俯首可拾的"争议问题"，教师要善于捕抓课堂中机不可失的资源，有效组织学生完成下去。

（各小组热烈讨论……）

生2：我觉得第四小组的数据是实验误差造成的。

生3：测量内电压时，探针与极板间无论怎样靠近，总有一定的距离，无法真正测得总内阻 r 两端的电压。

生4（学习高手）：当我们减小外电阻阻值时，输出电流增加，铜板上有氢气放出，引起了伏打电池的极化，电池极化要减小它的电动势并增加内阻。所以我们在实验中减小外电阻时，造成 $U+U'$ 的和减小。

生5：那么为什么改变内阻时，$U+U'$ 的和变化不明显呢？

（各小组热烈讨论……）

生6：内阻很小，它的改变对整个闭合回路的电阻来说是很小的，所以电压的变化必然是很小的。这个可以从第一组同学的实验数据看出。

……

学生交换着思想，每人都得到了更多的思想。在交流讨论中，暴露了学生对问题本身的理解漏洞，让学生产生新的更切近问题本质的问题，让学生的困惑逐渐"柳暗花明"起来。学生的思考由浅入深，由粗到精，由混沌到豁然开朗。就是这样的氛围，唤起了学生的学习热情，学生的高阶思维能力得到了潜移默化的增长。

通过同学的热烈讨论和各抒己见，总结得出：要提高实验效果和减小误差，首选方法是增加电池的内阻，于是同学们对现有的伏打电池进行改装，最终得到内阻较大又便于测量内电压的电源（如图）。利用该电源，各小组最终都测出了一组"漂亮"的数据。

纵观整堂课，我们从中可以观察到三个明显的特征：1. 能听到学生在解释、推测、描述、交流他们的观点。2. 能听到教师询问学生有关"为什么"、"是什么"以及"如何"的问题……这些问题不是简单用一个字即可回答的问题，而是需要学生有逻辑的表述。3.能观察到学生在选择判断中提高思维层次,如使用哪些已有知识,如何将知识整合到新的、非常规的任务中,如何寻找证据、评价优劣。整个教学过程就是高阶思维的培养过程。

思维教学在当前的教育中是一个全新的领域,培养学生的高阶思维是一个复杂而艰巨的过程。在今天的物理教学中,教学生记住物理知识已经是次要的了,更重要的是教会学生如何学习物理,如何应用物理知识解决实际问题,从而培养学生的创造力和可持续发展的潜能。只有具备高阶思维技能的学生才是终身学习者,他们才有能力分析新情况,将新信息与已知信息联系起来,批判性地思考和创造性地解决问题、完善过程、理解世界。

(杨悦蓓)

寻找思维序

——牛顿第一定律的教学的案例研究

一、教学设计和上课

每次教高一物理,我都奇怪地发现学生对牛顿第一定律不感兴趣。我寻找原因,学生不感兴趣的原因可能是初中已学过了这个知识点,知道伽利略采用了理想斜面实验法推翻了亚里士多德的观点"物体的运动需要力去维持"。另一个让我奇怪的地方是虽然经过了初中和高一的学习,学生在高三复习考试中牛顿第一定律的得分率并不高。我统计了学生的试卷,发现的共性问题是学生只记住了伽利略理想斜面实验的结论和牛顿第一定律的内容,其实还不太理解。

理解伽利略理想实验的推理过程,理解牛顿第一运动定律和惯性,是教学的设立落实点。教材先介绍了亚里士多德和伽利略怎么得出力和运动的关系,最后牛顿得出了完整而正确的结论——"牛顿第一定律"。这是科学家经历了一个排除经验性错误认识的艰辛过程,而排除经验性错误需要将事实与思维结合,得出的科学结论和方法是人类宝贵的财富。

这样告诉学生能引起学生的兴趣吗?我努力站在学生的角度想他们的疑问:伽利略为什么会反对亚里士多德的观点?为什么会设计那样的实验来证明?对于运动和力的关系的结论,牛顿的观点比伽利略和笛卡尔等人高明在什么地方?

我查阅相关资料,物理学史发展的因果关系使我兴奋。联想到我所认为的学生疑问,推断他们也一定会对物理学史感兴趣的。我对这段物理学史进行了详实的描述,用表格的形式既对内容作了归纳总结,又将教材中的明暗两根线凸显出来。

人物	亚里士多德	伽利略
事件	地心说	日心说
方法	对自然现象做简单的解释	理想实验的方法
结论	力是维持物体运动的原因	维持物体运动不需要力
爱因斯坦评价	错误的猜测来自于自然界的表象	标志着物理学的真正开始
启示	不能就表象妄下结论	透过表象看本质需要科学的方法

上课的时候,因为讲授物理学史时间太长,赶着时间完成了牛顿第一定律的理解和惯性的应用,但是我还是带着一丝兴奋结束了这堂新课教学。可接下来的评课研讨,又让我陷入另外一种纠结当中。

二、同伴评课和学生反馈

1. 三位教师的评论

师1:"以问题和实验为方法,介绍了与牛顿第一定律相关的物理学史,将事件的来龙去脉、因果关系交代清楚,最后将整个知识体系归纳在设计好的表格中,条理清楚,起到总结作用。虽然教物理学史花费时间太长,但这部分介绍还是需要的。惯性实验的设计有新意,虽然学生在初中学过了,但还是引起了兴趣。"

花了心思的自认为有了创新的方法得到了肯定,我心中窃喜。

师2:"斜面的实验效果不明显。物理学史的讲授时间可以再压缩,可以通过PPT或影像放映来解决。"

我一节课都在赶时间,这些环节确实有问题。

师3:"用物理学史的教学方法很好,帮助学生理解物理思想,学会科学家思考问题的方法。但是,教师花的时间多,为什么?因为问得太多太密集,来不及等学生回答,就自问自答。怕学生答不出来,降低了问题难度,问题多了,思考少了,学生的思维品质就会下降。这节课中,'牛顿比伽利略高明在哪里?'就是个好问题。因此,教学设计时要提炼问题,课堂上还要注意落实问题。"

在提问和引导学生上,我一向能收放自如,可是,竟然出了问题。

2. 学生活动、课堂提问记录和统计

学生活动:36人中只有8人次参与活动。整堂课都是教师主讲,少有学生讨论。由于学生集体回答多,是否真懂不太清楚。如果不是听课的人多,可能会有五、六位学生趴在课桌上开小差。

看到这一项,我受到很大的打击。使我兴奋的物理学史发展的因果关系,没有引起学生的兴趣。

课堂提问:对物理学史的提问共18个,浅层次的问题4个。在促进学生理解伽利略理想实验的推理过程中,教师共用了大大小小的12个问题,耗时18分钟。开始的4个问题太散,与教学目标关联不大。但教师很快绕回来,围绕亚里士多德、伽利略、地心说、日心说提出或简单或复杂的问题,但是由于牵涉物理学史,学生回答有困难,教师改为自问自答,虽然问题本身之间的逻辑关系是明确的,但是因为耗时间,学生容易开小差,问题一旦联系不上,就难以理解其中的因果关系。

我认为缺点可能不是对学生感兴趣的地方判断出错,而是出在问题的提问上。对于分析的结论,我还是纠结。

3. 开放式学生问卷及分析

(1) 在伽利略理想实验的推理过程中你有什么启发?

(2) 对于牛顿第一定律、惯性有哪些理解?

(3) 你还有哪些困惑?

教师对于物理学史的讲授,并没有让学生理解伽利略理想实验的推理过程。学生存在的困惑是:让小球从一个斜面由静止开始滚下来,小球将滚上另一个斜面,假如没有摩擦,小球为什么会上升到原来的高度? 为什么不会超过呢? 看来,这个问题有可能是造成学生理解伽利略理想实验的障碍点。我如何处理这个障碍点? 由我讲授吗?

三、反思—问题与高阶思维

如何才能引发学生思维的深度呢? 美国教育家布卢姆将思维过程具体化为六个教学目标,记忆、理解、应用、分析、评价和创造,其中记忆、理解、应用是低阶思维,是较低层次的认知水平,主要用于学习事实性知识或完成简单任务;分析、评价和创造为高阶思维,是发生在较高认知水平层次上的心智活动或认知能力(详细表述如下表)。本节课一是需要学生在分析伽利略理想实验的过程中,感受实验与逻辑推理相结合的科学方法,二是需要学生进一步理解牛顿第一定律,进一步理解惯性概念。在这样的过程和目的中,课堂上就需要构建出高阶的思维场。

分类	替换说法	定义
分析——将材料分成若干组成部分,并确定这些部分是如何相互关联的		
1. 区分	识别、辨别、聚集	按照恰当性或重要性辨别某一整体结构中的各个组成部分
2. 组织	寻求一致、整合、概括	确定事物和情境的要求,识别其如何共同形成一个一致的结构
3. 归因	结构	判断当前材料背后潜在的观点、偏见、价值,或意图
评价——依据标准和准则作出判断		
1. 检查	协调、检测、监督、测试	对某一操作或产品检查其是否内在一致
2. 评论	判断	基于外部准则或标准来判断某一产品或操作是否恰当
创造——将要素整合到一起,以形成一个连贯的整体,将要素重新组成一个新的模式或结构		
1. 生成	假设	表征问题和基于标准提出其他假设
2. 计划	设计	形成一种解决问题的计划
3. 贯彻	建构	执行计划以解决既定的问题

高阶思维不是自然发生的，它是由"难题和疑问"或"一些困惑、混淆或怀疑"引发的。理解的过程需要学生自己解决问题，反思问题，得出结论，所以这节课的问题是出在"教学问题设立"上。以物理学史作为教学策略，教师基于自己的理解设计了所有问题，有些未必与学生的兴趣点契合。其中有的是直白或索然无味的问题，即学生用"是"或"不是"就可以回答的问题，学生会不屑一顾；而有的问题难度过大，强迫他们按照教师思考问题的方式去理解，学生无处下手，如同在学生脖子上套绳索，一步一步拽着学生向前走，这会导致学生放弃尝试思考，或者只是动用浅层的记忆和模仿和简单的启示。学生真正理解问题要靠自己内化，而上述做法是将需要高阶思维的高阶知识，变成了低阶思维的训练。那么预设出什么样的问题才能够引发学生的高阶思维呢？问题要有"挑战性"，问题要有"开放性"，问题要有"层次性"。因为问题的本质决定了思考的结果，思考的结果控制着思维的过程维持并引导着反思性思维的整个过程，学生在分析问题、解决问题的过程中训练了自己的高阶思维。

四、教学改进

因此，无论怎样改进教学设计，采取什么样的教学策略以及对应的教学组织，都要充分考虑到学生的高阶思维的训练。

策略一、从训练高阶思维的层次性问题入手。

先提出"运动和力的关系是物理学一个基本而深刻的问题，探索这个问题的答案，人们经历了长达 2 000 多年曲折而漫长的过程，下面就让我们一起来重温这个引人入胜的过程，看看科学家是怎么想的，怎么做的，得到的结论又是什么。"挖掘出物理学史中的问题，学生找到思考问题的切入点。

亚里士多德的思辨性研究归因。提出"亚里士多德是如何研究这个问题的？得到的结论又是什么呢？"教师组织学生阅读教材，做推有轮小车和无轮小车实验，比较两次实验现象的区别,并提出学生自己的解释,教师进一步提出为何得到不同结论?学生分析得出,亚里士多德在观察现象的基础上,结合日常经验得出结论的方法是值得怀疑的,因此得出结论的不可靠,往往要追溯到研究方法的不可靠。学生在分析亚里士多德的思辨性研究的过程中,需要辨别、归因、概括,思维的深刻性得到提升。

伽利略的质疑性研究分析。继续提出伽利略怎样批驳亚里士多德的观点。组织学生仔细阅读教材4、5、6、7节,划分出伽利略理想实验的步骤,进一步提出"理想实验是想象中实验,并不是实际操作的实验,为什么结论是可靠的呢?"的问题,再提出"伽利略理想实验的5个步骤,请指出哪些是事实,哪些是推论。"学生分析后,达成共识,理想实验虽然不是实际操作的实验,但是以可靠的事实为基础的,加上严密的逻辑推理,理想实验方法是科学的,伽利略的理想实验得到了正确的结论。继续寻求比较,亚里士多德和伽利略研究物理方法的异同。前者基于观察现象,再结合经验总结得出结论。后者则是将实验与逻辑推理相结合,得出结论。显然,伽利略的方法实现了感性认识和理性认识的融合,透过现象洞悉到本质,因而得出的结论是可靠的。层层递进,步步深入,"高立意,小步问",有利于思维的连续性。

牛顿的系统化研究。继续讨论:牛顿在伽利略等人研究的基础上,系统地总结出了三条运动定律。其实牛顿不仅仅是对前人的研究进行了总结,而是站得更高,看得也更远、更系统。那么他高明在哪里呢?先组织学生分析牛顿第一定律的关键词有:"一切"——意指没有物体例外;"总"——意指不愿意改变;"或"——意指二者必选其一;"迫使"——意指强迫改变。再提出要求,用学生自己的理解,将两句话的要点提炼出一些独立涵义。师生共同归纳出三点理解:指明了物体不受力的运动状态(理想化情况);揭示了物体的一个固有属性——惯性;阐明了运动和力的关系,力是改变物体运动状态的原因。

在对牛顿第一定律深入理解的基础上,继续评论惯性之弊,作出一些设想:如果物

体没有惯性,世界将会怎样?(下表归纳的是本节课基于高阶思维的教学组织特点)

牛顿第一定律的教学组织

高阶思维	内涵	课堂角色		问题
		教师角色	学生角色	
分析	学习者把信息分析成一个个部分来更好地加以理解	提供教材中相关分析文字资源、实验、视频 提问 组织 评价	学生阅读教材,观察实验区别、找原因分析	1. 运动和力是什么关系?(分析研究方法) ① 亚里士多德的思辨性研究 质疑:亚里士多德的认识正确吗? 问题:伽利略怎样批驳亚里士多德的观点? ② 伽利略的质疑性研究 ③ 牛顿的系统化研究 2. 你是如何理解牛顿第一定律的?
评价	学习者在深入反思、批判、评估的基础上作出决策	提供惯性之利、之弊视频资源,对学生讨论做指导	学生争论、比较、批判、评价、证明	你能为惯性之利、之弊做辩护吗?
创造	学习者使用新学到的知识,形成新的观点、信息	评价、分析	设计、生成	请想象,如果物体没有惯性,世界将会怎样?

以上教学设计以问题开始,提供适当的台阶,按问题展开,以问题终结,拉大自主思维长度(自主思维活动的时间总和定义为自主思维的长度),用问题来激发高阶思维。自主思维过程中,学生要分析问题、解决问题、总结规律、运用规律,他们思维的广阔性、思维的深刻性、思维的灵活性和思维的创造性都得到提高。

策略二、从解决开放性问题训练高阶思维。

以学生对问题的疑惑、问题探究、问题解决作为核心来设立教学问题,挖掘学生理解的障碍点,更能引起学生独立思考。设立出解决学生思维障碍的环环相扣的问题,促进学生理解教学难点的目的就自然达到了。

设立问题一——辨析：不同平面上用同样的力推纸盒，为什么能做到一次近，一次远？学生在解决问题中提出分析猜想，提出摩擦力的原因。

设立问题二——探究：如果没有摩擦力，物体的运动将会如何？

提供斜面实验的器材，问：小车由左边斜面同一位置多次释放时，小球在右边斜面能否回到释放位置的高度？当右边斜面倾角减小时，小球在右边斜面上运动的距离和高度如何变化？学生观察到当斜面完全光滑，物体沿斜面下滑会越来越快，沿斜面上滑会越来越慢，物体停在第二个斜面上的时候刚好会接近原来的高度。斜面倾角继续减小，距离会越来越远。

继续提问："观察出的数据不会提供解决方案，我们做一个大胆的推论，如果第二个斜面水平，那物体将会怎样运动？"永远不会达到这个高度，也就永远运动下去了。

问："那么这个结论为什么是正确的呢？"在可靠实验基础上，忽略了次要因素摩擦力，突出主要问题，并进行合理推理，所以是正确结论。

学生在解决问题时，需要理解问题，设计实施解决方案，观察与比较现象，分析与综合数据，反思实验过程，这就需要问题求解能力、决策力和批判性思维能力，训练了学生的高阶思维。

设立问题三——设计：能否用乒乓球拍托乒乓球，快速移动，而乒乓球不掉下来？

学生在探讨解决问题方法的过程中，得出无论是从运动到静止还是从静止到运动，都需要有力作用在物体上，力会改变物体的运动状态，否则物体就要保持原来静止或匀速直线运动状态。

"能抓人"的问题是没有现成答案的问题。设计基于"解决方案的需要"，对学生更具有吸引力，更具有挑战性，学生的思维不易受到限制，解决过程中涉及思维上的特殊与一般、抽象与概括、必然与或然、对立与统一、猜想与推理、类比与联想的思考过程，锻炼了学生的高阶思维。

设立问题四——比赛：吹悬挂在空中不同质量的乒乓球。通过比赛引发猜测，学生分析理由，教师揭示谜底，学生进一步理解惯性是物体的一个基本属性，物体惯性的大小与质量有关，质量越大，惯性越大。

（吴　艳）

本编主要参考文献

［1］王帅.国外高阶思维及其教学方式［J］.上海教育科研,2011(9):31—34.

［2］钟启泉.为每一个学生的成长而教——基于"学的课程"的教学设计探析［J］.北京大学教育评论,2009(3).

［3］钟志贤.促进学习者高阶思维发展的教学设计假设［J］.电化教育研究,2004(12).

［4］申昌安,刘政良.浅谈高阶思维能力［J］.才智,2011(36).

［5］陈钢,舒信隆.新编物理教学论［M］.上海:华东师范大学出版社,2006.

［6］赵凯华,罗蔚茵.新概念物理教程:力学［M］.北京:高等教育出版社,1995.

［7］侯新杰.类比方法在物理学研究中的作用［J］.河南师范大学学报:教育科学版,1999(4).

［8］方成亚.如何利用自制教具进行"创新教育"?［EB/OL］.［2013‐6‐11］http://shuangming.21shte.net/2776/archives/9664.aspx.

［9］L.W.安德森,等.学习、教学和评估的分类学——布卢姆教育目标分类学修订版［M］.皮连生,译.上海:华东师范大学出版社,2008.

［10］陈浩文.如何提升高阶思维?——批判思考的教与学［EB/OL］.www.doc88.com/p—6189827650994.html.

案例编

"思维训练"从"改变语言习惯"开始

——《机械能守恒定律》案例

【案例背景】

机械能守恒定律是中学物理学习中最为重要且要求最高的几个学习内容之一,同时也是以后学习能量守恒的基础。学习本节课需要以动能、势能、功和能的关系、牛顿运动定律等为知识基础。本节课通过对三种运动过程中机械能是否守恒的研究,推导得出机械能守恒定律及其条件。最后运用机械能守恒定律解决简单的问题,加深对机械能守定律的理解。此案例为《机械能守恒定律》的第一课时。

【片段实录】

情境 1:一质量为 m 的物体由离地高 H 处自由下落(图 1)。

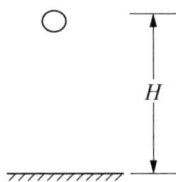 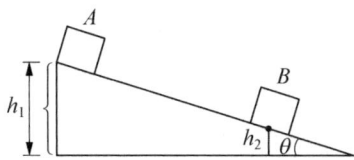

图 1　　　　　　　　　　　　　　　　　图 2

情境 2:倾角为 θ 的光滑斜面上的 A 处,有一质量为 m 的木块,A 处离地高度为 h_1。木块自静止起沿斜面匀加速滑下,在滑行过程中经过任意位置 B,B 离地面高度为 h_2(图 2)。

情境 3:如图 3 所示,一个质量为 10 kg 的木块从高 $h=3$ m、长 $L=5$ m 的固定斜面

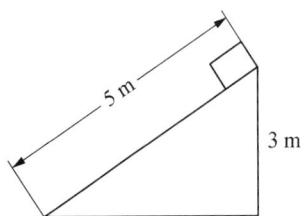

图3

顶端静止开始滑到底端,木块与斜面间的动摩擦因数为0.1。

师:问题:三个物体在三种运动过程中,是否发生能量转化?

根据"功能原理"思考:为何会发生这种转化?

(学生思考,小组讨论)

生(第三组同学,情境2):物体沿光滑斜面下滑,重力势能转化为动能。

师:为什么会发生能量转化?

生:有力做功。

师:好,那你分析一下物体的受力情况。

生:受到重力、斜面的支持力。

师:这两个力是否都做功了?

生:都做功了。

师:这位同学的结论是两个力都做功了,小组内有没有不同的意见?

生(还是原来的学生):哦,支持力不做功,它跟位移的夹角是90°。

师:好的,当力的方向跟位移的方向成90°角的时候,该力是不做功的。那么物体在下滑过程中重力势能转化为动能是什么力做功的结果?

生:是重力做功的结果。

师:你们小组同意他的说法吗?

生:同意。

师:请完整地叙述此物体在整个运动过程中的受力情况、各力做功情况、能量转化情况。

生:物体在运动过程中受到重力和斜面支持力的作用。支持力不做功,因为支持力的方向跟位移的方向成90°角,重力做正功。下滑过程中,重力势能转化为动能,机械能总量保持不变。

师：非常好，请其他小组按照这个要求，分析情境 1 和情境 3 中物体的运动情况。

生甲：情境 1 中，物体受到重力作用，重力做正功，下落过程重力势能转化为动能，机械能守恒。

生乙：情境 3 中，物体受到重力、支持力、摩擦力的作用，支持力不做功，重力做正功，摩擦力做负功，重力所做的正功大于摩擦力所做的负功。下落过程中重力势能转化为动能，机械能不守恒。

【案例分析】

走入我们的课堂会发现，现在的学生已经习惯用"字"、"词"来回答课堂提问，很少有学生能用完整的"句子"表达自己的想法。语言是思维的工具，思维的各个方面都离不开语言。作为教师，在课堂上要提供学生"说整句话"的机会，使学生思维基本结构能在语言表达中丰富和完整，又能在丰富和完整中不断地创新，只有这样，学生思维未来才能高效、良好而丰富地成长，同时在思维丰富成长过程中使高阶思维得到良好的延伸。在本节课中，可以看到学生用物理语言复述所学过的知识，此过程中，不仅能固定学生思维的成果，而且还可以帮助其思维条理化，同时可以将思维成果传递给别人。所以，在学习物理知识的过程中，加强对学生的物理语言的训练有助于提高学生高阶思维。

（杨悦蓓）

思维需要"留白"

——学生实验《研究共点力的合成》

【案例背景】

《研究共点力的合成》实验是高中物理实验中的第一个传统学生实验,是实验操作能力与实验原理掌握的重要考察点。

1. 实验内容

实验目的:

研究合力和两个分力的关系。

实验思想:

等效替代。

实验器材:

木板、白纸、图钉、橡皮筋、绳套(2)、弹簧测力计(2)、有刻度的三角板(2)、铅笔。

实验步骤:

(1) 先在图板上固定一张白纸,将橡皮筋的一端固定在纸边,将带两个绳套的另一端放在纸面上,弹簧秤可以拉住绳套使橡皮筋伸长。

(2) 弹簧测力计调零。

(3) 用两个弹簧秤拉橡皮筋(建议挂住两侧图钉,以固定),读出读数 F_1、F_2,并记下三个点(结点 O 及两根绳子的方向指示点 A、B)。

(4) 用一个弹簧秤拉动橡皮筋到结点 O,记下力的大小 F' 和方向指示点 C。

(5) 选取合适的标度,画出 F_1、F_2、F' 的力的图示,并用平行四边形法则作出 F_1、F_2 的合力,并与 F' 比较大小和方向。

2. 实验分析

整个学习过程看似简单,却处处都可能成为"遗漏点"。根据以往的教学经验,分析如下。

注意事项:

(1)实验前对弹簧测力计调零。

(2)使用弹簧测力计时应保持测力计与图板平行。

(3)描点应在绳套的正下方。

(4)观察时要自上而下正视图板,使点与线的位置记录准确,读数准确。

(5)实验时不能用手触碰橡皮筋和绳套。

(6)实验中绳套尽量长一点,以减小误差。

(7)弹簧测力计的读数大一点,可有效减小误差。

(8)实验中两分力的夹角适度,以便减小误差。

(9)本实验是建立在等效替代的基础上,所以两次实验必须将结点拉至同一点。

学生实验易错点:

(1)实验前忘记仪器调零。

(2)没有透彻理解实验原理,常常用结点 O 分别与 A、B、C 的连线直接充当力的作用线。

(3)由于教师演示时为向同学展示清晰,会不时将实验板立起,有个别学生配合实验时,也会将板直立进行实验。

(4)实验中,橡皮筋被不慎拉断,有同学将橡皮筋打结后继续进行实验,之前的数据没有作废。

(5)有同学为了描点清晰,将标记点描成了一个球(太大了)。

3. 教学设计分析

以往的传统教学中,为了提高"效率",节约课堂时间,教师往往采取的方式是:先进行演示,在演示过程中,教师会分步进行注意事项讲解,最后让同学进行操作,填写实验报告。而课后作业中发现的问题在第二节课的习题讲评中进行进一步分析。即:第一节课的时间重点在教师演示讲解部分,学生的反馈提升过程只有一次(第二节课习题讲评)。课堂节奏短、平、快,但缺少了学生的主动思考过程,不利于学生的进一步发展。

笔者尝试以本节内容为案例,做一次"留白式教学",希望在这个过程中学生通过比较、归因、相互评价,进一步生成实验中的相关结论。

【片段实录】

根据本块内容的大纲要求,基本教学目标是:从实验中掌握利用平行四边形法则解决力的合成的方法;在本实验过程中,进一步明确等效替代的物理方法、锻炼分析误差的实验能力;了解物理实验的一般步骤。

实验过程中的难点是:误差分析及结点 O 分别与 A、B、C 的连线只能表明力的方向而不能直接充当力的作用线。对于这部分难点,笔者采取两种方式进行突破。

以下部分是常规操作,学生易于理解和掌握,可通过讲授及简单问答的方式进行学习。

注意事项:

(1)使用弹簧测力计时应保持测力计与图板平行。

(2)描点应在绳套的正下方。

(3)观察时要自上而下正视图板,使点与线的位置记录准确,读数准确。

(4)实验时不能用手触碰橡皮筋和绳套。

(5)本实验是建立在等效替代的基础上,所以两次实验必须将结点拉至同一点。

学生实验易错点:

(1)由于教师演示时,为向同学展示清晰,会不时将实验板立起,有个别学生配合实验时,也会将板直立进行实验。

(2) 实验中,橡皮筋被不慎拉断,有同学将橡皮筋打结后继续进行实验,之前的数据没有作废。

以下部分是实验中的易错点和难点或考察重点,可通过探究中"留白"的方式进行学习,在发现不同——比较差异——优化操作的过程中加强记忆、增强理解。

注意事项:

(1) 实验中绳套尽量长一点,以减小误差。

(2) 弹簧测力计的读数大一点,可有效减小误差。

(3) 实验中两分力的夹角适度,以便减小误差。

学生实验易错点:

(1) 实验前忘记仪器调零。

(2) 没有透彻理解实验原理,常常用结点 O 分别与 A、B、C 的连线直接充当力的作用线。

(3) 有同学为了描点清晰,将标记点描成了一个球(太大了)。

探究目标过多,不但影响授课时间,而且影响学生关注重点。因此,笔者对以下六个问题进一步分析:

A. "实验中绳套尽量长一点,以减小误差"——这一问题学生没有实际操作时无法真正理解,所以通过实验操作再进行总结,效果会更好。

B. "弹簧测力计的读数大一点,可有效减小误差"——这个内容与上一问题异曲同工,但比起上一项更易理解,是实验中的通法,但无需两个问题都探索。

C. "实验中两分力的夹角适度,以便减小误差"——这个内容与上面两个问题异曲同工,如果造成误差的因素过多,则无法在实践的过程中敏锐地发现误差产生的主因。

D. "实验前忘记仪器调零"——这是所有实验的大忌,说起来简单,每个同学都应该知道,但出错率极高,可以让学生相互检测,发现问题。

E."没有透彻理解实验原理,常常用结点O分别与A、B、C的连线直接充当力的作用线"——这是本实验出错率最高的"顽疾",应该作为重点强化。

F."有同学为了描点清晰,将标记点描成了一个球(太大了)"——不存在理解的难度,在实验结果讲评时,通过实验图纸的对比,进行纠正。

综上分析,对于六项内容做以下处理:

(1)A作为留白设置点,B作为铺垫,C作为课后检测

B的使用范围虽然较A更为广泛,但便于理解。因此在演示实验部分以简单问答的形式让同学们关注并了解"弹簧测力计的读数大一点,可有效减小误差",并为A的理解作好铺垫。

在学生实验操作前,对A不作有意提醒,但每个实验组的绳套配置长短不一(每张实验台有四个实验组),目的是使同学在实验总结阶段对误差进行比较(选取因绳套过短而造成较大误差的一组和绳套较长实验误差较小的一组)的同时,易于发现器材的差异;在学生总结出结论后,将误差大的实验图和误差小的实验图分为两个区域展示,让学生进一步分析、猜测大误差产生的原因,并阐述理由。此过程中,可能会涉及F的分析。

时间所限,C在第一节课上不作分析(如果学生未提及),而是作为实验报告检测题出现,进一步巩固对于同一原理的认知。

(2)D作为同学互检的点(实验过程中)

D要求比较基本,但容易遗漏。所以在演示阶段,教师不予强调。而是将个别未调零(且误差大)的弹簧秤放置在学生器材中(每张实验台混入一个)。在学生实验出现较大误差的时候,让相邻两组同学相互检测,发现问题。这样不但给出错人予以印象深刻的纠正,也锻炼了其他同学。

(3)E作留白设置点,同学互检配合老师点拨

教师演示实验完整进行(包括 E 涉及的部分),但在语言上不进行反复强调。学生实验操作结束后,教师通过实验图纸可轻易发现出现 E 问题的实验组。教师不予以评价,请出错的实验组重新进行演示操作,请其他同学观察实验中的问题。学生发现问题,给予评价。被评价方如不认可,可以进行申辩。在互评中,对易错点进行巩固。

(4) F 在比较中强化

学生实验前,不予以要求,在实验结果讲评时,通过多张实验图纸的对比,让同学们发现描点大小带来的差异,自行发现更优的方式。

教学效果反馈:

本次教学实验笔者选取了两个样本班级:样本 A 高一(5)班和样本 B 高一(9)班。两个样本班级并不平行。样本 B 相对于 A 在学科基础、接受能力、灵活度等方面均占有些许优势,在历次测验中也明显占优。笔者选择 A 样本为实验班级,B 样本依然使用传统方法。

在本节内容后的阶段测试中,笔者比较了两个抽样班级关于本实验的得分情况:

样本	A 高一(5)班	B 高一(9)
得分率	78.68%	76.84%

附测试题:

实验题(1)下列关于验证力的平行四边形的实验的说法中,不正确的是(　　)。

A. 拉橡皮条的细绳细一些且长一些,实验效果好

B. 分力 F_1 和 F_2 的夹角尽量大些好

C. 拉橡皮条时,橡皮条、细绳的弹簧秤应贴近且平行于木板

D. 橡皮条弹性要好,拉到结点 O,拉力要适当大些

(2) 某同学做《共点力的合成》实验作出如图所示的图,其中 A 为固定橡皮条的固

定点，O 为橡皮条与细绳的结合点，图中_____是 F_1、F_2 合力的理论值，_____是合力的实验值，通过本实验，可以得出结论：在误差允许的范围_____是正确的。

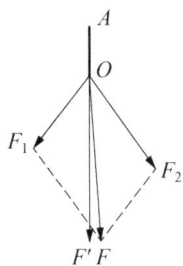

虽然测试范围有限，且测试内容片面，但从得分率的差异可看出，实验教学中通过"留白"的方式给学生更多的空间进行比较、分析、评价，对学生理解知识点、提升思考力都是有帮助的，提升了教学的实效。

【案例分析】

本节的教学设计特点是在学生的实验过程中没有"保姆式"地做足铺垫，而是依照学生在本节学习中的易错点、难点、重点做了分类、分级处理。对于误差原因和操作失误中的"顽疾"有意识地设计了两个"留白"环节给学生，将课堂的重心放在了学生的比较分析、相互评价、产生结论中。

环节1："实验中绳套长短对实验精确度的影响"

学生由于缺少实验操作的经验，很难在第一次操作中想到：两点确定一线时，两点过近会影响直线的精准度。同时，这个实际操作过程中，方位点还需要在线的正下方，并且不能过大，这都是学生容易忽视的。如何让学生认识到操作规范的重要性，并能够举一反三？执教者在这里设置了一个思维活动点，让学生经历了一个比较完整的学习探究过程。

步骤1. 提出问题

执教者在无预警的情况下，首先设置了差异很大的实验环境——绳套极短和绳套较长两种情况；其次，在学生实验完成后，将实验操作无误却误差一大一小的两组实验呈现给学生，以此引出问题：大误差产生的原因是什么？

步骤 2. 分析观察

经过实验梳理,学生首先排除操作失误的可能性,然后将原因锁定在两套实验器材的差异上——绳套长度的明显差别。根据数学常识与经验,分析两点间距对直线方向精准度可能产生的影响。

步骤 3. 产生结论

经过多组实验结果的对比,产生结论:绳套的长度对实验结果的精确度会产生明显的影响效果。

步骤 4. 衍生拓展

思考:还有哪些因素会影响到这条直线的精准度? 学生提出自己的见解,并予以阐明,其他同学给予评判。

经过提出问题、分析观察、生成结论、衍生拓展四个步骤,学生的思维经历了一次有氧训练,向高阶进行拓展。

环节 2:"学生误用结点 O 分别与 A、B、C 的连线直接充当力的作用线"

执教者敏锐地捕捉到了学生的易错点,并设计成学生互评的形式。让学生在倾听和观察他人的过程中,发现问题;在评价他人的过程中,阐述观点;在相互辩解的过程中,生成结论。这一过程不仅完成了知识的巩固,同时也提升了学生的评价水平。

当然,"留白"也不是多多益善、越难越好。如果误差因素不加以控制,就无法让同学通过两组实验比较,感悟出其中的差异(误差因素)。同时,过多、过难的"留白"点会让学生眼花缭乱,无从感悟,起不到强化思维的作用。所以,本节设计中不但对"留白"点进行了筛选、分级,还作好了铺垫,以提升思维训练的实效。

（宁斐斐）

能不能让 2+ 2 等于 2

【案例背景】

寻找"2+2=2",实验探究感知力的合成定则,力争突破原有思维定式,加深学生对平行四边形定则的理解,在解惑中发展学生分析问题的能力。

学生在学习较抽象、较难的和要整体把握的物理概念及规律时,思维是比较被动和薄弱的,可以给学生提供几种看问题的角度、方式,让学生再提供一些其他的理解角度;鼓励学生从不同角度来看问题;引导学生用反推法分析解决问题。在问题解决之后,引导学生反思自己的解决过程,看从这个问题中受到了什么启发,对知识有什么新理解,思考这一问题的其他解法。组织学生讨论、交流解题的思路和方法,特别是让想法不同的学生相互"交锋",这些过程让学生的质疑、评价、分析的能力得到提高。没有现成答案的问题对学生更具有吸引性,更具有挑战性,学生的思维不易受到限制,其思考的过程更能锻炼学生的高阶思维。

【片断实录】

师:请同学们分析上述活动中,合力一定时,两个分力的大小与它们之间的夹角有怎样的关系?

生1:夹角越大,两个分力也越大。

根据刚才这一结论,让学生体验一下两个分力之间的夹角越来越大时,分力的变化,能否使两分力的夹角变为180度。

学生活动。

师:能不能让2+2等于2?

生2:两分力夹角为120度。

师:上述活动中合力的大小、方向与分力的哪些因素有关?

生3:两分力的大小与方向。

师:请同学们思考,怎样才能方便、形象、直观地找出分力的大小、方向与合力的大小方向关系?

生4:用力的图示法。

活动:用力的图示法图示分力和合力。

师:请同学们观察作好的力的图示并思考,两个分力和合力存在着怎样的关系?怎样由分力得到合力?

生5:作平行四边形。

【案例分析】

在初中物理中,学习了同一直线上力的合成,"代数和"的运算在学生头脑中已成定式,即使对位移、加速度等矢量,之前也是由直接计算得出的,对力的平行四边形定则这一图形计算往往不习惯。通过实验探究感知力的合成定则,力争突破原有思维定式,加深学生对平行四边形定则的理解。要想让学生心悦诚服地接受平行四边形定则,就要让学生亲自实验探索,这是实践出真知的要求,也是突破重点和难点的关键。要提高课堂教学中实验探究的有效性,要根据学生知识基础、心理特点以及学科知识的要求,对实验方案进行优化改进,在探究活动中,为学生探索、设计问题,搭好"脚手架",让学生充分自主思考,让学生从被动接受知识向主动探究知识转化,从而提高高阶思维能力。

（吴　艳）

科学方法学习中渗透高阶思维

——科学方法学习案例

【案例背景】

高阶思维倡导学习者注重学习评价及以批判、探索的精神质疑权威。伽利略的科学探究贴近要求。在物理学习过程中,亚里士多德两次出现且提出的观点都以错误呈现,学生的评价都以批判为主而忽略了思想家所处的历史背景,这样的评价不是科学思维,教师在教学中注重强调伽利略提出力不是维持物体运动的原因这一观点的时代背景,让学生学会科学评价方法。另外,伽利略研究问题的科学方法对学生科学素养的形成有重要意义。

【片段实录】

师: 撤去外力后为什么物体会停下来?

生: 是因为有摩擦力的作用。

师: 亚里士多德的观点持续两千多年,人们一直认同。到了伽利略时代,科学家所处的时代背景是怎样的?为驳斥错误观点提供了怎样的助力?(学生网上查询)

生: 在伽利略时代……

师: 在地球上完全不受力的物体是没有的,那么我们又如何来研究呢?

创设情境:水平轨道上运动着的物体,虽然在竖直方向上受到重力和支持力的作用,但这一对平衡力对于水平方向运动的物体来说不会产生影响,是无关因素。即小车在竖直方向相当了不受力。因此,我们把物体不受外力的情况一般简化成物体在运动方向上不受外力作用的情况来研究,就把本来不存在的事物变成了客观存在的事物。

在此基础上,再通过教材中的实验引导学生得出"运动的小车在不同的水平轨道上运动,受到的摩擦力越小,速度就减小得越慢,运动的距离就越长"的结论。然后引导学生作出推想:如果有摩擦,运动的小车在水平轨道上将怎样运动?如果没有摩擦,运动的小车在水平轨道上将怎样运动?学生在教师的指导下能较自然地得出结论,其中渗透着理想化的思维方法。

【案例分析】

理想化思维方法的培养片段,在物理教学中的事例较多,对学生如何抓住概念中的主体因素,把本来不存在的事物变成客观存在的事物的能力的培养具有很强的参考价值。又如,在电学部分,通常情况下我们为什么都不考虑电流表、电压表对接入电路的影响?即把电流表的电阻视为零,可近似看作一根导线,把电压表的电阻视为无穷大,可看作开路。再如力学中的质点、单摆、弹簧振子、理想气体、静电场中的点电荷等等概念也涉及理想化的问题。为此,我们在教学中应注意挖掘教材,尽可能使学生多接受理想化思维方法的训练。

(胡全斌)

物理开放题让思维飞扬

——一道"斜面滑块"题的教学片断

【案例背景】

"斜面滑块"类题目几乎是每年必考的保留题目,因此在复习中我们经常可以见到此类题目。在以往的教学中,很多时候是就题论题,如果斜面和滑块都处于静止状态,我们可根据所求问题或者对整体受力分析后利用平衡条件求解,或者用隔离法分别受力分析后利用平衡条件求解;如果一动一静,则根据所求解的问题,或对整体应用牛顿运动定律求解,或用隔离法分别分析,对静的物体运用平衡条件,对动的物体运用牛顿运动定律或平衡条件求解。但此种就题论题的教学方法,费力不讨好,既浪费了时间,还有可能导致学生思维定式,能力上得不到提高。怎么办? 在今年的复习中,遇到此类题时,我就把题目改成了一道开放题,让同学们对题目条件进行改造。在同学们改题的过程中,虽然有的同学给出了高中阶段无法求解的题目,但同学经过思考后将其否定,这实际上就是批判性思维。有的同学是借鉴了别的同学的命题思路,通过生成性思维得出新的题目。运用这种命题方式,同学们既对命题条件进行了分析,也有做题时的反省和评价,同时也伴随着生成性思维,即新的题目的出现,使同学们的高阶思维得到了培养。

【片段实录】

例题:如图所示,倾角为 θ、质量为 M 的粗糙斜面位于水平地面上。质量为 m 的木块静止于斜面上,求地面给斜面的支持力和摩擦力。

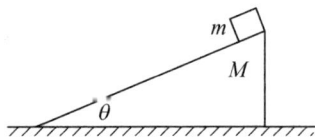

师:这是道经典老题,我们应该如何求解?

学生1:把这两个物体看成整体,用平衡条件就可求出地面给斜面的支持力是两个物体重力之和,地面给斜面的摩擦力是零。

学生2:先对木块进行受力分析,根据平衡条件求出木块对斜面的压力和摩擦力,然后再对斜面进行受力分析,对斜面由平衡条件即可求出结果。

师:两种方法都很好,但那种更简单些?

学生:第一种。

师:"斜面滑块"类题目是高考常见的题型,两物体有动有静,现在就让我们对其进行求解,也就是把此题变为条件不固定的开放题并给出解答。首先让我们改变题设条件,哪个同学先改?

学生1:如果m沿斜面匀速下滑而斜面静止,求地面给斜面的支持力和摩擦力。

学生2:在m沿斜面匀速下滑而斜面静止的情况下,给m施加一个沿斜面向下的力F,使m加速下滑,求地面给斜面的支持力和摩擦力。

学生3:在m静止在斜面上的情况下,给m施加一个沿斜面向下的恒力F,使m以加速度a匀加速滑下而斜面保持静止,求地面给斜面的支持力和摩擦力。

学生4:把m轻轻放在斜面上后,m以加速度a匀加速滑下而M保持静止,求地面给斜面的支持力和摩擦力。

学生5:若把m轻轻放在斜面上后,m以加速度a匀加速滑下而M保持静止,现再给m施加一个沿斜面向下的恒力F使m下滑而M静止,求地面给斜面的支持力和摩擦力。

学生6:把m轻轻放在斜面上后,m以加速度a匀加速滑下,给m施加方向竖直向下的力F时,求地面的支持力和摩擦力。

学生7:两物体都静止,给m施加向不同方向的力F时,两物体还都静止,求地面的支持力和摩擦力。

学生 8：给 m 一个向上的初速度 v_0，经时间 t，m 停止，求地面的支持力和摩擦力。

……

同学们给出了很多改变后的题目，老师让同学们进行归类，找出各类相似题目的求解方法，并把明显无法求解的题目去掉，一节课就在这种变题、归类、求解中度过了。

【案例分析】

本案例中，改变题设条件，原题就变成了物理开放题。对物理开放题，不同的人有不同的理解，但综合起来，主要是指题设条件开放、情境开放、解题策略开放和答案开放。在平常的习题中，只要条件完备，答案固定的就是封闭题。而条件不完备，答案不固定的就是开放题。如 2000 年高考上海物理试卷给出一个宇航员"漂浮"在地球外层空间的照片，请考生根据照片展现的情境提出两个与物理知识有关的问题。此题就属于典型的答案不固定的开放题。求解这一类问题，可以激发学生的求知欲，提高学生的发散思维能力和创新能力。在平常的习题课或复习课教学中，我们还是应该充分利用开放题进行教学，这样既可以使学生以点带面展开复习，也能帮助学生全面、完整地理解物理规律和物理过程，并有利于学生创新意识的培养，有利于学生独立思考、大胆想象的科学态度的养成。学生在分析思考之后生成新的题目，使其高阶思维得到培养。

（李树祥）

思维发展的合理路径

——先分析后综合

【案例背景】

牛顿第二定律是在实验基础上建立起来的重要规律,它是经典物理的核心规律,也是学习其他力学规律的基础。本节的内容主要是:"通过实验,探究加速度与物体质量、物体受力的关系,理解牛顿第二定律。"本条目要求学生通过实验,探究加速度、质量、力三者的关系,强调让学生经历实验探究过程。从高阶思维培养层面,其采取了先分析后综合的思维方法。

【片段实录】

牛顿第二定律的教学中、为了探索加速度、质量、外力这三个相互关联的物理量之间的关系,先保持其中一个物理量不变,研究其与两个物理量之间的变化关系;再保持另外一个物理量不变,研究剩余的两个物理量之间的变化关系。通过实验,在得出"保持质量不变时,加速度跟外力成正比;保持外力不变时,加速度跟质量成反比"结论的基础上,再综合得出了牛顿第二定律。在教学中,充分认识到引导学生领会探索加速度、质量、外力三者变化关系的思维和实验方法,比学生知道牛顿第二定律的结论更为重要。

又如,在电阻定律一节的教学中,教师采用了分析与综合的思维进行教学。由于导体可以用不同的材料制成长度不同或横截面积不同的导体,教师首先提出问题;导体的电阻是否跟材料、长度、横截面积都有关呢? 接着引导学生思考如何探索上述问题,通过讨论,学生较容易想到采用如同探究欧姆定律类似的控制变量的方法进行探索。再通过实验在分别得出结论的基础上,再综合得出导体的电阻跟材料、长度、横截面积的关系。采取上述方法进行教学,以便学生有更多机会接受分析与综合思维的训练。

【案例分析】

任何事物和现象,都是由许多要素,许多属性组成的统一体。分析是以事物的整体与部分为客观基础的。为了从总体上把握事物的性质以及运动规律,就必须了解其各个组成部分和要素的性质、特点和相互联系。客观事物的整体与部分的这种关系,使得运用分析解决物理问题不仅成为可能,而且成为现实。综合是把事物各个部分、侧面属性按内在联系有机地统一为整体。分析以综合为前提。分析与综合所关心和强调的面不同,但都是重要的思维方法。掌握分析与综合的方法,训练分析与综合的思维方法,提高分析与综合的能力,是中学物理科学方法教育的最主要内容。因此,教师应充分重视对学生进行分析与综合思维方法的训练。

(胡全斌)

有效提高物理实验教学效果的实践

——实验装置的改进与创新

【案例背景】

作为一门建立在实验基础上的基础自然学科,物理学在研究物质的基本结构、最普遍的相互作用、最一般的运动规律之外,也注重对所采用的实验手段和思维方法的研究。因此,物理的教学始终离不开物理实验的教学:有趣的实验现象是激发学生探索自然、理解自然的兴趣与热情的催化剂,亲自动手操作是培养学生物理技能和实践能力的最佳途径,此外亲身的实验经历能让学生体验科学探究的过程、了解科学研究的方法,有助于提高学生的科学素养。作为教学活动的主导者,教师首先要对实验在物理教学中的重要性有足够的认识,其次要充分利用教材中已有的实验资源,并能够根据教学实际设计一些创新性的实验。这种创新性的实验设计可以是对教材已有实验的改进,以解决个别实验取材不易、操作不便、实验效果不明显等弊端,也可以是基于教学需要的全新设计,以弥补教材的不足,帮助学生构建一些重要的物理概念和物理规律。物理实验的创新性设计,是教师秉承新课程标准课程开放性理念,由课程的复制者走向课程的创造者的有效尝试。它可以有效地促进学生自主地、富有个性地学习,对学生的科学探究能力、实践能力和创新意识的培养大有裨益。

在物理教学活动中我们要重视实验装置的改进与创新。实验装备是实验教学顺利的保障,没有合适的实验器材就很难使实验教学达到高效。然而,由于学校的物理实验器材配备的差异,不同的学校从器材的数量到种类有较大的不同。这对我们物理教师提出挑战,要求我们物理教师具备实验改进创新的意识和能力。

【片段实录】

气体压强与体积的关系装置图

案例:《探究一定质量的气体在温度不变的条件下,压强与体积之间的关系》教学片段

实验目的:探究一定质量的气体在温度不变的条件下,压强与体积之间的关系。

实验器材:DIS(数据采集器、压强传感器、计算机等)、注射器等。

实验装置:如图 1,注射器、压强传感器、数据采集器、计算机。

实验原理:一定质量的气体在温度不变时,它的压强与体积成反比,即 $p_1V_1 = p_2V_2$,称为玻意耳定律。

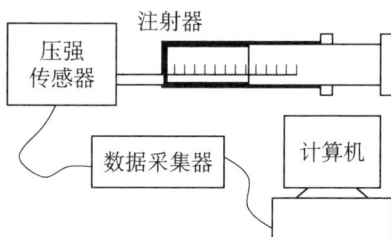

图 1

实验步骤:

1. 将压强传感器接入数据采集器。点击教材专用软件主界面上的实验条目"气体压强与体积的关系",打开该软件。

2. 点击"开始记录",观察压强传感器实时测得的大气压强值。

3. 把注射器活塞置于初始位置,并将注射器与压强传感器前端软管紧密连接,确保气密性。

4. 在软件窗口下方的表格中输入活塞初始位置对应的气体体积值。点击"记录数据"记录下此刻的压强值。

5. 连续改变注射器活塞的位置使气体体积发生变化,将变化后的体积值输入到表格中,同时记录该体积对应的压强值,获得多组数据。

6. 点击"p - V 绘图",根据已有数据点绘出"压强-体积"关系图线。

7. 点击"p - $1/V$ 绘图",绘出"压强-体积倒数"关系图线。

甲同学依据以上实验操作规范正确，根据实验数据画出如图 2 所示的 V-$1/p$ 图线不过坐标原点，有截距 $-b$。

教师：是什么原因使图线不过原点？

学生讨论后认为是有一部分气体未计入。

教师：分析实验装置，寻找那一部分气体未计入。

学生：应该是注射器与压强传感器连接处细管内气体体积。

教师：怎样将这部分气体抵消掉？

学生讨论并选用不同材料实验。

最后确定可以用粉笔头来做填充材料，以抵消管内气体体积。直至作出比较满意的图线如图 3。之所以选用粉笔头理由是粉笔头的大小可以较容易改变。

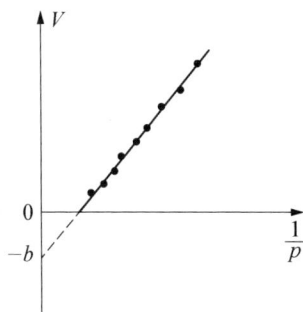

图 2

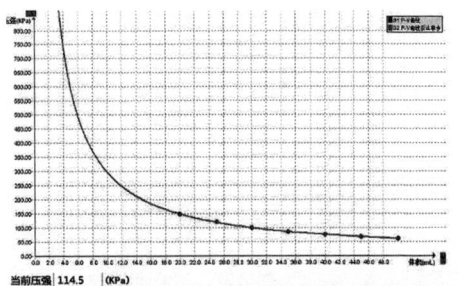

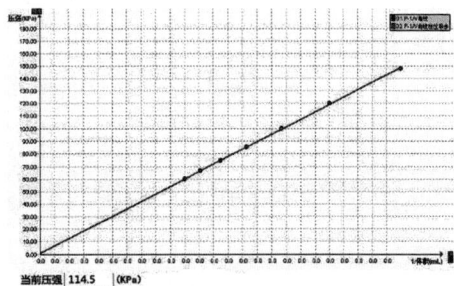

次数	1	2	3	4	5	6	7	8	9
压强/KPa	100.0	59.7	66.6	74.5	85.1	120.2	148.0		
V/cm^3	30	50	45	40	35	25	20		

次数	1	2	3	4	5	6	7	8	9
压强/KPa	100.0	59.7	66.6	74.5	85.1	120.2	148.0		
V/cm^3	30	50	45	40	35	25	20		

当前压强 114.5 (KPa)

图 3

【案例分析】

实验中出现实验数据不准、实验现象偏差，甚至实验失败，这些都是难免的，因为实验本来就在现实的环境中进行，有许多影响实验的不确定因素难以控制。关键是老师如何面对实验的误差与失败。在许多物理实验课堂中，出现的与"课堂要求"不符的实验数据反而成为教学中有极高价值的课堂生成资源。在《探究一定质量的气体在温度不变的条件下，压强与体积之间的关系》这一教学环节中，教师抓住图线不过原点这一现象引导学生寻找原因并寻求解决问题的办法，同学各抒己见，纷纷动手操作，最后找到粉笔头这一器材能渐进进行实验，不仅实验效果好同时也有利于学生科学精神和科学态度的培养。高阶思维的一个重要特征是能够"对思维进行思维和评价"，这就需要培养学生不受束缚、敢于思考、敢于批判、敢于评价、敢于挑战的勇气和态度。作为教师就应该不迷信权威、敢于挑战课本、敢于挑战已有实验步骤，敢于对教材进行"批判性"评价，在培养学生高阶思维能力的过程中，为学生作出表率。

本实验通过分析，发现他人问题解决方法的不足和缺陷，及时指出（评价），并能修改完善，甚至另辟蹊径重新设计（创造），重新予以评价，这样的思维过程既包含了生成性思维，又张扬了批判性思维，是符合高阶思维能力培养的教学活动。

（黄　静）

"串反并同"对吗

——从本质上分析简化问题

【案例背景】

一、缘由

学生学会分析动态电路中各元器件电压、电流的大小变化的情况,可以帮助他们进一步理解闭合电路欧姆定律、部分电路欧姆定律、串并联规律在动态电路分析中的作用。以往的教学采取的是在和同学们讨论出基本混联电路定性分析的基本程序后,希望学生能够掌握这种分析思路,并会处理一些复杂的混联电路。但是发现有部分学生觉得分析复杂电路时用这种方法太慢,追求用一些"技巧",比如用口诀"串反并同"去"秒杀"一些题目。虽然口诀方便记忆,但时间长了,学生容易忽略这些口诀得出结论的适用条件,不再考虑电路变化的本质原因,当动态电路的变化与口诀的情境不同时,就作出错误的判断,阻碍了学生对闭合电路欧姆定律、部分电路欧姆定律、串并联规律的理解。

二、环节设计

1. 运用分析得出动态电路中各物理量的结构关系

这个环节重点培养学生分析问题的高阶思维品质。通过师生间对一个基本动态混联电路层层递进的讨论,得出各元器件或支路的 U 和 I 的大小关系,由浅入深逐步分析,总结定性分析动态电路的一般方法。再通过计算分析,得出电流与电阻变化的定量关系,进一步用常量与变量思考问题,分析出随阻值增大而电流减小的原因。

2. 在质疑、评价、反思中获得深度理解

这个环节重点培养学生在评价反思中构建知识。通过对实验情境的探究讨论,得出分压电路中各元器件或支路的 U 和 I 的大小关系,反思两种电路影响电流变化的因素是不同的,变量的多少和变化的方向也是不同的。在深入理解闭合电路欧姆定律、部分电路欧姆定律、串并联规律的基础上,总结出相关规律。

【片断实录】

通过师生共同讨论,定性分析出下图基本混联电路中,当变阻器的阻值变大时,各元器件或支路的 U 和 I 的变化情况,并将总结的三条结论填写在表格中。

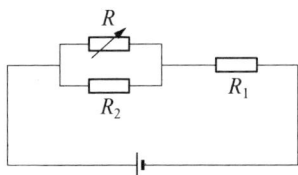

	电流	电压
与它并联的 R_2	变大	变大
与它串联的 R_1	变小	变小
它自己的	变小	变大

师:在这样一个分析过程中,你们能总结出分析顺序和一些规律吗？并说明理由。

各小组学生讨论,然后发言。

学生 1:考虑问题时从局部到整体,再从整体到局部,这样可以分析出变化情况。

学生 2:我觉得用这样顺序能分析出来的原因,是每次就只有一个变量变化。所以考虑问题是从局部到整体,再从整体到局部,从定量到变量。

师:补充得很好!

学生 3:在填写表格时,我发现一个规律:与变化电阻有串联关系的物理量,变化情况与电阻变化相反,并联的与电阻变化相同。

师:发现的规律不错,善于总结。

学生 4:其实我也知道,早就有人告诉我,动态电路都可以用"串反并同"来"秒杀"……"太好了"、"实用"部分同学议论起来……

教师与学生共同定量推出,通过电阻器上的电流与变阻器阻值变化的关系。推导如下：

$$I = \frac{U}{R} = \frac{E - I_总 (R_1 + r)}{R} = E - \frac{\dfrac{E(R_1 + r)}{R_并 + R_1 + r}}{R}$$

$$= \frac{E - \dfrac{E(R_1 + r)}{\dfrac{RR_2}{R + R_2} + R_1 + r}}{R} = \frac{ER_2}{R(R_1 + R_2 + r) + R_2(R_1 + r)}$$

师：分别用定性和定量方法分析变化电阻上的电流与电阻关系时，有什么异同点？

生1：定性分析是选取不同的分析对象（从局部到整体到局部），将多个变量处理成一个变量分析问题；定量分析是用常量去表示多余变量。

师：分析得很好。

生2：推导太麻烦了，定性分析简单些……

师：我们既然知道变阻器上的电流受电阻的影响，能否从简化电路的角度再思考这个问题呢？

同学在思考中……

生3：我可以将干路上的外电阻等效成内阻，构成一个电动势不变，内阻更大的电源，这样处理较简单。

生4：我可以还将与变阻器并联的电阻和干路上的外电阻一起等效成内阻，构成一个电动势不变，内阻变的电源，这样处理更简单，直接就可以分析出来了。

师：处理简化得非常好！

"对呀"、"不错"同学们纷纷赞扬起来……

生5：可我觉得还是"串反并同"好用……

还有些同学小声议论着……

教师继续针对刚才的讨论提出下面问题：

师：那么变阻器上的实际功率是怎么样变化的呢？

生1：这个不能判断，它的电阻增大时，它两端的电流减小。

生2：进行定量计算分析，可以得出结论。

生3：太麻烦了……

生4：从等效电路的角度来分析，利用"等效内阻"与外电阻的关系，结论就一目了然了。

师：同学分析看，我们希望讨论问题能够简化，有的用了口诀，有的用了简化电路的方法，你们怎么评价？

同学们议论开来，最后师生共同总结如下：

用口诀"串反并同"要求的条件是对于多变量引起的电路变化，若各变量对同一对象分别引起的效果相同，则该原则的结果成立；若各变量对同一对象分别引起的效果相反，则"串反并同"法则不适用。这种简化是表面形式的简化，若不注意理解，很容易乱分析，混淆概念规律。

而简化电路的方法，是从处理变量的角度进行简化的，从电路本身的结构关系出发，对分析问题有促进作用。

【案例分析】

本案例通过设立阶梯式问题，层层递进地分析，使学生经过交流讨论、质疑、辨析、观察、思考推理，自主得出规律和结论，解决了动态电路的分析问题，感受了如何运用常量与变量思考问题；使学生学会分析，并通过评判、核查等方式反思自己对于动态电路问题本质的理解。在解决动态电路的过程中，学生们不仅进一步理解了闭合电路欧姆定律、部分电路欧姆定律、串并联规律在动态电路分析中的作用，而且其分析、评价方面的高阶思维的品质也得到了培养。

学生定性分析基本动态电路并不困难，但往往追求结果，很少思考分析问题的思路和做总结,教师要引导学生对基本问题的分析思路进行反思,在发展学生总结、概括能力的同时,巩固学生对结论的理解,提高学生运用常量与变量思考问题的意识,提高学生对结论应用条件的理解,提高学生对结论的应用能力。学生有意识地进行方法总结,解构出问题处理中的常量与变量,进一步发现可以用"等效电源"的方法处理问题,学生的高阶思维得到了提高。

本节课有很多观念转变性及亲身体验性的内容,需要学生理解和掌握的内容较多,所以采取以学生自主探究为主,教师讲述为辅,以学生体验感受、归纳总结为主,教师演绎推理为辅的策略。学生主动参与讨论分析,层层递进,分解难点。在运用多种方法研究物理问题的一些基本思路和方法中,培养学生比较、判断、归纳概括的能力,培养学生的高阶思维,使学生获得学习物理的成就感,提高学生学习物理的兴趣,形成不断进取的创新精神。

(吴　艳)

你有几种方法产生感应电流？

【案例背景】

电磁感应建立的教学中，围绕如何设计"磁也能生电"问题，学生在设计中探索，教师引导学生质疑猜想和假设的依据，评论实验的设计、实验数据的处理、数据表格的设计等各方面，在这一系列实验设计中逐渐培养学生的高阶思维能力。

电磁感应教学后，教师挖掘课外和教科书上相关教学内容的小实验，设计了一节以实验为主线的复习巩固课。实验桌上放有很多器材，有的与电磁感应有关，有的与电磁感应无关。在思考、解决问题过程中，教师不只强调所获得的最后答案，还让学生为他们所采取的每一步推理提供解释：自己的思路是什么？所依据的原理、规则是什么？为什么要这样做？等等。这可以促进学生对思路的深层加工。教师要常常问学生"如果……会发生什么？"促进学生的推理活动，引导学生思考平常物体的不平常的用途，打破理解中的定式和功能固着，提高学生的创新能力。

【片断实录】

学完高二物理第十四章第 A、B 两节《电磁感应现象》、《感应电流方向》之后，有一节复习巩固课，我们设计了一节以实验为主线的复习课。实验桌上放有很多器材，有的与电磁感应有关，有的与电磁感应无关。

师：不做任何限制，用所给的实验器材你有几种方法产生感应电流？

学生接到任务后非常投入，有各种各样的实验设计，并且一边实验一边争论。实验中，不少同学有新的发现：原本用来测电流的电流计也能产生电流！原本"用电来工作"的"电动机"也可以变成"发电机"！甚至我们周围微弱的地磁场也能发电！比原来备课设计的教学效果还好。

【案例分析】

由于实验结果的不确定性,学生实验时处于不断探索的情境中,这会激发学生的想象力和创新灵感,学生发现问题和解决问题不是一蹴而就的,思维也是从片面到全面,从低层次到高层次逐渐发展的。所以教师要在实验教学中培养学生的高阶思维,就要针对某一类学生的学习过程重新布局与调整实验,灵活运用实验,让实验重组,使得物理教学实验更加符合学生实际的重新设计能力。

（吴　艳）

设计——辨别——生成

——教室照明电路的设计教学案例

【案例背景】

本案例的内容是"教室照明电路的设计",是人教版物理九年级全册第十五章第三节《串联和并联》第2课时"生活中的电路"的内容之一。它是继"连接串、并联电路"内容之后的一个巩固和实际应用,是电学的基础,也是"物理走向生活,生活走向物理"的有力说明。这个内容,对学生学好整个电学知识有着积极的推动意义。本案例是笔者在对"高阶思维"这一概念有了一定的了解之后,在内地西藏初中班中进行的一次初步实践。本案例的设计原则:将设计电路和鉴别电路作为高阶思维的培养点,着重培养学生的"分析"与"评价"能力。

【片段实录】

一、提出问题

师:同学们,你们觉得我们教室的照明灯是串联还是并联的?(设计意图:启发学生对串并联电路的特点进行回顾和区分)

教师边说边走近墙边分别闭合三个开关,让学生观察日光灯的亮暗情况。(设计意图:培养学生敏锐的观察能力)

"并联!"

"有串联也有并联!"同学们意见不一。

师:请大家按照自己的想法设计,并在纸上画好电路图,之后我们再一起来评判对错。(设计意图:希望学生发挥想象,设计出形形色色的电路,更希望学生通过彼此间

对各自电路的评判与辩驳、教师的适时点拨,把教室照明电路的作用及正确连接图清晰地刻在自己的脑海中,达到对知识的完美建构)

二、设计电路

同学们开始动作。有的自信满满,"唰唰"几笔,一蹴而就;有的画了擦,擦了画,纠结不定;也有的两手托腮,毫无头绪。

三、交流评价

5 分钟后,教师选择了其中三张电路设计图甲、乙、丙(代表了三种思想),同时通过投影仪投射到大屏幕,让大家作评价。

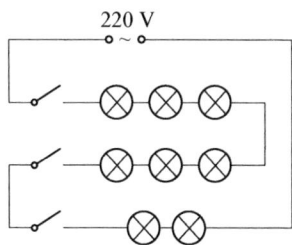

图甲

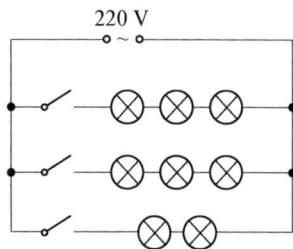

图乙

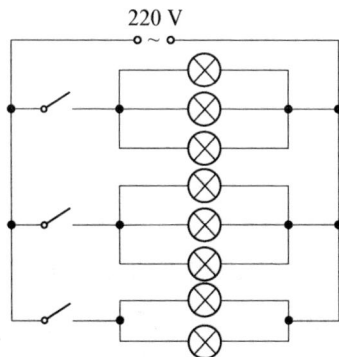

图丙

生1：甲错。任一开关断开，所有灯都不亮，与实际不符。

生2：乙对，三个开关分别控制三组灯。

生3：丙也没错呀，也是三个开关分别控制三组灯。

生4：乙错！如果教室里某支路中某一盏灯因灯丝烧断而熄灭，则这一组的灯全部不亮了，而事实上我们教室里若有一盏灯因灯丝烧断而熄灭，其余灯照样亮，上周就出现过这样的故障，后来电工过来换了个灯管就好了。

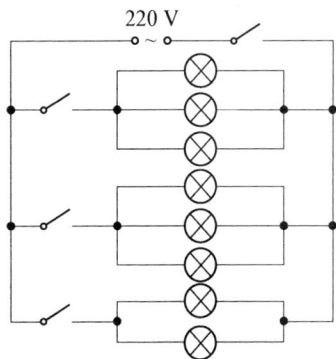

师：对，日光灯是用来照明的，我们总希望某灯烧断熄灭后，其他灯不受影响，仍能照明。（设计意图：适时点拨）

生4：啊，我知道了！应该是丙对！所有的灯都应该是并联，这样才能互不影响。

师：你们看，教室的后墙还有个总闸呢！

……

生6：在干路里加个总开关吧。

呈现正确电路图（图丁）。

图丁

四、总结提炼

师：好，这样一来教室的照明电路就完整了。（设计意图：对学生的肯定）

一片鼓掌声自发响起。

【案例分析】

本案例的内容是对串并联电路工作特点的巩固和应用。通过教室日光灯电路的设计体现了"从物理走向生活，从生活走向物理"的二期课改理念。此教学过程中高阶思维培养体现在两个方面：

一、教室日光灯电路的设计。学生必须学会辨别串并联电路工作的不同点，并将其与日光灯照明的特点进行整合，才能达到对知识的解构，完成设计。此为"分析"过程。

二、学生对三种设计的评价。这个过程有检测，有判断，有思维的碰撞，包含了批判性思维和生成性思维。此为"评价"过程。

高阶思维能力的培养，对应着布卢姆教育目标分类"分析"、"评价"和"创造"（2001版布卢姆教育目标分类）的认知层次，是青少年学生培养工作中的一个重要内容。本案例的着力点在"分析"与"评价"。"分析"与"评价"的主体是学生，让学生学会在观察中发现，在发现中设计，在设计中辨别，在辨别中生成。

（钱丽琴）

以思维活动为中心的物理课堂教学

【案例背景】

"以思维为中心"，即教师课堂上所用到的手段和方法都应该服务于培养学生思维的发展，即让学生在获取知识的同时获得过程与方法的体验、思维与能力的训练。如果教学中没有真正意识到这一点，就容易使探究流于形式。如果教师能自觉地突出学生的主体地位，而把教师自己看作一个参与者、组织者、指导者、评价者或学习者，并把科学探究看成是一种学习方法，强调学生自己不断发现问题、解决问题，在这个过程中学生就不仅能获取知识、体会科学方法，而且思维能力也能得到提高。

【片段实录】

《楞次定律》的教学片段：

教师：你认为感应电流的方向跟什么因素有关？

学生1：可能跟闭合回路中磁通量的变化情况有关，因为感应电流的产生就是磁通量的变化引起的。

教师：那么，我们应该记录哪些现象？

学生2：磁通量的变化情况和感应电流的方向。

学生3：在上述实验中磁通量的增加有两种情况：N极插入和S极插入。同理，磁通量的减小也有两种情况。为了全面分析问题，我们应该把这四种情况都记录下来，也就是要记录线圈中原磁场的方向。

师：大家说得非常好。

（教师投影表格1，学生分组实验，记录现象）

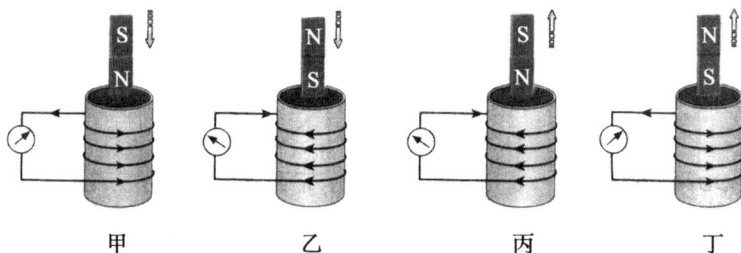

甲　　　　　乙　　　　　丙　　　　　丁

表1

操作方法　填写内容	N极		S极	
	插入	拔出	插入	拔出
原磁场的方向				
线圈磁通量变化				
感应电流的方向				

学生记录现象。

教师：谁能根据实验纪录的内容，说说感应电流的方向有什么规律？

学生：……（难以回答）

教师：我们记录的现象并没有问题，但仍然找不到规律，怎么办？（然后通过生活实例引导：当直接概括某两者关系比较困难时，可引入跟这两者有关的另一物理量——"中介"来表述这两者的关系）

学生4：能否通过感应电流的磁场方向作为"中介"？因为感应电流的磁场方向既与感应电流的方向有关，又跟原磁场的方向有关系。

（教师适时投影表2，引导学生分析）

表2

操作方法 填写内容	N		S		磁铁在管上 静止不动时		磁铁在管中 静止不动时	
	插入	拔出	插入	拔出	N在下	S在下	N在下	S在下
原来磁场的方向	向下	向下	向上	向上	向下	向上	向下	向上
原来磁场的磁通量变化	增大	减小	增大	减小	不变	不变	不变	不变
感应磁场的方向	向上	向下	向下	向上	无	无	无	无
原磁场与感应磁场方向的关系	相反	相同	相反	相同	——	——	——	——
感应电流的方向（螺线管上）	向上	向下	向下	向上	无	无	无	无

学生带着问题分组讨论：

问题1.请你根据上表中所填写的内容分析一下,感应电流的磁场方向是否总是与原磁场的方向相反？

问题2.请你仔细分析上表,用尽可能简洁的语言概括一下,究竟如何确定感应电流的方向？并说出你的概括中的关键词语。

问题3.你能从导体和磁体相对运动的角度来确定感应电流的方向吗？如果能,请用简洁的语言进行概括,并试着从能量的转化与守恒角度去解释你的结论？

学生相互交流、分析、讨论,用最简洁的语言概括出自己的结论。

概括1：感应电流的磁场总是阻碍引起感应电流的磁通量的变化。

概括2：感应电流在回路中产生的磁通量总是阻碍原磁通量的变化。

概括3：感应电流的效果总是阻碍引起产生感应电流原因。

教师应充分肯定他们的结论,并对出现的问题进行讨论、纠正,最后得到楞次定律。

【案例分析】

在教师的指导下,以思维活动为中心学生完成了本实验,并把实验结果记录到表格中,学生通过分析结果,不难得出这些实验现象所包含的本质联系。本堂课如果放手让学生来做,可能难度较大,学生甚至不知从何下手,而现在通过一个个问题的呈现,激发了学生的学习兴趣,激活了学生的思维,最终一步一步朝目标迈进。当探究出结果,尤其是验证结果发现都成立时,他们的兴奋是难以掩饰的。这一切体验都来自探究活动的全面、深入。鼓励和引导学生通过实验、观察、分析,去否定、去批判、去质疑,从而得到正确的结论,提高他们的认知水平和高阶思维能力。

（黄　静）

联想，从已知走向创造

——两道物理习题的教学片断

【案例背景】

波利亚说过："解题是人类最富有特征的一种智力活动。"在当前的物理教学中，解题是一个最重要的内容，在解题时，我们应当寻找解题途径，优化解题方法。但在传统教学中，物理解题方法往往是：题意的分析→理解→物理公式、定理的应用。利用这种固定的模式解题经常会出现思维受阻现象。特别是对于一些难题，更感到无从下手，或解题繁琐。如在一次高考模拟题分析的习题课上，我就遇到了两道题目，一道是求解过河最短时间，很多同学运用运动的合成与分解方法，却很难求解出结果，另一道题目是判断导线运动情况，运用传统的微元法虽能求解出结果，但非常麻烦。怎么办？我们可以运用联想思维。所谓联想，是指将思维流向由此及彼，从侧面扩展和推广，从新的角度探索被人们忽视的解决问题的方法。对一个问题从侧面进行换角度思考，随机应变地将思路转移到别人不易想到、比较隐蔽的方向去，以求突破现有的论证和观点，提出不同凡俗的新观念，获得新的结果，产生新的创造。在教学中，运用联想的思维方法，搭建新知与旧知的平台，从而使学生能尽快地生成新的物理模型和物理情境，这既有利于题目的快速解决，也使高阶思维得到了培养。

【片断实录】

例1 如图甲所示一条小河，A 处住有一农夫，他在 B 处种植了一棵小树，A、B 两点到河边的距离分别为 a 和 b，A、B 两点沿平行河岸方向的距离为 $2s$，现在这位农夫从 A 点出发，欲到河边打水后去给树苗浇水，假设农夫行走的速度大小恒为 v，不计在河边取水的时间,则最短的时间为(　　).

A. $\sqrt{(a+b)^2+4s^2}/v$

B. $(\sqrt{a^2+s^2}+\sqrt{s^2+b^2})/v$

C. $(a+\sqrt{4s^2+b^2})/v$

D. $(b+\sqrt{4s^2+a^2})/v$

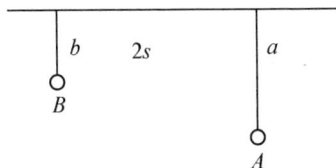

图甲

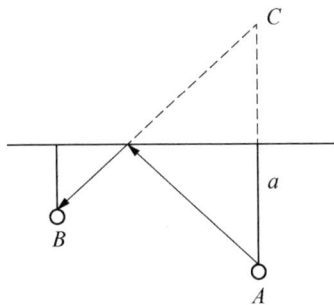

图乙

教师:此题是一道求解最短运动时间的题目,应如何求解?

学生1:此题既然是速率不变,那就沿某条直线到河边某点C,再从C点到B点,设AC为x,把BC长度用x表示出来,列方程,求极值即可。

学生2:x如何求解? 怎样列方程?

教师:请同学们思考。(很遗憾,同学们经过讨论,大部分同学找不出结果)

教师提醒:能否联想一下光的传播问题?

学生们一下子又兴奋起来,其中一个学生想到了问题解决的方法。

学生3:如果将A看作光源,此题立即便可解决。即当人沿着类似光的反射路径从A到B点时,人行走的路径最短,如图乙所示。此时,农夫的行走路程为$s'=\sqrt{(a+b)^2+4s^2}$,则最短时间为$t_{\min}=\dfrac{s'}{v}=\dfrac{\sqrt{(a+b)^2+4s^2}}{v}$。

故A选项正确。

例2　如图所示,有一通电直导线放在蹄形电磁铁的正上方,导线可以自由移动。当电磁铁线圈与直导线中通以图示的电流时,有关直导线运动情况的说法中正确的是(从上往下看)(　　)。

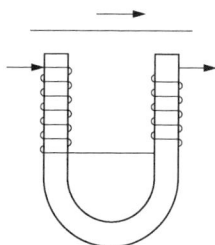

A. 顺时针方向转动,同时下降

B. 顺时针方向转动,同时上升

C. 逆时针方向转动,同时下降

D. 逆时针方向转动,同时上升

教师:有哪些解题方法?

学生1:采用微元法,分别分析每一部分的受力情况,就能判断转动情况。

教师:很好,我们能不能运用联想的方法,再找到其他解题方法?

学生2:注意蹄形电磁铁的磁感应线在通电线圈周围分布的形状和条形磁铁放于该处时导线处的磁感应线形状相似,由此可联想到将蹄形磁铁简化成一个小磁针;假定通电直导线固定,利用安培定则很快能判断出导线下方磁场方向为垂直纸面向里,进而确定出小磁针的偏转方向为顺时针转动,再利用相对运动的知识易知导线逆时针方向转动。(图甲)

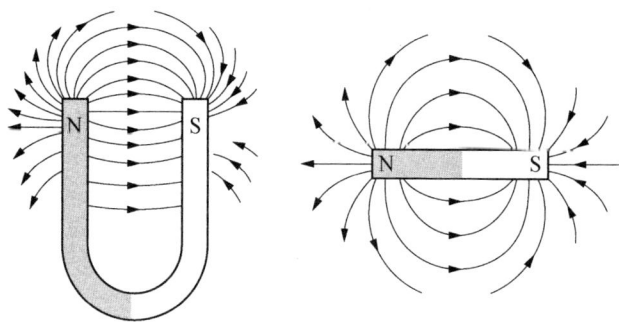

图甲

　　学生3：蹄形电磁铁上方的磁感应线分布的形状和垂直纸面向里的通电直导线上方的磁感应线形状相似，故可将蹄形电磁铁等效成垂直纸面向里的通电直导线，利用推论"不平行的通电直导线有转动到同向的趋势，并且边转动边靠近"，立时便可得出选项 C 正确。（图乙）

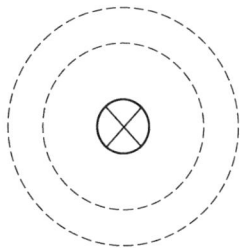

图乙

【案例分析】

　　类比联想是根据两个（或两类）不同对象之间在某些属性上的相同或相似，将其中一个（或一类）对象的特殊属性迁移到另一个（或另一类）对象上去，从而作出判断的逻辑推理方法。在中学物理教学中常用的类比联想有等效类比、因果类比等。例如：重力场中质点的重力势能和静电场中电荷的电势能的类比联想、带电体周围电场线分布与磁体周围磁感线分布的类比联想、分子之间的作用力与弹簧的弹力的类比联想。通过类比联想，学生可以运用所学知识中的类比的特点，把握知识的内在联系，促进思维的正迁移的发生、发展。所以，类比联想不仅是学生深入理解知识、建立新概念、探究未知领域的重要思维方法，也是教师深入浅出讲授教学内容的重要教学技巧、手段，教师应善于运用类比联想，引导学生从已知知识过渡到解决未知问题、从浅显的过渡到解决深奥的、从明显的过渡到解决隐晦的，甚至能将完全孤立的两类事物联系起来，实现信息转移，从而发现新的知识。

　　在解题教学时，若启发学生从多角度、多渠道进行广泛的联想，则能得到许多构思巧妙、新颖独特、简捷有效的解题方法，而且还能加深学生对知识的理解，有利于激发学生的学习兴趣，培养思维的灵活性，提高学生分析问题和解决问题的能力。因此，我们应当精心设计问题情境和教学方法，在引导学生开展归纳、类比等丰富多彩的探索活动中，鼓励他们大胆提出创见和联想，从而激发学生创造性思维的热情，不断培养和发展学生的高阶思维能力。

（李树祥）

教案编

建立在生活经历上的物理教学

——"力的分解"教案

一、教学任务分析

力的分解是第二章"力和力的平衡"章节的重点内容。本节内容既将前一节"力的合成"中学习的新知(等效替代思想、平行四边形定则)和数学中解直角三角形方法加以巩固和强化,又为后一节共点力的平衡的分析提供支撑。用力的分解解决各类实际问题的事例充斥着我们生活的方方面面。

本节课采用"问题讨论-实验探究-自主体验"的教学模式。

1. 通过情境引出"力的分解",学生在应用平行四边形定则对一个力进行多组分解的过程中,产生疑惑——为什么要进行力的分解。这一疑惑又激发学生产生弄清力的分解应该遵循一定规律的心理需求。

2. 由于学生在将力按实际效果分解过程中分析有一定的困难,教师课前引导学生自制了小实验器材,教师在课堂提供直观的实验情境供学生观察和分析,主导学生的探究活动具体化为实验活动,使学生从不同侧面、不同角度有较为直观的体验。

在本节课之前,我们已学习了生活中常见的力、力的合成,初步了解了作用在物体上两个力用一个力等效替代的思想、平行四边形定则和解直角三角形的数学方法等。本节课为力的分解的新授课,结合学生已学内容和思维能力现状,教学方法采用从一般到特殊的演绎法,通过学生讨论交流,得出力的分解的基本方法;通过先计算后实验验证的过程,突破定量计算中的难点;通过实验促进在解决各类实际问题中应用力按效果分解的能力的提高。

二、教学目标

1. 知识与技能

（1）理解力的分解概念，知道力的分解是合成的逆运算。

（2）会先根据实际需要按效果确定分力的方向，会用作图法及解直角三角形法求分力。

2. 过程与方法

（1）通过力的分解概念建立和实际问题中力按效果分解的过程，再次感受等效替代的思想方法。

（2）通过运用平行四边形法则求出分力的过程，感受从一般到特殊的演绎方法。

3. 情感、态度与价值观

（1）通过交流和实验探究的过程，体验交流和分享的乐趣和实事求是的科学精神。

（2）通过对力的分解的实例分析过程，感悟力的分解在解决实际问题中的重要意义。

三、教学重点与难点

重点：力的分解及其方法。

难点：（1）在实际问题中按效果分解力，找出分力的大小和方向。

（2）应用三角函数进行分力的定量计算。

四、教学资源

1. 情境 I（演示实验 1）：钩码，绳 2 根。

2. 情境 II（演示实验 2）：带弹簧的软板，支撑用的挡块 2 个，重物 1 个。

3. 情境 III（演示实验 3）：自制斜面和竖直挡板，重物 1 个。

4. 情境 IV（演示实验 4）：两个轻杆构成的支架，悬挂用的细线。

5. 学生交流和实验（学生实验 1、2）：圆珠笔，带绳套的橡皮筋，钥匙和钥匙圈。

6. 教学视频。

五、教学设计

1. 设计的基本思路：通过演示实验 1（钩码拉线）讲清"为何要学习力的分解"，引入新课——力的分解；由力的分解是力的合成的逆向思维角度出发，分析力的分解也同样遵循平行四边形定则，学生应用力的平行四边形定则作图获得感性认识；教师通过演示实验 2，引导学生感悟力的分解在实际问题中按效果分解才有意义；斜面情境中，先由学生落实重力按效果分解的简单定量计算，再用定量计算的结果应用于小车过桥的实际情境，然后用演示实验 3 突破难点——物体的重力在斜面上分解时要按具体情境中的效果分解；支架情境中，先由教师演示实验 4，引导学生感悟支架上所受弹力的分解，再由学生体验（学生实验 1、2）、作图和交流。

（1）设计中要突出的重点：力按效果分解，按平行四边形定则分析计算。具体放在两种典型物理情境中力按效果分解的落实上。

（2）设计中要突破的难点：①在实际问题中按效果分解力。突破的具体方法：通过展现分力效果显著的演示情境，通过学生经历实验探究的过程，学生体验从实物情境中建模,画出力的分解示意图。②应用三角函数进行分力的定量计算。具体方法:a)设置定量计算环节——在模型不变情况下改变条件,重力按效果在多种情境下分解;b)由于数学知识的限制,定量计算只限定在直角三角形或菱形中。

2. 教学流程图。

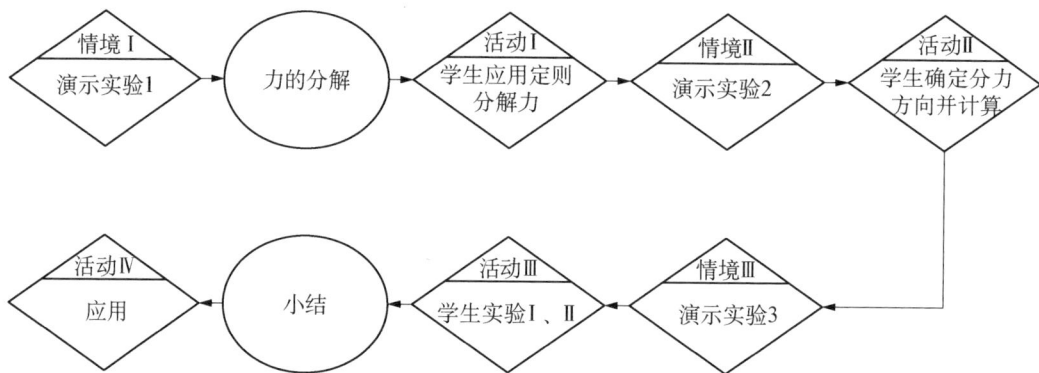

3. 流程图说明(演示实验Ⅱ)

情境Ⅰ(演示实验1):呈现同一个力能产生不同的效果,现实有将力进行分解的需要。

活动Ⅰ(学生应用定则分解力):学生经历应用定则进行力的分解的作图过程。

情境Ⅱ(演示实验2):通过物体放在斜面实验,得出力按效果分解才有意义。

活动Ⅱ:学生先按力的效果确定分力方向,再定量计算;师生对斜面上,重力的分解作出拓展。

情境Ⅲ(演示实验3):呈现物体悬挂在支架上的情境,讨论物体重力产生的效果。

活动Ⅲ(学生实验1、2):学生从实验情境中,获得力所产生的效果的真实体验,建立模型,画出在结构中的分力图。

活动Ⅳ(应用):合力一定,改变分力的夹角时,分力的大小改变;提出新问题。

六、教学过程

情境Ⅰ:观看实际生活中力的分解的实例。

活动Ⅰ:如图1,将已知力 F,用作图法沿所给方向分解。

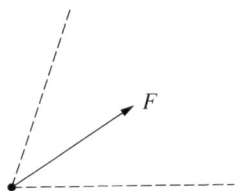

图1

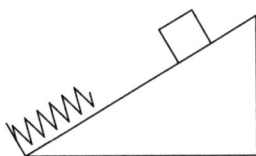

图2

情境Ⅱ:如图2,在固定有弹簧的光滑斜面上放一重为 G 的物体,画出重力的分力。

活动Ⅱ:下列情境中,请将物体的重力按效果进行分解,写出分力的表达式。

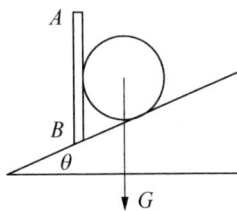

图3-1

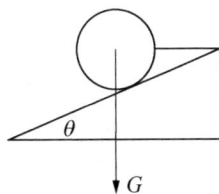

图3-2

$G_1 = $ _____

$G_2 = $ _____

$G_1 = $ _____

$G_2 = $ _____

情境Ⅲ：如图4，两根轻杆构成的支架，连接处均铰接，用竖直向下的力 F 作用在 O 点，画出力 F 的分力。

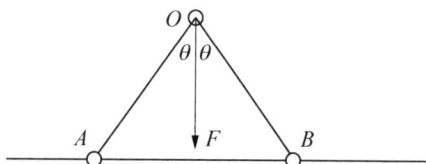

$F_1 = $ _____

$F_2 = $ _____

图4

活动Ⅲ：用你的一只手叉腰模拟一个支架，如图5所示。

另一同学在关节处适当下压（可改变力的方向），体验压力的分力方向。

图5

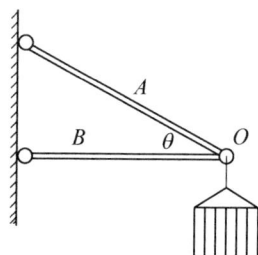

图6

活动Ⅳ：（1）图6情境中，请将 O 点受绳的拉力按效果进行分解。

（2）请你用橡皮筋、圆珠笔构造一个支架如图7，悬挂钥匙。

（1）根据你的实验，回答：

在图7中，用橡皮筋替代的是杆_____；圆珠笔替代的是杆_____。（选填 "OA" 或 "OB"）

通过观察和体验知：重力的分力对橡皮筋产生的效果是_____；（选填 "拉力" 或 "压力"）

重力的分力对圆珠笔产生的效果是＿＿＿＿＿。（选填"拉力"或"压力"）

（2）在右方先画出 O 点钥匙重力的分力，再写出各个分力的表达式。

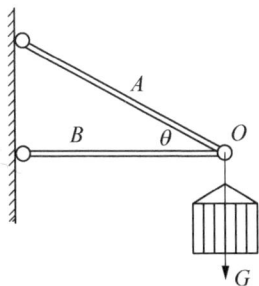

$G_1 = $ ＿＿＿＿＿＿＿

$G_2 = $ ＿＿＿＿＿＿＿

图 7

教学小结：

1. 力的分解：把一个力分解成两个力的方法叫做力的分解。

2. 力的分解体现了等效替代的思想方法。

3. 力的分解遵循平行四边形定则。

4. 在现实生活中，为了解决实际问题，按力的作用实际效果进行力的分解。

七、教学反思

"力的分解"与"力的合成"体现分与合的辩证关系，"分"与"合"相对立，是互逆的过程，或者说两者互为逆运算；"分"与"合"又高度统一，统一于相同的运算定则——平行四边形定则，和共同的物理思想——等效替代。从教学内容分析，"力的分解"是初中与高中物理的第一个台阶，是高中物理一个典型的重点和难点，说其重要，是因为"力的分解"承接"力的合成"，为"共点力的合成"的教学作知识准备，具有承上启下的作用；说其难，是因为"力的分解"所涉及的内容较多，同时诸多数学相关知识汇集于此，比如矢量运算、解三角形、三角函数等，这给本课的教学增添了些许难度，如何突破该难点？难点的突破口选在何处？这是本课亟待解决的问题。

"力的分解"和"力的合成"统一于共同的运算法则——平行四边形定则，这为本课难点的突破提供了重要的线索，围绕这一线索，本课的教学可从同学们熟知的力的合成入手，从力的合成逐步过度至力的分解。

问题的设计是极其重要的。问题的设计呈现层次性、逻辑性，诸多问题构成了一条完整的问题链。在诸多问题中，"力的实际效果是什么"是本节课的难点。围绕这一难点，教师设计了演示实验和学生分组实验，并让学生从压肘这一动作体会力的分解的实际效果。"在实际问题中，一个已知力究竟怎样分解"当属关键问题，它引导学生进行更深辨析、讨论，"如何判定对相关物体是拉力还是压力"则是教学过程中生成的新问题，诸多问题环环相扣构成了整节课的教学思路。

数理是一个统一的整体。本课涉及向量运算、解三角形、三角函数等数学知识，物理教学中建立这种联系是很有必要的，教学中要注重数理的联系。高中阶段作图（图象）是解决诸多物理问题的重要手段，要求较高，本课的教学着重加强了对学生作图能力的训练，作图中涉及平行四边形、三角形、圆、垂线等几何知识，教师应针对性地指导学生，这样既可以训练学生的作图基本功，提高学生研究和解决问题的能力，又为以后的物理作图打下了良好的基础。

（黄　静）

滑动摩擦力

一、教学任务分析

1. 知识内容

"摩擦力"既是力学的基础,也是组成整个高中物理知识的一块"基石"。"摩擦力"在教材中的基础知识部分要求比较简单,而在拓展部分介绍得比较详细。授课人认为,摩擦力作为高一常见力,无论是受力分析的需要,还是保证力学学习的连贯性的需要,都要求学生对这一部分内容进行较全面的学习。

在这一阶段的学习中,一方面学生对于"相对"问题经常会出现认知的冲突;另一方面,物理量关系的探究过程需要学生猜测、观察、设计、归纳。因此,这两个环节可以作为学生高阶思维的训练提升点。

2. 学生情况

学生在初中阶段对重力、弹力、摩擦力都有简单的了解。

从学生对重力和弹力的学习情况来看,学生对施力物体、受力物体以及力的作用点的认识不够明确。

关于摩擦力,同学们知道摩擦力的分类,基本能够简单判断方向,但对较为复杂的方向判断、摩擦力产生的条件和大小计算一无所知。

在这种情况下,相比静摩擦力,滑动摩擦力更为直观、容易理解。因此,学生先从滑动摩擦力开始学习。

二、教学目标

1. 知识与技能

（1）知道摩擦力的分类，能够联系分析日常生活中的摩擦现象。

（2）掌握滑动摩擦力的产生条件，能够判断滑动摩擦力的有无。

（3）知道滑动摩擦力的方向规律，能够判断较为复杂情况下的方向。

（4）知道滑动摩擦力的大小跟哪些因素有关，能够根据正压力和动摩擦因数计算摩擦力的大小。

2. 过程与方法

（1）通过观察物理现象发现问题、提出问题。

（2）通过参与科学探究活动，培养和提高实验设计和实验观察能力，学习探索物理问题的基本方法，体会控制变量法在研究中的作用。

（3）通过讨论、回顾等活动，养成反思与总结的习惯。

3. 情感态度与价值观

（1）通过参与现象观察、实验探究、问题思考等活动，培养学生主动参与科学探索的习惯；同时培养其对科学的求知欲和探索自然界物理学原理的兴趣，使其乐于参与观察、敢于实验，体会实验在探索物理规律中的作用和方法。

（2）通过实验探究的体验培养学生的合作精神以及实事求是、尊重客观规律的科学态度，使其养成严谨、细致、耐心的实验素养。

三、教学重点和难点

教学重点：

滑动摩擦力的方向判断和大小计算。

教学难点：

如何理解滑动摩擦力中"相对运动"问题。

四、教学资源

多媒体、弹簧测力计、长木板、木块、砝码、放大镜、不同接触面。

五、教学设计

1. 教学设计思路

滑动摩擦力是生活中常见的力，为了使学生获取感性的直观体验，滑动摩擦力产生的条件及滑动摩擦力的方向通过现象观察及体验的方式获得；而滑动摩擦力的大小则通过探究的方式获取，从而增加学生科学理性探索的经验。

2. 教学流程图

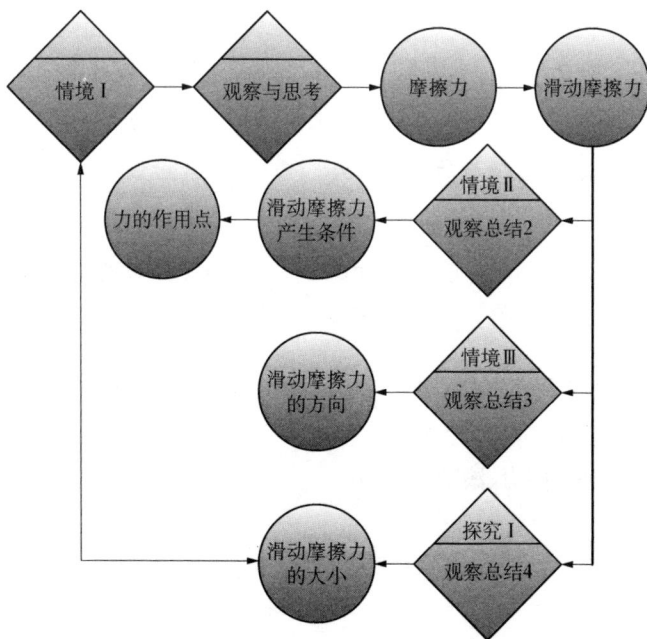

3. 流程图说明

情境Ⅰ　　排球居然比篮球还要"难抓"的情境在学生的意料之外,借此激发学生的兴趣。

情境Ⅱ　　通过多场景观察,总结滑动摩擦力产生的条件。

情境Ⅲ　　通过毛刷的演示,直观观察研究对象所受滑动摩擦力的方向。

探究　通过实验探究,验证滑动摩擦力的大小和哪些因素有关。

六、教学过程

1. 情境体验——引出摩擦力

活动Ⅰ:与学生比赛单手抓球。

(激发学生学习兴趣和求知欲,引发学生的思考;体现从生活走向物理的教学观念)

T: 篮球和排球哪一个更容易抓起来?

S1: 排球。

(教师请体育委员到讲台上尝试,这位同学抓起了篮球,却抓不起排球来。同学们都觉得很奇怪。学生又试了两次,抱怨说:太滑了!)

T: 太滑了? 你抓起篮球靠的是什么力?

S2: 摩擦力。

T: 刚刚这只球比较滑,说明接触面不一样,容易改变摩擦力的什么?

S2: 大小。

T: 我们今天就一块来研究一下——摩擦力。

2. 摩擦力分类

静摩擦力、滑动摩擦力、滚动摩擦力。

（学生回答）

T：高中阶段，我们主要对滑动摩擦力和静摩擦力进行分析。今天这节课，主要解决滑动摩擦力的问题。

3. 滑动摩擦力

（1）定义

在滑动接触面间阻碍物体相对滑动的力叫滑动摩擦力。

T：什么样的摩擦，称之为滑动摩擦呢？

S4：发生在两个有相对滑动的物体间的摩擦。

T：滑动摩擦力的主要目的是什么？

S4：阻碍相对滑动。

T：滑动摩擦力，发生在两个接触面间，用于阻碍物体的相对滑动。

（2）情境观察——总结产生滑动摩擦力的条件

情境Ⅱ：图片总结。

（学生：）接触且相互挤压、有相对滑动、接触面粗糙。

T：我们来看以下四个场景。请判断，四个场景中是否有滑动摩擦力产生。

场景1.水杯静止放在桌面上。

S5：没有，因为没有相对运动。

场景2.滑冰运动员几乎可以在冰面上匀速滑行。

有的同学认为有，有的同学认为没有。

T：请陈述原因。

S6：有相对运动，所以有滑动摩擦力。

S7：几乎匀速滑行，说明摩擦力忽略不计。

T：S6，你同意 S7 的说法吗？

S6：同意。

T：那么从摩擦力的产生条件来看，为什么场景2没有滑动摩擦力呢？

S6：冰面比较光滑。

场景3.箱子被抛出，在地面滑动一段时间后停下来。

S8：有的，因为箱子停下来了，说明受到摩擦力作用。

场景4.擦黑板的过程。

S9：有的。

T：好的。请告诉我们，擦黑板时，如果黑板擦轻轻从黑板上掠过，那么黑板擦和黑板间还有没有滑动摩擦力？

S9：没有。

T：这说明产生滑动摩擦力，还需要什么条件？

S9：要有压力。

T：从我们常见的四个场景中，考虑一下，想要产生滑动摩擦力，需要满足什么条件？

S10：要相互接触、要有相互滑动、有一定的压力，接触面不能太光滑。

T总结：接触面要粗糙，并且要相互挤压，最后两个物体需要发生相对运动。

（3）情境观察——总结滑动摩擦力的方向

情境Ⅲ：毛刷移动。

活动Ⅱ：双手相对滑动模拟。

	v_A	V_B	$v_{A相B}$	f_A
运动1	右	0	右	左
运动2	0	右	左	右
运动3	右快	右慢	右	左
运动4	右慢	右快	左	右
运动5	右v	右v	0	无

252

(学生)观察总结:滑动摩擦力的方向与物体的相对运动方向相反,平行于接触面。

进一步:滑动摩擦力总是阻碍物体的相对运动。

T:力的三要素——作用点、方向和大小,先来看作用点。

(老师拿出一把毛刷)

老师这里有一把毛刷。它在刷讲台上的灰的过程中,应该也受到滑动摩擦力的作用。作为受力物体,它的滑动摩擦力作用在什么位置上呢?

(请一个同学回答)

S11:接触面上。

T:这就是滑动摩擦力的作用点。我在刷动它的时候,这把毛刷上面的毛都发生了什么变化?

S12:形变了。

T:是否能从它的倾斜方向观察出毛刷所受到的滑动摩擦力的方向?

S13:现在毛刷向左拉动的时候,鬃毛向右边倾斜,它所受到的滑动摩擦力方向就是向右的。

T:如果毛刷保持静止状态,而下面的物体向右发生迁移了,那么毛刷的倾斜角度以及它所受的滑动摩擦力方向如何?

S13:应该是向右的。

T:物体的运动方向和它所受到的滑动摩擦力的方向有没有必然联系呢?

S14:没有。

T:那滑动摩擦力和它的运动方向有联系吗?

S14:有,和相对运动的方向有关。

T:我们可以进一步得出什么结论?

S14:滑动摩擦力的运动方向和相对运动方向相反。

T:这是我们通过观测发现的结论。滑动摩擦力如果永远和相对运动方向反向,你站在滑动摩擦力的角度考虑一下,它到底想干什么啊?

S15:阻碍运动。

S16:阻碍相对运动。

T:S16,你的观点与S15有什么不同?

S16:毛刷压在这本书上面,向前滑动。这本书向前运动,它受到的滑动摩擦力也是向前的。

T:很好,这说明——滑动摩擦力产生的作用效果是阻碍物体的相对运动。

说明:教师没有陈述自己的观点,而是让学生进行自证。学生则列举了一个反例,以此说明S15的观点不具有普遍性。学生在选择反例的过程中,必然已经完成了多种情况的对比,并进行了有效归纳,排除了无关因素。

练习:略。

(4)探究——滑动摩擦力的大小

问题:滑动摩擦力的大小与哪些因素有关?

学生可能提出的因素:压力大小、接触面的粗糙程度、接触面积、滑动速度。

设计:要测量的物理量有哪些? 需要哪些器材?

原则——控制变量法

	N(正压力)	S(接触面积)	v(滑动速度)	粗糙程度	f 滑动摩擦力(N)
第1次	1	1	快	木头	0.3
第2次	1	1	慢	木头	0.3
第3次	1	1	慢	海绵	0.7
第4次	2	1	慢	木头	0.5
第5次	1	1/4	慢	木头	0.3
第6次	1	1	慢	沙皮	0.9

实验操作：

学生代表进行操作。

总结：

两个物体之间的滑动摩擦力 f 的大小和他们之间的正压力 N 的大小成正比。

$$f = \mu N$$

T: 我们最后的一个任务，就是计算滑动摩擦力的大小。

练习：如图所示，小物块在力 F 的作用下沿水平面运动，当力的大小为 10 N 时，物体刚好做匀速直线运动。请判断物块所受到的滑动摩擦力的大小及方向。

S17: 10 N，水平向左。

T: 原因？

S17: 匀速直线运动，二力平衡。

T: 这一类滑动摩擦力大小的计算可以通过受力分析，利用二力平衡的方式判断出来。能否直接进行计算呢？这就要知道滑动摩擦力的大小跟哪些物理量有关联。今天我们通过实验来探究一下。实验探究的基本步骤是什么？

S18: 作出假设、实验设计、分析数据、得出结论。

T: 从我们的生活经验来看，哪些物理量和滑动摩擦力大小相关呢？

S19: 接触面的粗糙程度和压力。

S20: 接触面积。

T: 如果研究三个物理量和滑动摩擦力的关系，需要采用什么样的物理方法呢？

S21: 控制变量。

T: 老师这里有一套简易的实验仪器。（器材讲解略）

请考虑一下，利用这套实验仪器，通过什么样的操作来验证这几个物理量的关系？我们需要改变几个物理量？

S：3 个。多加几块木块改变压力，立起来改变面积，更换接触面改变粗糙程度。

T：请各小组同学讨论一下：如果你来做这个实验的话，你的实验需要分几次操作？每一次操作，需要控制哪些物理量不变、改变哪些物理量，记录哪些数据呢？讨论后把结果填在我们的表格里面。请你们一组四个同学到前面来：一个同学进行拉板操作，一个同学读数，另外一个同学负责记录，最后一个同学要负责说明，告诉其他同学你们小组的实验步骤。好，四个同学讨论一下。

某组 S22：我们计划先改变面积，控制另外两个量不变——证明和面积无关；再使用海绵接触面，分别用一个和两个木块改变压力——证明和压力有关；最后改用砂皮纸和海绵接触面对比——证明和材料有关。

（教师请该组同学到讲台前进行实验操作）

T：从表格上面的 5 列数据，可以得到什么样的结论呢？

S23：物体间滑动摩擦力的大小，与接触面的性质有关，与压力有关，与接触面积大小无关。

T：与接触面积大小无关，你的依据是什么？

S23：第 2 次实验与第 5 次实验接触面积不同而滑动摩擦力相同。

T：依据实验数据，滑动摩擦力的大小与接触面的性质及压力的关系能不能进一步进行总结？

S23：当压力翻倍的时候，滑动摩擦力也几乎翻了一倍；接触面越粗糙，滑动摩擦力越大。

T：经过大量实验，人们发现——在接触面性质一定的情况下，滑动摩擦力和正压力大小成正比。而正比关系就相当于我们的正比例函数。它的比例系数我们用字母 μ 来表示，那么 μ 表示的是谁的性质呢？

S24：接触面的性质。

T：最后我们给它一个命名，把它称之为滑动摩擦系数，它仅仅和接触面的材料的粗糙程度有关。

例题:略

4. 课堂小结

$$摩擦力\begin{cases}静摩擦力 \\ 滑动摩擦力\begin{cases}产生条件 \\ 作用点 \\ 方向 \\ 大小\end{cases} \\ 滚动摩擦力\end{cases}$$

5. 课后作业

请同学在作业纸上写下自己小组的设计方案,并和课堂上的操作相比较,阐述优劣。

七、教学反思

在以往的教学中,教师经常将教学的重点放在滑动摩擦力的运用上,而容易弱化研究环节,这容易导致学生忽视物理本质,缺失物理思维方式。本节课,教师将学生的思辨放在了重要位置,抓住了几个重要思考点,进行层层突破。

环节 1:在进行场景 2(滑冰运动员几乎可以在冰面上匀速滑行)分析时,学生意见出现分歧,教师不仅仅让 S7 陈述理由,还反过来问 S6 是否认同。这是让学生相互倾听的过程。然后教师让 S6 换一个角度进一步阐述无滑动摩擦力的原因。一方面让学生相互学习,另一方面,让其在他人的基础上进一步寻找本质原因。

环节 2:在 S15 和 S16 在"运动"和"相对运动"上出现分歧时,教师没有发表意见,而是让学生自述观点的差异。学生迅速将刚刚学习的场景进行连接,并巧妙地做了改变,完成了一次"微创造"。

环节 3:在探究实验的过程中,教师不仅让学生根据经验作出假设,而且让学生设计验证方案,并指导学生根据实验数据进行层层总结。首先,学生先粗略地区分有关和无关因素;然后观察有关因素对滑动摩擦力产生的大体影响;最后,引入科学家的大量实验数据说明物理量之间的准确关联。使学生的思维认知逐步从感性转向理性,从浅层发展到深层,由低阶逐步迈向高阶。

环节 4:最终的作业环节,教师并未让学生满足于课堂上的实验设计,而是让学生将实验设计进行比较。尤其是课堂上的实验演示学生都参与了观察,有所体会。在这种情况下再让学生进行方案优劣的比较与评论,有助于学生进行自我检查与思维提升。

（宁斐斐）

牛顿第一定律

一、教学分析

牛顿第一定律揭示了运动和力的关系，是经典物理学的基石。在教学中，不能把它看作牛顿第二定律的特殊情况，它意在引导学生了解科学的发现和发展。本节课采用的理想实验法，在物理研究中具有十分重要的地位和作用，也可有效地促进学生高阶思维的发展。

教材首先对人类认识"运动和力"关系的历史作了回顾，介绍了四位科学家研究运动和力的关系的思想方法及卓越贡献，然后讲述牛顿第一定律的内容和物体惯性的概念。这是初、高中知识相衔接的一节课程。学生已经了解了牛顿第一定律的基本内容，所以在教学设计上以科学思想、科学方法教育与思维能力培养为主要目标。在牛顿第一定律内容的学习上，注重其对牛顿第一定律内涵的理解。

二、教学目标

知识与技能

1. 理解力和运动的关系，知道物体的运动不需要力来维持。
2. 理解牛顿第一定律，知道它是逻辑推理的结果，不受力的物体是不存在的。
3. 理解惯性的概念，知道质量是惯性大小的量度。

过程与方法

培养分析问题的能力，要能透过现象了解事物的本质，不能不加研究、分析而只凭经验,对物理问题决不能主观臆断。要正确地认识力和运动的关系。

情感态度与价值观

1. 培养科学研究问题的态度。

2. 利用生活中的例子来认识惯性与质量的关系。鼓励学生大胆发言,并学以致用。

三、教学重点、难点

1. 理解力和运动的关系。

2. 理解牛顿第一定律,知道惯性与质量的关系。

3. 惯性与质量的关系。

四、教学资源

多媒体

五、教学流程图

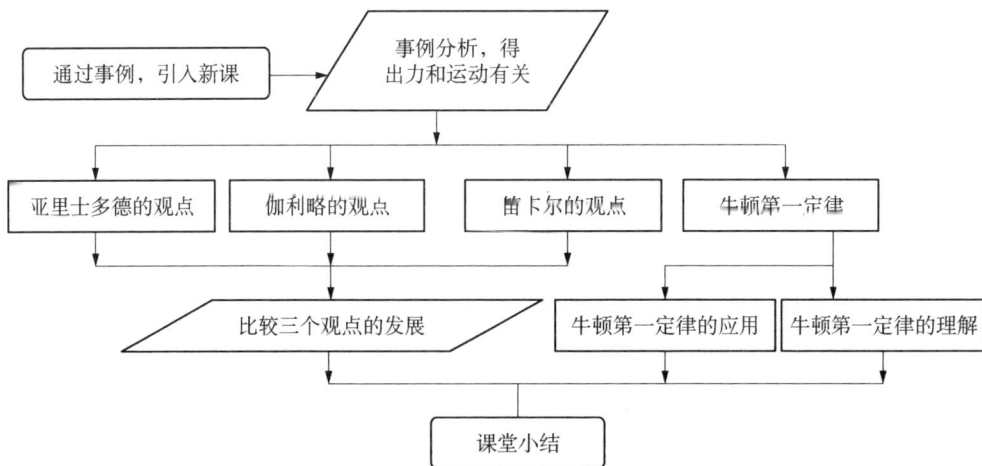

六、教学过程

情境导入

上课,同学们好!

(老师好)

请坐。今天早晨,进校门的时候,值勤的同学也是这样叫老师好的,结果我一不小心摔了一跤。我是个爱思考的人,过后我就在想,走得好好的,为什么会摔倒呢?是因为我没注意脚下,被绊一下,受力了。那说明力和运动之间一定存在必然联系。那么,力和运动之间有什么关系呢?其实人们很早就开始研究这一问题。其中,对人们影响至深的是古希腊哲学家亚里士多德的观点:他的观点请同学回答一下。

(力是维持物体运动状态的原因)

他是如何得出这样观点的呢?

演示:用手推物体,物体运动,撤去外力,物体停止。

由此看来,必须有力作用在物体上,物体才运动;没有力作用在物体上,物体就不运动,这个结论正确吗?由于亚里士多德的观点非常切合人们日常生活感受,故大约2 000年后,才由意大利科学家伽利略率先提出这一观点是错误的。今天我们知道了:撤去外力后物体之所以能够停止运动,是因为不受力的作用吗?恰恰相反,物体之所以停下来是因为受到了摩擦力的作用。那么伽利略的观点是什么呢?

(学生讨论,教师借机导入新课)

学生阅读历史回顾并找出四位科学家关于力和运动的观点。

这部分内容中有些知识点学生是已知的,也有未知的,但学生都看得懂,所以就由学生来完成,同学们相互补充,教师只起到归纳总结的作用。

1. 亚里士多德:力是维持物体运动的原因。

现象:在平路上人推车,车才能运动,人停止用力,车子就要停下来。

2. 伽利略:水平面上物体所以会停下来,是因为摩擦的作用(伽利略在此只是指出了亚里士多德错在哪了,还没提出自己的观点)。如果没有摩擦,水平面上物体一旦具有某一运动物体将一直运动下去(自己的观点)。

理想实验:(课件展示)用多媒体播放伽利略的理想实验(边播放边介绍),要动态出以下效果:

A. 对称斜面,无摩擦时小球滚到与原高度相等处。

B. 减小另一侧斜面倾角,小球从同一位置自由释放要滚到相等高度,滚动距离随之增大。

C. 把另一侧斜面放平,小球要到相等高度,就会一直滚下去。

D. 请学生分析小球在水平面上的受力情况。(物体受重力,支持力作用,合力为零)

根据这一现象伽利略得出了:运动的物体若不受力,物体将一直运动下去。

注:物体所受合力为零相当于物体不受力,在我们所处环境中不受力的物体是不存在的;由于没有绝对光滑的介面及不受力物体,因此本实验同样是理想实验,与伽利略在研究自由落体实验中所采用的物理思想是一致的。

3. 笛卡儿:如果没有其他原因,运动物体将继续以同一速度沿着一条直线运动,既不会停下来,也不会偏离原来的方向。

4. 牛顿:一切物体总保持原来的匀速直线运动状态或静止状态,直到有外力迫使它改变这种状态为止。

通过历史回顾,我们已经明确了三位科学家的正确观点,那么他们在原有的观点上有何进展或突破呢?

学生回答问题:

1. 伽利略:(1)伽利略发现了不易察觉的摩擦力,改变了亚里士多德根据直接经验得出的直觉结论,提出运动不需力维持。(2)思维代替直觉认识宇宙。

2. 笛卡儿:(1)明确匀速直线运动。(2)指出速度改变是有原因的。

3. 牛顿:(1)推广到一切物体。(2)提出静止。(3)明确力的作用。(4)提出一切物体都有保持原有运动状态不变的性质——惯性。

综上所述,牛顿第一定律最全面、最完善。

(让学生们仔细阅读牛顿第一定律的内容,并思考定律包含的几层含义。在进行牛顿第一定律的教学时,不能只满足于学生能复述牛顿第一定律的内容,还应帮助学生理解牛顿第一定律所包含的几层意思。定律的理解程度是未知的,但可以在教师的启发下,通过学生们相互讨论、自主探究、教师补充共同完成下面的三层含义阐述)

1. 描述了物体不受外力作用时的运动规律。

牛顿第一定律描述了物体不受外力作用,或者所受的合外力为零时,物体将保持原来的运动状态——匀速直线运动状态或静止状态。

2. 阐明了力的科学定义。

力是物体间的相互作用,它是改变物体运动状态的原因,而不是产生和维持物体运动的原因。

3. 一切物体都有保持匀速直线运动状态或静止状态的性质,揭示了物体普遍具有的属性——惯性。

从牛顿第一定律我们得知,一切物体都有保持它们原来的匀速直线运动或静止状态的性质,叫惯性。当力迫使它改变这种状态时,它就会有抵抗运动状态改变的"本领"。这个"本领"与什么因素有关?请大家通过实例分析。

讨论交流:载重货车启动时,由静止到高速得需要较长一段时间;百米冲刺到终点后,体重大的运动员较难停下来。

通过这样的实例分析,使学生总结出:运动状态变化的难易程度与质量有关。

结论:惯性大小与质量有关,质量大的物体惯性大;质量小的物体惯性小。

七、课堂小结

通过本节的学习，我们知道了：

1. 历史上几位科学家对力和运动关系的看法和研究。

2. 伽利略得到力和运动关系的研究方法。

3. 牛顿第一定律的内容。

4. 惯性及应用惯性知识解决实际问题的方法。

八、教学反思

高阶思维倡导学习者评价及以批判、探索的精神质疑权威，伽利略的科学探究贴近要求。我在教学过程里明确指出，所有的科学发现或不科学的观点都受历史的局限。同时我注重发挥学生的主体作用，形成师生之间、学生之间的多向反馈结构，在教师的启发下，学生积极主动地解决问题。激发学生的内驱力，调动学生的积极性和主动性，从而促进学生认知、高阶思维的发展。

不足：对个别学生的引导不够，对"理想实验"的实验方法强调不足。在以后的教学工作中应加以改正。

（胡全斌）

用 DIS 实验培养学生实验动手能力，提高学生思维能力

——《动能定理》教案

一、教学任务分析

动能定理是上海拓展教材内容，在课程标准中要求较高。

用动能定理寻找外力对物体所做的总功与物体动能变化之间的定量关系，揭示了功和能之间的密切联系。结合牛顿第二定律利用理论推导的方法可以推导恒力做功与动能变化的关系，但基于高中学生知识和能力的局限性，该方法无法应用于变力做功。因此本节课在理论推导恒力做功下动能定理的同时尝试利用 DIS 实验系统研究变力做功，探究合外力做功与动能变化的定量关系；把探究实验与理论推导相结合，使学生对动能定理的理解更加深刻。

学习本节课之前学生已学习了力的合成与分解、牛顿第二定律、功、功和能量变化的关系。结合学生已学物理知识和他们已有的思维能力，在教学中先通过复习提问的方法得出外力做的功和能量变化之间的定性关系；再创设情境，利用理论推导得出恒力作用下外力做的功等于动能增量；然后利用 DIS 实验设备，探究得出动能定理也适用于变力做功时的情况，使学生深切感受理论推导和实验设计这两种基本的研究方法在物理学习中的作用，让学生较好地理解动能定理。

二、教学目标

1. 知识与技能

（1）知道做功与动能变化的定性关系。

（2）会推导恒力作用下的动能定理。

（3）理解动能定理的内容。

（4）运用动能定理解决实际问题。

2. 过程与方法

在设计探究物体合外力做功与动能变化的定量关系的过程中，掌握理论推导研究方法。

了解实验探究研究方法。

3. 情感、态度与价值观

通过在恒力和变力两种情况下对动能定理的探究，提高学生对科学研究的兴趣。

三、教学重点与难点

1. 重点

动能定理的内容。

2. 难点

（1）理解变力做功时，F-s 图线中图线与横轴（s 轴）包围面积的物理意义。

（2）设计 DIS 动能定理实验解决变力做功时合外力做的功与动能变化的定量关系。

四、教学资源

1. 教学视频

2. DIS 实验设备

五、教学设计思路

1. 设计思路阐述

本设计的基本思路是:教学中先通过创设情境,引入功和能的关系,再通过复习提问的方法得出外力做功和动能变化之间的定性关系;再创设情境,利用理论推导得出恒力作用下外力做的功等于动能增量;然后设计动能定理的 DIS 实验探究,得出动能定理也适用于变力做功的情况;最后运用动能定理分析解决简单的实际问题。

本设计要突破的难点是:

(1) 理解变力做功时,$F-s$ 图线中 F 与横轴包围面积的物理意义。方法是:通过复习提问的方式加深理解每个恒力与横轴包围的面积是其对应的功。最后通过对横轴(s 轴)进行无限缩小,采用极限的思想方法理解变力做功时 F 与横轴包围的面积即是其做的功。

(2) 设计 DIS 实验解决变力做功时合外力做的功与动能变化的定量关系。方法是:利用恒力作用下得出的关系,针对等式中各个物理量的测量提出需要的实验器材,自主讨论这些器材如何使用,教师最后进行总结,写出实验步骤。

2. 教学流程图

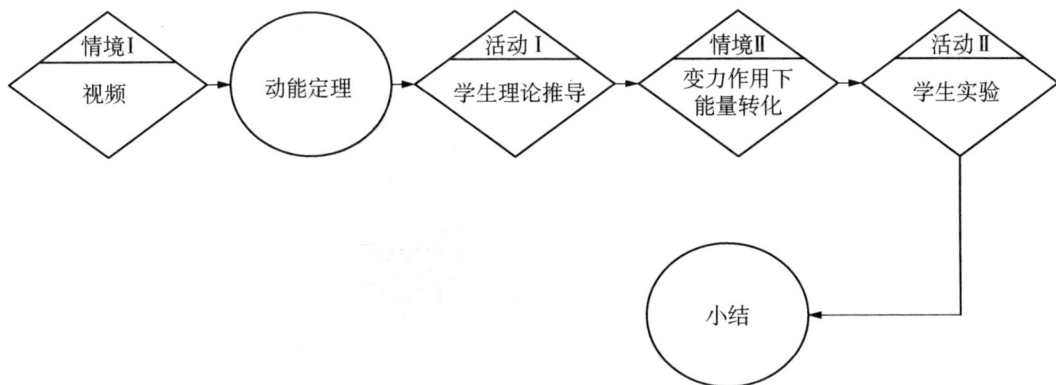

3. 流程图说明

情境Ⅰ（视频）：了解能量转化。

活动Ⅰ：推导恒力作用下，合外力对物体做的功和物体动能变化量的定量关系。

情境Ⅱ：变力作用下，合外力对物体做的功和物体动能变化量的定量关系。

活动Ⅱ：运用 DIS 系统进行设计实验来探究这两者的关系。

六、教学过程

1. 引入：

情境Ⅰ

教师：如视频所示，同学们可以思考一个问题，我们能否应用所学的牛顿运动定律来求解小球进门瞬间的末速度？

学生：不能，小球做的是变加速运动，无法利用牛顿运动定律来求解。

教师：我们可以根据做功和能量之间的关系来进行求解，这就是我们本节课所涉及的内容。

教师：同学们学习了做功与动能的关系一节后对于做功和动能可以得出怎样定性的结论？

学生：力对物体做正功，物体动能增加；力对物体做负功，物体动能减少。

教师：在这个结论中，我们知道了力对物体做了功，物体的动能就会发生变化，那么它们两者之间存在着怎样的定量关系呢？这就是我们本节课具体探究的内容。

2. 恒力作用下，合外力对物体做的功和物体动能变化量的定量关系

活动Ⅰ：

如图，在水平地面上，一个质量为 m 的物体运动到 A 点时的速度为 v_0，此时受到一个与速度方向一致的水平恒力 F 的作用，经过一段距离 s 到达 B 点时的速度为 v_t，

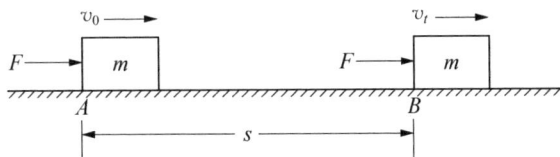

已知地面对物体的滑动摩擦力恒为 f，试证明：合外力对物体做的功等于物体动能的变化量，即 $W_合 = \Delta E_k$。

$$W_合 = (F - f)s = ma \cdot \frac{v_t^2 - v_0^2}{2a} = \frac{1}{2}mv_t^2 - \frac{1}{2}mv_0^2 = E_{kt} - E_{k0} = \Delta E_k$$

从理论推导上可以得出：在恒力作用下，合外力对物体做的功等于物体动能的变化量。

3. 变力作用下，合外力对物体做的功和物体动能变化量的定量关系

活动Ⅱ

根据理论的推导同学们已经得出了在恒力作用下合外力对物体做的功和物体动能变化量之间的定量关系，那么在变力作用下它们的关系是否会发生变化呢？

（引导学生运用 DIS 系统进行设计实验来探究这两者的关系）

教师：对于设计实验来说分成三个部分，首先是建模，在建模中我们要确定研究对象，请同学们思考在此次实验中，我们实验的对象是什么。

学生：小车。

教师：我们可以通过什么来提供变力？

学生：强磁铁。

教师：第二部分我们应思考如何测量我们所需的物理量。首先，我们可以参照恒力做功下的等式，思考下需要哪些实验器材，如何来测量。

学生：位移传感器、力传感器、光电门传感器、挡光片。

教师：因为在本次实验中我们需要测两个瞬时速度，那么我们可以有两种方法。

（1）两个光电门传感器，一个挡光片，此类适用于距离较远的运动。

（2）一个光电门传感器，两个挡光片，此类适用于距离较近的运动。

我们这次实验应选用第（2）种。

实验装置介绍：在一辆小车上安装两挡光片和位移传感器的发射端。光电门传感器、位移传感器的接收端、力传感器安装在固定导轨上，将两块磁铁分别安装于力传感器受力端和小车对应的位置，且同性磁极相对，挡光片宽度相同，其数据输入计算机。小车由于受到磁场力的作用向力传感器方向运动，挡光片 a、b 分别经过光电门传感器时，记录下小车的初速度 v_0 和末速度 v_t，根据 $\Delta E_k = (mv_t^2 - mv_0^2)/2$ 得出动能的变化量。同时，力传感器和位移传感器记录每个时刻的 F 和 s 的值，作出 F-s 图线，由于导轨阻力可忽略，F 即为合外力。计算出 F 与横轴包围的面积即为变力 F 做的合外力的功，再和 ΔE_k 进行比较。

师：第三部分是误差分析，这部分内容我们将在以后的学习中进一步深入研究。

实验结论：变力做功时合外力对物体做的功等于物体动能的变化量。

实验截图：

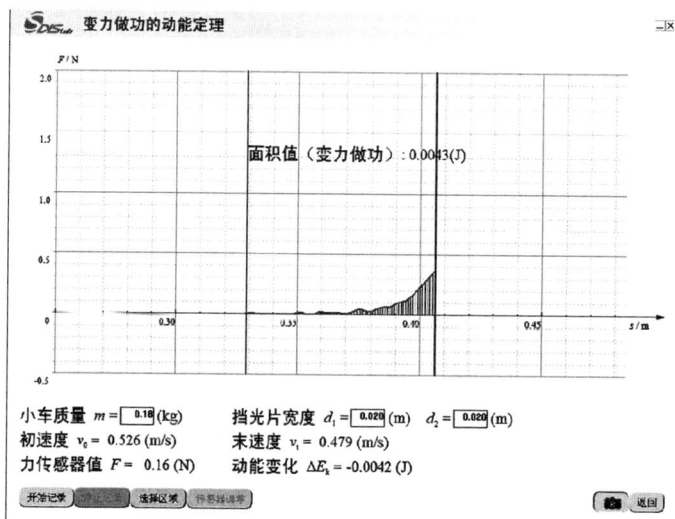

本次实验中需注意的是：

（1）实验时，光电门传感器和力传感器的位置应保持适当，距离过大会导致受力趋向恒力，距离过小会导致受力瞬间变得很大，造成过大的误差。

（2）安装在力传感器和小车上的强磁铁要对准，否则会造成小车脱离轨道或者卡在轨道上，造成过大的误差。

（3）点击开始测量后应先点击传感器调零，减小误差。

小结：结合理论推导下恒力做功与 DIS 实验探究中变力做功的两种情况，都得出了一个普遍的规律：合外力对物体做的功等于物体动能的变化量。我们把这个规律称为动能定理。动能定理既适用于恒力做功也适用于变力做功的情况，既适用于直线运动也适用于曲线运动。

七、教学反思

动能定理说明了外力对物体所做的总功与物体动能变化之间的定量关系，揭示了功和能之间的密切联系，以前的教材中若结合牛顿第二定律利用理论推导的方法可以较为简单地得出动能定理的内容，但基于高中学生知识的局限性，该方法无法应用于变力做功。因此本节课在理论推导恒力做功下动能定理的同时尝试在变力做功时利用 DIS 实验系统设计，探究合外力做功与动能变化的定量关系；把实验设计、探究与理论推导相结合，使学生对动能定理的理解更加全面深入。

整节课在理论推导过程中，基于学生的实际能力，把推导的过程分割为三个阶段，使学生能有一个由浅入深的认知坡度，效果比较好。本节课的重点在于变力做功下的动能定理的得出，而由于历史上定理本身并不是实验得出的，而是由公示推导出的，同时，本次的 DIS 实验本身对于实验能力的培养要求不高，如果只是单纯让学生按部就班地操作，那么提高学生探究能力、实验能力的达成度会受到影响。基于以上原因，教师把对定理本身的探究转化到对本次实验设计探究上。而作为一个设计型实验,需要由建模、测量和误差分析组成。建模即建立模型,使学生知道要研究的对象;测量是指需要测量相关物理量及所需器材,提高学生对实验原理、实验过程的了解;误差分析则帮助学生找到产生误差的原因。在应用部分,考虑到这是动能定理的第一节课,着重强调动能定理的解题步骤,对于多过程的复杂问题并没有涉及,同时,对于选择规律的方法只是初步提到,在应用中事先安排了坡度,先求做的功再强制规定根据动能定理的表达式来求解末速度,但还是有部分学生会用牛顿第二定律和运动学的公式去求解,只有在以后的课上用具体的实例再着重强调解题方法的选取。最后,用动能定理解释课前播放的视频,首尾呼应。

（黄　静）

玻意耳定律的应用

一、教学任务分析

气态是物质存在的一种状态,气体实验定律是研究气体性质的基本定律,玻意耳定律作为三大定律之一,在生活中有十分广泛的应用。

本节课从生活实例——医用盐水瓶和气压式热水瓶入手,复习玻意耳定律。

观看多媒体录像,提出问题:潜水艇上升、下潜是什么原理? 通过学生模拟演示,定性分析原理,再次巩固玻意耳定律。

图象法在物理中有着重要的地位,如果能很好地应用,不仅能节约时间,又能得到较精确的结论。

本节课通过探究学习,运用玻意耳定律定量计算当地大气压强,让学生初步体会物理探究的过程和方法,感受物理图象法的优点,提高其作图能力及转换物理信息的能力。

通过分组实验和交流,体验分工合作在实验过程中的重要作用,增强合作的意识。在教学中,有意识关注学生对问题的"分析",使学生的高阶思维能力得到发展,以适应当前素质教育的需要。

二、教学目标

1. 知识与技能

(1) 能运用玻意耳定律解释有关生活现象。

(2) 通过实验,用图象法求大气压强。

2. 过程与方法

（1）在测量大气压强的过程中，经历提出问题、设计实验、优化实验、获取有用信息的探究过程。

（2）在对实验数据处理过程中，感受用图象研究物理问题的科学方法。

3. 情感、态度与价值观

（1）感受玻意耳定律在生活中的重要应用价值，增强学以致用的意识。

（2）逐步形成合作交流、善于表达想法和观点的态度。

三、教学重点与难点

重点：运用玻意耳定律解决生活、社会中的实际问题。

难点：优化实验，用图象法求大气压强。

四、教学资源

1. 盐水瓶、针、橡皮管。

2. 气压式热水瓶。

3. 自制模拟潜水艇演示器材。

4. 装有水银的玻璃管、铁架台、木板、尺、纸、笔等。

5. 多媒体课件。

五、教学设计思路

本设计包括应用玻意耳定律对生活现象定性分析和应用玻意耳定律定量计算大

气压强两部分。

本设计的基本思路是:第一部分:从生活实例医用盐水瓶、气压式热水瓶入手,应用玻意耳定律解释有关现象;通过对潜水艇上升、下潜原理的分析,再次巩固玻意耳定律,让学生体会物理知识与生活的紧密联系;第二部分:应用玻意耳定律,完成探究课题——测量大气压强。让学生经历提出问题、设计实验、优化实验、获取有用信息的探究过程,并在此过程中感受用图象研究物理问题的科学方法。

本设计要突破的重点是:应用玻意耳定律解决社会、生活中的实际问题。在课堂中,分别提出三个常见现象,要求学生运用玻意耳定律进行解释。

本设计要突破的难点是:运用玻意耳定律测量当地大气压强。以提出课题——用给定的实验仪器,测量当地的大气压——为切入点,师生共同探讨实验方案,得出用图象法求大气压强。

二期课改注重学以致用,注重知识的灵活性。所以在引入部分结合了生活实例,让学生从浅显、有趣、实用的现象中复习与之相关的物理知识——玻意耳定律,既提高了学生的积极性,又引入了本节课的主题。在此过程中,利用身边的日常生活用品做实验,给学生亲切感,拉近了物理与生活的距离,同时也挑战了自己的创新能力。

在最初的设计思想中,画怎样的图象、设计怎样的实验方案最有利于研究等都是要通过学生的自主活动来确定的,这些也确实值得学生探究。可这样的话,学生在整堂课的自主活动非常多,思维要求对他们来说可能会应接不暇。所以,针对学生的特点,把教学重点落实在实验过程中,给学生提供自主分析、合作交流的空间,让其明白:要具有团队精神,探究中必须合作。对实验得出数据进行整理,正确建立坐标系并选择适当的标度,精确描出坐标点,连线,体会图象所包含的物理意义以及从图象中得到有用的信息。在其他环节的处理上,如设计怎样的实验方案最有利于研究等都是通过教师创设问题情境,引导学生共同完成的。

完成本设计的内容约需 1 课时。

六、教学流程

1. 教学流程图

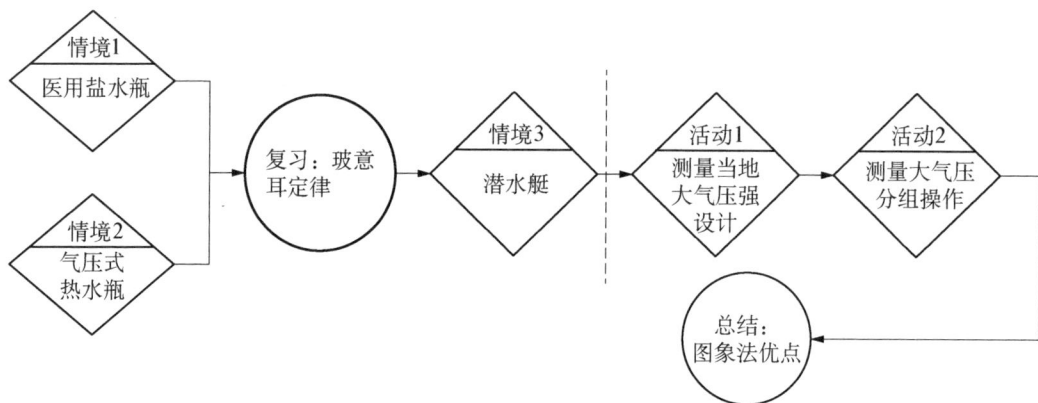

2. 流程图说明

情境1　倒挂盐水瓶,一段时间后,瓶中水不会再往下流出,让学生分析原因。

情境2　教师从气压式热水瓶倒水,学生解释现象。

说明:一定质量的气体,在温度不变时,压强与体积成反比关系。(玻意耳定律)

情境3　录像:海水中,潜水艇上升和下降。

说明:通过自制模拟实验器材,再现潜水艇上升、下潜,让学生进行分析。

活动1　提出探究课题:用给定实验仪器,测量当地大气压强。

活动2　师生共同探讨,怎样用给定的仪器测量当地大气压强,并设计实验方案。

说明:(1)试管水平放置、竖直放置,分别测量空气柱长度及水银柱长度,运用 $p_1V_1 = p_2V_2$ 求得大气压强。

(2)减小误差,需要多次测量。对比测量电源电动势、内阻实验,得出可以用图象法求大气压强。

（3）师生共同讨论画怎样的图象。$\left(h\cos\theta-\dfrac{1}{L}\right)$

（4）从图象的截距求得大气压强。

活动 3　师生共同讨论优化实验方案。

说明：给定竖直平面，给定一定角度，让试管按事先设定的方向转动，既节约时间，又减小误差。

活动 4　分组实验。在实验过程中，教师要加强指导，并对各小组数据进行比较。

说明：（1）图象坐标的选取要合理。

（2）连线时要注意哪些问题？

（3）各小组图象斜率是否一样？说明什么问题？

总结图象法优点：(1)简洁直观。(2)转换信息。(3)减小误差。

3. 教学主要环节

可分为两个环节：

第一环节，应用玻意耳定律解释生活现象，让学生感受物理与生活的紧密联系，增强学以致用的意识。

第二环节，应用玻意耳定律进行探究实验，初步体验物理探究的过程和方法，感受图象法解决问题的优点，提高学生作图能力及转换物理信息的能力。

七、教案示例

1. 情境引入

（1）在医用盐水瓶中注入水（便于看清，可在水中加入颜色），倒挂瓶子，让水流出，观察现象。一段时间后，水不会流出，提出问题：为什么水流不出了？

让学生回答。

（瓶中气体体积减小,压强变大）

（2）教师拿出杯子,从气压式热水瓶中倒出水,让学生观察现象,提出问题:为什么向下压瓶盖,水会流出?

为了展示热水瓶内部结构,让学生看自制课件,并观察现象。

由学生回答:向下压瓶盖,瓶中气体体积减小,压强增大。

通过以上两个生活实例,让学生回顾玻意耳定律的内容,即:一定质量气体,在温度不变时,压强与体积成反比关系。

2. 加强应用

观察录像:潜水艇在海水中的运动。

提出问题:为什么潜水艇能在海水中自如地上升和下潜?

实验:用自制仪器模拟潜水艇工作原理。（可以让学生参与实验,增加其兴趣）

通过实验,让学生分析原因:气体体积变大,压强减小,海水进入仓内,改变自身重力,所以下沉。反之亦然。

通过以上教学,让学生充分感受物理知识在生活中的应用,增强其学以致用的意识,提出在今后的学习中,希望学生能多动脑、多思考。

3. 实验探究

以上我们应用玻意耳定律对一些生活现象进行了定性分析,现在,我们要用玻意耳定律进行定量计算。

（1）提出探究课题:用给定实验仪器,测量当地大气压强。（给定仪器有:装有水银的玻璃管、铁架台、木板、尺、纸、笔等）

（2）引导学生通过把试管水平放置、竖直放置,分别测量空气柱长度及水银柱长度,运用 $p_1 V_1 = p_2 V_2$ 求得大气压强。（计算法）

提出问题:怎样减小误差?

学生回答：多次测量。

教师引导学生，对比测量电源电动势、内阻实验，得出可以用图象法求大气压强。

提出问题：画怎样的图象？怎样从图象中求大气压强？

教师在黑板上推导，最终确定画 $h\cos\theta - \dfrac{1}{L}$ 图象，从截距得出大气压强。

（3）师生共同讨论优化实验方案。

给定竖直平面，给定一定角度，让试管按事先设定的方向转动，既节约时间，又减小误差。

（4）学生分组进行实验。

提醒学生在实验中要团结协作。

在实验过程中带着三个问题研究：

A．图象坐标怎样选取？

B．连线时要注意哪些问题？

C．各小组图象斜率是否一样？说明什么问题。

（5）对各小组实验结果进行比较，完成问题。

A．坐标选取使图象美观、精确。

B．连线时使尽可能多的点通过直线，不在直线上的点均匀分布直线两边，明显偏离直线的点舍去。

C．从公式上得出，图象中的斜率与气体的质量有关，所以各小组图象斜率各不相同。

（6）总结图象法的优点：

A．简洁直观。

B．转换信息。

C．减小误差。

4. 课堂小结

5. 布置作业

（1）气压式热水瓶内封闭气体的体积为 V，瓶内水面与出水口的高度差为 h，如图所示，设水的密度为 ρ，大气压强为 p_0，欲使水从出水口流出，瓶内空气的压缩量 ΔV 至少应为多少？

（2）参照课堂探究过程，以小组为单位，完成探究任务：测量不规则物体（如花生米）的体积。

要求：经历提出问题、设计实验、优化实验、获取有用信息等探究过程，在下堂课中以小组为单位进行实验并交流。

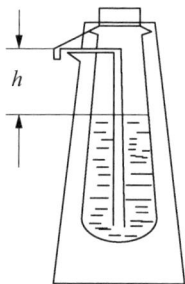

八、教学反思

本节课的特点之一是选用现实生活中的真实情境、有意义的问题进行教学，如医用盐水瓶、气压式热水瓶、潜水艇等，从中培养学生的建模能力。特点之二是通过学生自主探究如何测定大气压强的实验，培养学生解决实际问题的能力，学生在设计中产生了许多有创造性的想法，并增进了合作意识。让学生经历科学探究过程，学习科学研究方法，培养学生的探索精神、实践能力以及创新意识。培养学生的创新精神是素质教育的必然要求，提高学生的学习能力是培养学生创新精神和实践能力的重要条件之一，而学生实验教学对提高学生动手能力、观察能力、分析能力、创新能力有很大帮助。在本节课的实验探究过程中，学生的思维非常活跃，会提出一些教师意想不到的想法。教师抓住了学生的创新火花加以"点燃"，有效地提高了高阶思维能力。通过分析实验现象，得出相应的物理规律；通过分析实验数据，找出定量关系；通过分析实验误差，对实验结果作出评判。通过"分析"，学生的"评价"、"创造"性思维得到了较好的发展。

（杨悦蓓）

用图象法解一类电场问题

一、教学任务分析

本设计的内容是在复习电场知识的基础上，进一步通过 E-x、φ-x 图象综合解决一类问题——图线问题。

本课使用学校自己编写的高三复习题目。在教学过程中，以培养学生的综合解决问题为目标，重点在学习如何分析图线问题。

学生有一定发现、分析和处理问题的能力，因此，在执教方法上以适时的引导、点拨为主，遇到问题或者疑惑，尽可能鼓励学生通过活动自主解决。

二、教学目标

1. 知识与技能

（1）知道点电荷、等量异种点电荷、等量同种点电荷周围电场的场强和电势特点。

（2）学会使用 E-x、φ-x 分析点电荷、等量异种点电荷、等量同种点电荷周围电场的场强和电势特点。

2. 过程与方法

（1）在学习利用 E-x、φ-x 分析电场的场强和电势特点的过程中，运用观察、分析和思考的科学研究方法。

（2）在学习画 E-x、φ-x 图线的过程中，经历观察、模仿与练习的学习方式。

3. 情感、态度与价值观

（1）通过对画出的 E-x、φ-x 图线探讨，养成科学思考的好习惯。

（2）通过对展示的纠错，感悟物理的规范和物理知识的严谨，树立实事求是的科学态度。

三、教学重点与难点

教学重点：用 $E\text{-}x$、$\varphi\text{-}x$ 分析点电荷、等量异种点电荷、等量同种点电荷周围电场的场强和电势特点。

教学难点：1. 画出等量异种点电荷、等量同种点电荷周围电场的场强和电势 $E\text{-}x$、$\varphi\text{-}x$ 图线。

2. 会用叠加法画出等量异种点电荷、等量同种点电荷 $E\text{-}x$、$\varphi\text{-}x$ 图线。

四、教学资源

图片、PPT、学生工作单。

五、教学设计思路

本设计的内容是：学会用图象法解一类电场问题。

1. 本设计的基本思路

通过点电荷、等量异种点电荷、等量同种点电荷周围电场的场强和电势特点的梳理复习引出"图象解法"的新课；学生通过画点电荷 $E\text{-}x$ 图线发现利用图象可以得出各类 $E\text{-}x$ 图线反映出的物理量的特点；通过学生探究点电荷 $\varphi\text{-}x$ 图线发现各类 $\varphi\text{-}x$ 图线反映出的物理量的特点；通过老师演示和学生模仿，体验利用图象解决问题的重要性；通过学生的尝试体验和师生的共同探讨，感悟图象作为另一类解决物理问题的语言,它的直观与便捷;最后,通过学生例题纠错等教学活动,掌握图象的使用。

(1)本设计要突出的重点是:画各类 E-x 图线、φ-x 图线。方法是:教师的演示和学生的观察等一系列教学活动,使学生学会画的方法。

(2)本设计要突破的难点是:①画出等量异种点电荷、等量同种点电荷周围电场的场强和电势 E-x、φ-x 图线。②会用叠加法画出等量异种点电荷、等量同种点电荷 E-x、φ-x 图线。方法是:通过演示展示、老师演示与学生探究等活动,使学生学会用叠加方法画出等量异种点电荷、等量同种点电荷周围电场的场强和电势 E-x、φ-x 图线。

2. 教学流程

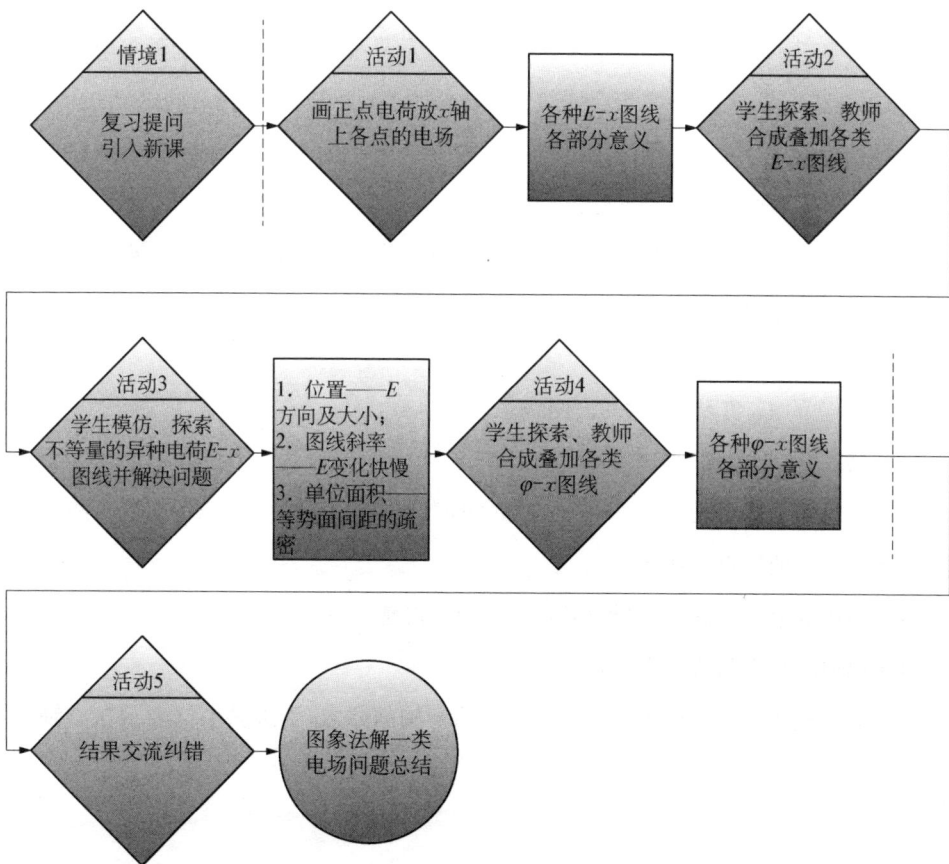

3. 流程图说明

本设计课可分为三个主要的教学流程环节。

第一流程环节,从知识疏理复习中引出"图象解法"的新课。

第二流程环节,通过演示和模仿,体验图象解决问题的意义。

第三流程环节,课堂小结。

六、教学过程

1. 复习提问、引出新课

复习场强及电势特点。

师:同学们,下面我们来复习一下点电荷、等量异种点电荷、等量同种点电荷周围电场的场强和电势特点,你是否会通过列表比较呢?(播放 PPT)

学生填写工作单练习,通过练习复习回顾所学的知识。(备注:演示较清晰)

点评:学生思维活动——回忆。

师:很好,同学们掌握得很扎实。下面,我们来学习用图线来解决各类点电荷周围电场的场强和电势特点。

2. E-x 图线

(1) 孤立的正、负点电荷 E-x 图线。

(板书:用图象法解一类电场问题)

师:通过刚才的练习,我们知道在孤立的正、负点电荷电场中,离场源电荷距离越远,其场强变化的特点是什么?

生:离场源电荷越远,场强越小,且越远减小得越慢。

(可以追问是否为线性变化)

师:如果我将正点电荷放置在一维坐标轴 x 轴的原点,引进纵坐标表示在 x 轴上各点的电场强度,则图象是怎样的？请在作业纸上画好。

师:当负点电荷放置在一维坐标轴 x 轴的原点,情况又是怎样的呢？请同学们来帮我分析一下,在作业纸上画好。同学们画得很好,展示一下图线。

师:那么同学们,观察图象的位置以及图线斜率和面积我们可以看到哪些物理量？他们的变化趋势是怎样的呢？从图象中可以总结出什么特点？

(通过画图启发学生得到简单的特点)

师:那么,观察图象的位置以及图线斜率和面积我们可以得到哪些物理量？他们的变化趋势怎么样的呢？还有什么特点？我们来探究一下。

(板书:一、各类 E-x 图线反映出的物理量的特点)

生:①位置——E 方向及大小;②图线斜率——E 变化快慢;③单位面积——等势面间距的疏密。

点评:物理图象能形象表达物理规律,直观地描述物理过程、清晰地反映物理量的函数关系,图象法解题快速、准确。通常在应用图象法解决物理问题时会关注物理量的变化趋势、图线的斜率或底下所包围的面积,其实对图线进行加工处理使之能够反映出更深刻的物理规律也是应用图象法解题很重要的一个方面。

(2)等量异种点电荷、等量同种点电荷 E-x 图线。

两带电量分别为 q 和 $-q$ 的点电荷放在 x 轴上,相距为 L,两电荷连线上场强大小 E 与 x 关系的情况又是怎样的呢？请同学们在作业纸上画好,并在对应的位置上标出图线。

师:可否根据电场叠加或者总结出的 E-x 图线特点,画出同种电荷的 E-x 图线？

(先从一个孤立点电荷一侧切入,启发学生,画出其他坐标两侧的 E-x 图线。学生如果有问题可以先示范)

师:我来给同学们示范一下叠加的方法。

（教师根据在一条直线上电场叠加的方法得出两带电量分别为 q 和 $-q$ 的点电荷 E 与 x 关系的图象）

（3）不等量同种或异种点电荷各种 E-x 图线。

演示 PPT，通过分析图线上的斜率、面积特殊点的值，从而进一步理解电场的特点。

师：很好。如果两个电量的绝对值不相等，图线又应该是怎样的呢？下面请同学们也来体验一下操作。

点评：这是一个分析 E-x 图线结构的思维过程。分析各种图线，培养学生的观察、分析问题的能力。

（4）沿 x 轴方向，任意电场的 E-x 图线特点。

师：刚才我们自己画出几类点电荷的沿 x 轴方向的图线，我们可否判断一个沿 x 轴方向，任意电场的特点？

例题：空间有一沿 x 轴对称分布的电场，其电场强度 E 随 x 变化的图象如图所示。x_1 和 $-x_1$ 为 x 轴上对称的两点。下列说法中正确的是（　　　）。

（A）O 点的电势最低

（B）x_1 和 $-x_1$ 两点的电势相等

（C）电子在 x_1 处的电势能大于在 $-x_1$ 处的电势能

（D）电子从 x_1 处由静止释放后，向 O 点运动，到达 O 点时速度最大

生1：电场的大小看斜率，斜率越大，增大或减小的场强越大，方向看纵坐标的正负。（若没讲全，教师提醒方向怎么看）

生2：看面积可以看出单位面积越大，增大或减小的电势就越大。

3. φ-x 图线

师：已经了解了场强的分布，那么孤立的正、负点电荷作场源的电场其电势变

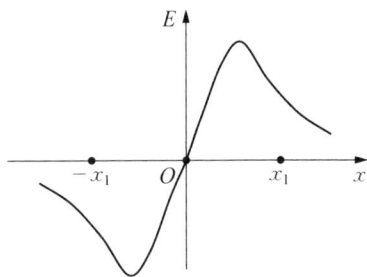

化的特点又是怎样呢？现在我将点电荷放置在一维坐标轴 x 轴的原点,引进纵坐标表示在 x 轴上各点在电场中的电势,则图象是怎样的？请任选一个在作业纸上画好。

生:离正场源电荷越远,电势越低,且降得越慢;离负场源电荷越远,电势越高,且升得越慢。

(1)孤立的正、负点电荷对 φ-x 图线又是什么样的呢？

学生观察教师提供的PPT。

师:观察 E-x 图线图象的位置以及图线斜率,我们可以了解一些物理量和它们变化的特点？对于 φ-x 图象,我们又学会了什么？请同学们把结论填在单上。

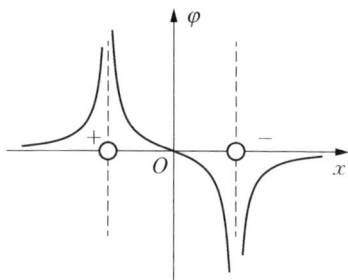

生1:位置—E 方向及大小;2. 图线斜率—E 变化快慢 3. 单位面积——等势面间距的疏密。

(2)等量异种点电荷、等量同种点电荷各种 φ-x 图线。

师:很好,根据电势中任意一点电势的值等于各点点电荷在该点产生的电势的代数和,可以进行代数叠加。请根据前边 φ-x 图的特点研究以及电场线的分布情况,画出等量异种点电荷、等量同种点电荷中间连线上 φ-x 图线,请同学和大家交流下你们的结果。

师追问:画这类图象的依据是什么？结合一个具体的图象说明。

(老师演示叠加过程,分析图象特点)

(3)不等量同种或异种点电荷各种 φ-x 图线。

师:可以展示画的过程,x 轴上两点 B、C,且 $OB > OC$,画出不等量异种点电荷、等量同种点电荷中间连线上 φ-x 图线。(用叠加法)

对右图所示图线进行讨论。

学生交流结果：

① C 点的电势高于 B 点的电势。

② B 点的场强大小大于 C 点的场强大小，B、C 点的电场方向相同。

③ 正电荷不可以在 x 轴上 B、C 之间的某两点做往复运动。

④ 负电荷沿 x 轴从 B 移到 C 的过程中电场力做正功。

点评：学生思考的方法，既是对前面环节的小结，也为后面的学生综合作了必要的理论铺垫。

（4）沿 x 轴方向，任意电场的电势特点

师：刚才我们自己画出几类点电荷的沿 x 轴方向的图线，我们可否判断一个沿 x 轴方向，任意电场的电势特点？

学生练习：

例题 1. 某静电场沿 x 方向的电势分布如图所示，则（　　）。

（A）在 0—x_1 之间不存在沿 x 方向的电场

（B）在 0—x_1 之间存在着沿 x 方向的匀强电场

（C）在 x_1—x_2 之间存在着沿 x 方向的匀强电场

（D）在 x_1—x_2 之间存在着沿 x 方向的非匀强电场

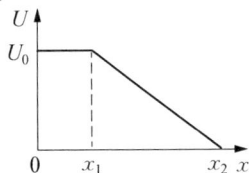

例题 2. 在光滑的水平面内有一沿 x 轴的静电场，其电势 φ 随 x 的变化图线如图所示。一质量为 m，带电量为 q 的带正电小球（可视为质点）从 O 点以初速度 v_0 沿 x 轴正向移动。下列叙述中正确的是（　　）。

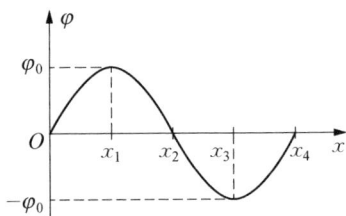

（A）小球从 O 运动到 x_1 的过程中，所受电场力逐渐增大

（B）小球从 x_1 运动到 x_3 的过程中，电势能先减小后增大

（C）若小球能运动到 x_4 处，则初速度 v_0 至少为 $2\sqrt{\dfrac{q\phi_0}{m}}$

（D）若 v_0 为 $2\sqrt{\dfrac{q\phi_0}{m}}$，带电粒子在运动过程中的最大速度为 $\sqrt{\dfrac{6q\phi_0}{m}}$

学生间纠错、讨论。

点评：结合 φ-x 图线综和解决各种问题，是为了进一步提高对图线的认识。通过学生自己给自己纠错，提高其对各种 φ-x 图线的认识，也是使其学会主动研究不同图线的方法的手段。

师：同学们，今天的课我们学会用 E-x、φ-x 图线分析相关物理量的特点，学会了读图。

（布置作业）

同学们，练习能帮助你们解决实际问题、学以致用。好，下课！

七、教学反思

1. 本节课的选择动机

本节课是高三复习课的一种尝试。在复习完电场后，如何让学生能够有收获，如何提高综合能力是一个值得探讨的问题。开设专题复习的目的，是利用分析 x 轴方向上的 $E\backslash\varphi$ 图线的方法，综合各类点电荷的特点及其相互关系，灵活解决各种运动情况下的抽象问题。因此，对学生能力的要求比较高，教学处理好的话，会体现学生思维的深刻性、灵活性、广阔性，是对学生高阶思维的有效训练。

2. 本节课的特点——深度与要求的关系

（1）高三复习课比较难上，落脚点要合适。

本节课属于高阶知识,教学思维要求比较高,在课堂当中用图形的方法尤其是用画图的方法,以及图形合成的方法来得出图线反映出的电场的场强与电势等各类物理量的特点,不仅要识图,而且要画出图线,对于部分学生来说,若前面基本知识的理解不透彻,不会辨别、归纳综合,那么,本节课进行的组织分析,就很难达到目标。

（2）拔高要提供一个脚手架——电场线

如果本节课与实际场具体联系起来,提供一些数学表达式,再将抽象的问题结合具体情境,那么大部分同学会很容易画图象,可以降低坡度,即从具体到抽象再从抽象到具体,学生的情境图就会很清晰。

3. 本节课的亮点

（1）利用叠加的方法处理图线。

利用叠加的方法处理一些数学工具不容易处理的问题,是一种很好的方法,帮助学生拓宽解决问题的途径。

（2）应用范围广。

通过图线的应用将相关各部分的知识点有机结合起来,可以应用到其他物理量的分析中。

（吴　艳）

"电路的 U-I 图象" 教学设计

一、教学任务分析

（一）学科知识分析："电路的 U-I 图象"是对部分电路欧姆定律和闭合电路欧姆定律的巩固和强化，也是对图象知识的进一步理解，在近年的高考题，特别是电学实验中频繁出现，这些问题体现了应用数学处理物理问题的能力，要求能运用几何图形、函数图象进行表达与分析。因此，此类问题既是高考的重点也是同学们学习的难点。

学习本节内容需要的知识有：部分电路欧姆定律、全电路欧姆定律及相应的数学图象知识。

本节课首先根据数学中的 $y=kx$ 和 $y=y_0-kx$ 的图象知识来画出匀变速直线运动 v-t 图象、电阻的 U-I 图象和电源的 U-I 图象，然后根据对比及相关公式得出两图象交点、斜率、面积的物理意义；同时通过辨析的方式得出电源 U-I 图象斜率的求法。在学生掌握了这两类图象后，以找一交点或坐标点的方式为突破点求解电源与一个非线性元件连接的图象应用问题，达到举一反三的目的。一题多变，让学生分析两个非线性元件串联、并联及混连的求解方法。

（二）高阶思维的培养：首先通过类比的方式让学生知道 U-I 图象的意义，再通过讨论、辩论和一题多解来对 U-I 图象巩固和加深理解。在一题多解的题目中，让同学对多种解题方法进行分析和评价，而类比、分析、讨论、辩论、评价都是高阶思维培养的方式。

二、教学目标

（一）知识与技能

1. 掌握电阻的 U-I 图象和电源的 U-I 图象的含义以及图象交点、斜率、面积的物理意义，并能利用电源的 U-I 图象求解电源的电动势和内阻。

2. 能利用图象解决简单的电学应用题。

3. 能利用图象解决非线性元件与电源连接的复杂图象问题。

（二）过程与方法

1. 通过类比的方法来理解电源的 U-I 图象。

2. 通过一题多变的解题过程探寻应用 U-I 图象解决非线性元件应用题的解题思路和方法。

3. 通过对一些问题的讨论、辨析来达成对知识的理解和强化。

（三）情感、态度与价值观

1. 通过类比和一题多变，激发求知欲望和研究新知识的兴趣。

2. 通过讨论、辨析来增强相互交流的习惯，增强合作的意识。

三、教学重点难点

教学重点：对电源的 U-I 图象的理解。

教学难点：非线性元件 U-I 图象的应用。

四、教学资源

PPT 课件。

五、教学设计

（一）设计思路：首先根据数学图象由学生得出电阻的 U-I 图象和电源的 U-I 图象，再根据公式得出两类 U-I 图象的交点、斜率、面积的物理意义，通过简单的例题和练习题来巩固对图象的理解，再把两类图象结合在一起分析一个非线性元件与电源连成的电路的图象的应用，再进行发散思维，进行一题多变，把一个非线性元件与电源相连接的题目变成两个非线性元件的串联、并联及混连问题，从而使学生掌握这一类问题的求解方法。

本设计要突出的重点：电源 U-I 图象的理解。

理解的方法：对比、类比的方法。

本设计要突破的难点：非线性元件 U-I 图象的应用。解决的方法是首先找到两条图线，即电源的 U-I 图象和非线性元件的 U-I 图象，则两条图线的交点就是非线性元件的工作点。此"点"点破了非线性元件的基本应用。依此一题多变，解决此类常见的电学图象问题。

完成本设计的内容约需 1 课时。

（二）教学流程图：

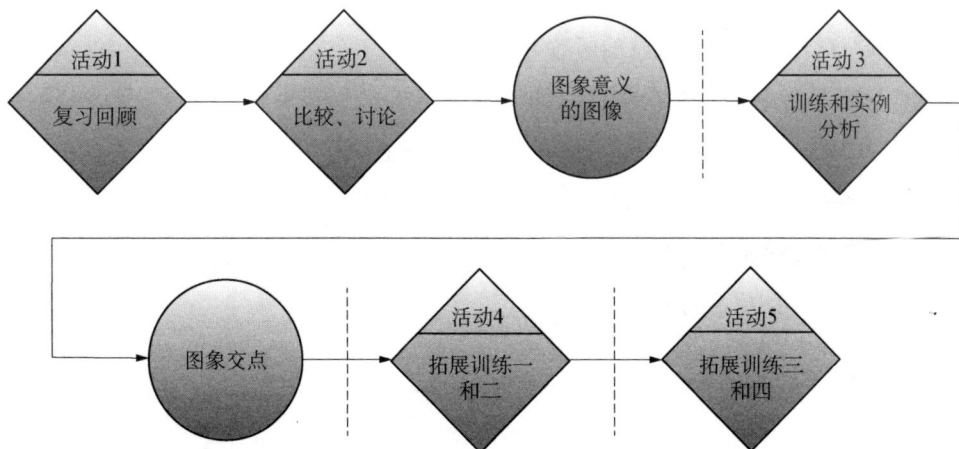

```
┌─────────┐    ┌─────────┐    ╱──────────╲    ┌─────────┐
│  活动1  │ →  │  活动2  │ →  │ 图象意义 │ →  │  活动3  │
│ 复习回顾│    │比较、讨论│    │ 的图像   │    │训练和实例│
└─────────┘    └─────────┘    ╲──────────╱    │  分析   │
                                               └─────────┘

╱──────────╲    ┌─────────┐    ┌─────────┐
│ 图象交点 │ →  │  活动4  │ →  │  活动5  │
│          │    │拓展训练一│    │拓展训练三│
╲──────────╱    │  和二   │    │  和四   │
                └─────────┘    └─────────┘
```

（三）流程图说明：

活动 1：学生回顾正比例函数图象和一次函数图象。

活动 2：类比分析两种 U-I 图象的物理意义。

活动 3：通过例题和练习巩固并理解图象交点的意义。

活动 4：通过例题和练习来掌握一只非线性元件及两只非线性元件串联后与电源连接类题目。

活动 5：通过练习来掌握两非线性元件的并联及混联类题目的求解方法。

六、教案过程

（一）引入

1. 复习回顾。

（1）数学上的 $y = kx$ 和 $y = y_0 - kx$ 图象。（2）初速为零的匀加速直线运动的速度公式和匀减速直线运动的速度公式。（3）由部分电路欧姆定律得出的 U-I 关系公式。（4）由全电路欧姆定律得出的电源路端电压与电流关系公式。

2. 导入新课。

根据上述公式画出 v-t 图象和 U-I 图象，通过类比的方式再根据以下问题来对电源 U-I 图象与电阻 U-I 图象进行比较：

问题：(1) U-I 图象反映的函数关系是怎样的？

（2）图象与坐标轴的交点有什么物理意义？

（3）图线上每一点坐标的乘积 UI 有什么物理意义？

（4）图线上每一点对应的 U、I 比值有什么物理意义？

（5）图象斜率有什么物理意义？

（二）U-I 图象的简单应用

1. 讨论:U-I 图象的斜率表示电阻,能用 $k=\tan\theta$ 来求电阻吗? 为什么? 同一个图象中有两个电阻的 U-I 图象时,如何求这两个电阻的比值?

例1. 两电阻 R_1、R_2 的电流 I 和电压 U 的关系图线如图1所示,可知两电阻的大小之比 R_1∶R_2 等于( )。

(A) 1∶3   (B) 3∶1

(C) 1∶$\sqrt{3}$ (D) $\sqrt{3}$∶1

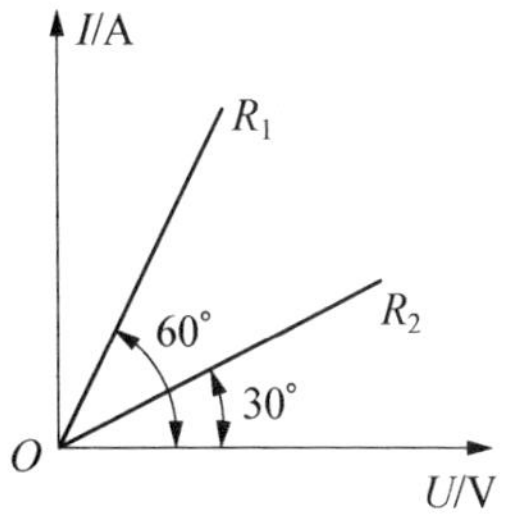

2. 电源的 U-I 图象的简单应用。

例2. 某同学利用图2所示电路来测量一节干电池的电动势和内电阻,根据实验数据绘得图3所示的 U-I 图线。由该图线可求得这节干电池的电动势 $E=$_____V、内电阻 $r=$_____Ω。

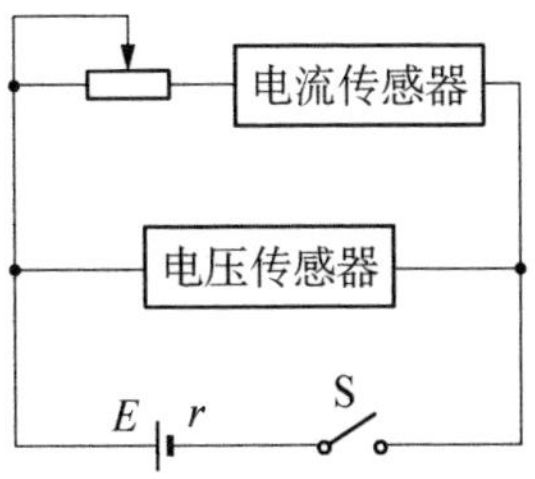

图 1

图 2

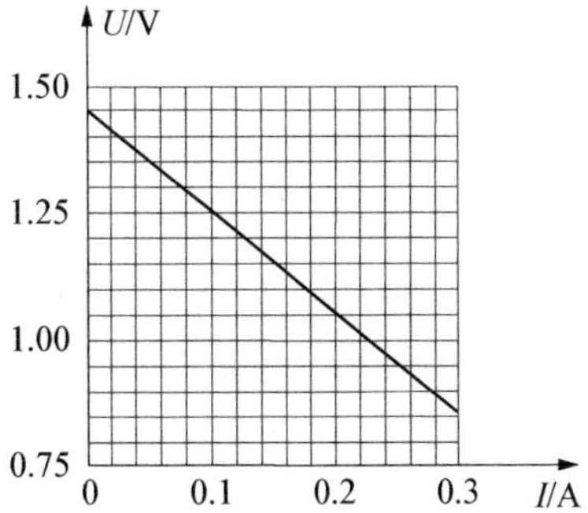

图 3

总结:在干电池的电动势和内电阻的实验中,原点坐标一般不为(0,0),因此利用 $r=\Delta U/\Delta I$ 求内阻时,一定要注意 ΔU 的计算。

(三) 两图象的综合应用

1. 讨论两图象交点的物理意义。

如图 4 所示，甲为电源的 U-I 图线，乙为电阻的 U-I 图线，两图象的斜率分别表示电源内电阻与电阻的阻值，两图线的交点则表示将此电阻与此电源串联起来后的路端电压与电流。

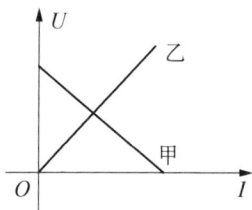

图 4

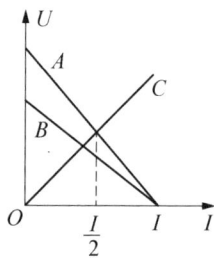

图 5

例 3. 如图 5 所示，A 为电源 a 的路端电压与电流的关系图象，B 为电源 b 的路端电压与电流的关系图象，C 为一个电阻 R 的两端电压与电流的关系图象。将这个电阻 R 分别接到 a、b 两电源上，那么（   ）。

A. R 接到 a 电源上，电源的效率较高

B. R 接到 b 电源上，电源的输出功率较大

C. R 接到 a 电源上，电源的输出功率较大，但电源效率较低

D. R 接到 b 电源上，电阻的发热功率和电源的效率都较高

拓展一：一只非线性元件与电源连接题

问题 1. 利用 U-I 图象求非线性元件的电阻，是利用图象切线的斜率吗？

问题 2. 根据上面的例题，一个非线性元件和一个电源连接，如何利用图象求解此类题目？

例4. 某同学作出小灯泡的伏安特性图线,如图6所示,他将此灯泡接在电动势为1.5 V,内阻是0.2 Ω的电池两端,则小灯泡的实际功率为多少?

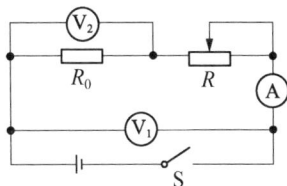

图6

解析:利用电源两端电压和通过的电流关系,作出电源的I-U图线如图2乙中图线2所示,则两线的交点即为此时小灯泡的工作点,可图线可得:电流为0.35 A,电压为0.80 V,所以小灯泡的实际功率为0.28 W。

总结:只将一只非线性元件与电源连接,首先务必找到两条图线,则两条图线的交点就是非线性元件的工作点。此"点"点破了非线性元件的基本应用。

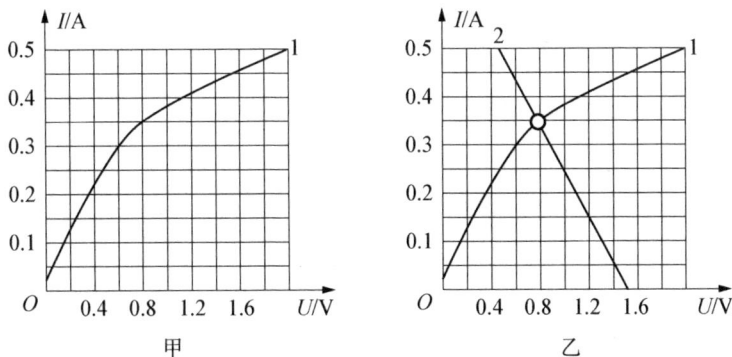

图2

拓展二:两非线性元件的串联

例5. 某同学作出小灯泡的伏安特性图线如图7所示,现将两完全相同小灯泡L_1、L_2串联后与一电池组连接成如图8所示电路,电池组的电动势为12 V,内阻为20 Ω。当闭合开关后,求通过灯泡的电流与实际功率。

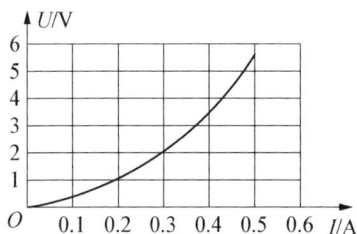

图 7

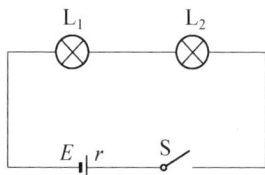

图 8

拓展三：两非线性元件的并联

例6. 如图9所示为某一小灯泡的 U-I 图线,现将两个这样的小灯泡并联后,接在内阻为 $5\ \Omega$、电动势为 $5\ V$ 的电源两端,如图10所示,则(　　)。

（A）通过每盏小灯泡的电流强度为 $0.2\ A$,此时每盏小灯泡的电功率为 $0.6\ W$

（B）通过每盏小灯泡的电流强度为 $0.3\ A$,此时每盏小灯泡的电功率为 $0.6\ W$

（C）通过每盏小灯泡的电流强度为 $0.2\ A$,此时每盏小灯泡的电功率为 $0.26\ W$

（D）通过每盏小灯泡的电流强度为 $0.3\ A$,此时每盏小灯泡的电功率为 $0.4\ W$

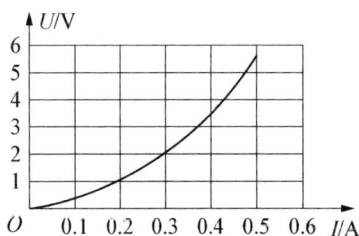

图 9

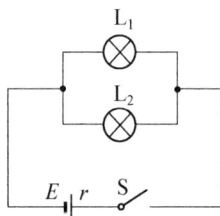

图 10

拓展四：两非线性元件的混联

例7. 如图11所示为一小灯泡的伏安特性曲线,现用两个完全相同的灯泡 a、b 组成如图12所示的电路,其中 $R_1 = 9.5\ \Omega$,电源电动势为 $3\ V$,内阻为 $0.5\ \Omega$。当电路接

通后流过电阻 $R_2 = 3\ \Omega$ 的电流是流过灯泡 b 电流的两倍,则流过灯泡 a 的电流约为_____A,灯泡 b 的实际功率为_____W。

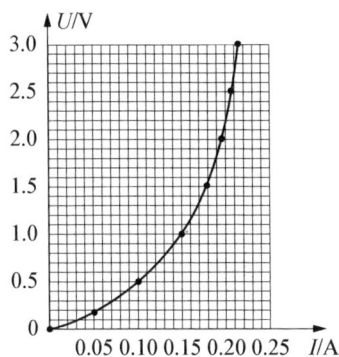

图 11

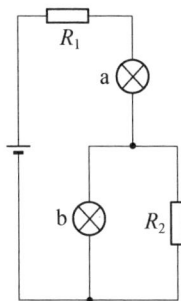

图 12

(四)课堂总结:通过数学图象处理此类问题,交点与坐标点是关键,这些"点"就是点破此类问题的核心。

(五)作业布置。

1. 本节课所举例题中的两个非线性元件都是相同的,如果两个非线性元件不同,此类问题如何求解?

2. 完成学案。

七、教学反思

(一)教学过程:根据公式画出 v-t 图象和 U-I 图象,再通过类比的方式对电源 U-I 图线与电阻 U-I 图线进行比较来理解 U-I 图象,这种类比的思维可以把陌生的对象和熟悉的对象进行对比,把未知的东西和已知的东西相对比,使学生们在新、旧信息间寻找相似和相异的地方,即异中求同或同中求异,既有模仿又有创新。在这样的学习过程中,学生不是接受现成的知识,而是经过自己的探索获得知识,这样不但使得到的知识更有效、更牢固、理解得也更透彻,同时开拓了学生的思维,并培养了学生的知识迁移能力,从而培养了高阶思维。

(二)在分析电阻的求法时,有的学生说可以用 $k = \tan\theta$ 来求电阻,因为既然斜率表示电阻,数学中求斜率的方法就是用正切的方法求,而有的学生立刻会联想到坐标轴的标度问题,提出选不同的标度画出的直线的角度是不同的,因此用正切求斜率的值也不同,难道同一个电阻有不同的数值? 在同学们争辩的过程中,高阶思维自然得到了培养。

(三)在拓展训练中,有几道题目是一题多解的。一题多解要求学生不为解题定式所左右,通过生成性思维,来获得更多解题方法。同时,同学们对解题方法进行分析和评价时,高阶思维能力又得到了提高。

(李树祥)

电路故障分析

一、教学任务分析

电学是初中物理教学的重点和难点,而电路故障问题是难点中的难点,学生不易掌握,在历年考试中的得分率偏低。本复习课教学通过演示实验、变题训练、交流评价等过程培养学生高阶思维能力,提高学生的解题能力。

二、教学目标

1. 知识与技能

(1) 知道断路、短路和通路。

(2) 能根据故障现象判断短路和断路。

2. 方法与过程

(1) 通过变题过程,培养学生思维能力。

(2) 通过交流环节,培养学生分析能力、综合归纳能力、评价能力。

3. 情感态度与价值观

(1) 通过变题大赛,激发学生学习物理的兴趣。

(2) 培养学生勤于思考、勇于创新的精神。

(3) 让学生学会与人合作交流,形成积极向上、主动学习的氛围。

三、教学重点与难点

1. 教学重点:短路、断路时用电器的工作情况和电流表、电压表读数的变化。
2. 教学难点:实际电路中短路和断路的判断。

四、教学资源

磁吸式电学演示教具(一套)、投影仪(一台)。

五、教学设计

1. 教学设计思路

(1) 设计的基本思路:演示实验呈现短路、断路在不同电路中引发的故障现象,加上科学的分析,让学生有一个感观上的认识和对归因的认可。由例题分析为引子开展学生变题比赛,开发思维。通过交流、评析,将电路故障问题层层剖析,使故障原因由模糊到清晰。

(2) 设计中要突出的重点:对各元件发生短路或断路时在不同电路中呈现的故障现象的深度剖析。具体落实在例题的剖析上。

(3) 设计中要突破的难点:实际电路中短路和断路的判断。突破方法:通过变题、交流、评价过程落实。

2. 教学流程图

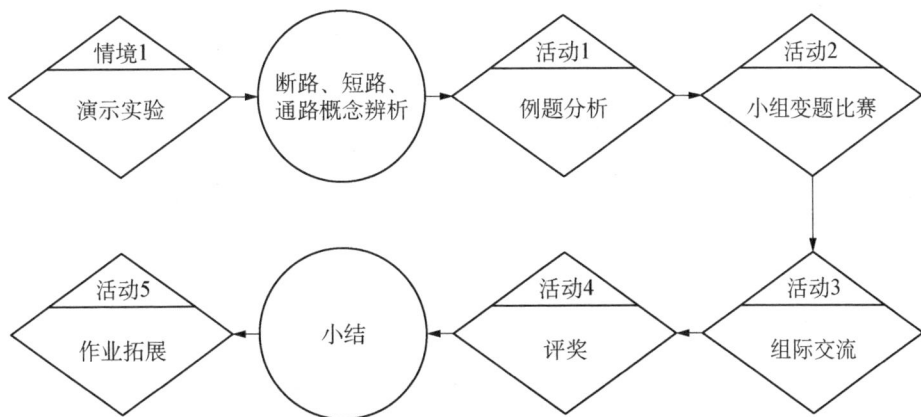

3. 流程图说明

情境1:(演示实验)呈现断路、短路、通路三种电路,进行概念辨析。

活动1:例题分析,引导学生由现象推得故障。

活动2:小组变题比赛,培养学生思维。

活动3:组际交流,对电路故障深度剖析。

活动4:根据有效变题的数量多少来评奖激励。

活动5:作业布置,拓展思维。

六、教学过程

环节1:演示实验

在磁性黑板上分别呈现串、并联电路和电压表、电流表。通过灯泡的断路和短路、开关的断开与闭合,帮助同学进行断路、短路、通路三个已学概念的回顾;观察故障时仪表读数随仪表位置的变化,分析读数变化与故障的关联性。

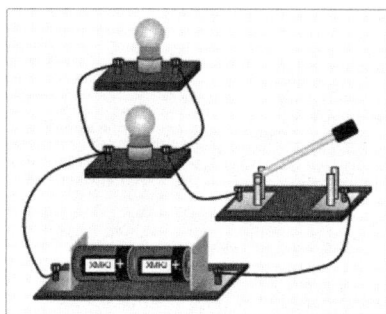

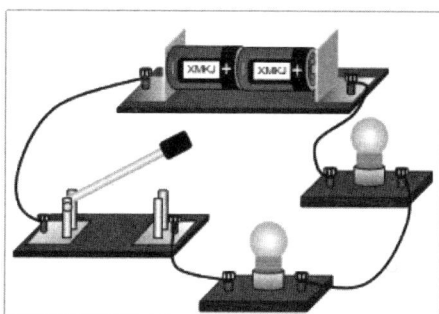

环节2：例题分析

题目：如图所示，当开关S闭合时，发现灯泡L_1、L_2均不发光，电流表无示数，电压表示数约等于电源电压。根据上述现象，下列判断中正确的是（　　）。

A. 灯泡L_1短路　　　　　　　B. 灯泡L_2短路

C. 灯泡L_1断路　　　　　　　D. 灯泡L_2断路

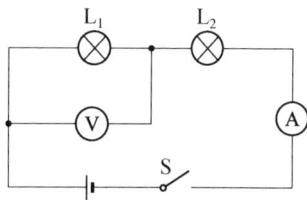

（设计意图：通过老师对例题的层层剖析，帮助学生进一步巩固"短路"、"断路"这两个新建的概念，帮助学生学会区分短路、断路这两种故障对电路造成的不同影响和因此引起的仪表读数变化。此环节旨在培养学生"分析"能力）

环节3：变题比赛

以小组为单位变题干、变选项、题干和选项一起变、条件与结论互换、变题型……

自由发挥,产生新题。

(设计意图:发散学生思维,培养学生的"创造"能力)

环节4:各小组交流、检验"新题"的有效度

通过"新题"能做与否来检验其有效度。在学生互评、老师点拨过程中把有效题留下,把无效题剔除。

(设计意图:培养学生"分析"和"评价"能力)

环节5:评奖

根据各小组有效变题的数量评出"变题大师组"三个,进行奖励,以资鼓励。

(设计意图:鼓励学生创造性思维)

环节6:小结电路故障分析的方法(仪表法、灯泡法)

环节7:布置作业

编制两道并联电路故障题并分析结果。

七、教学反思

对于"电路故障分析"这堂复习课,传统的教法往往是教师事先将一些电路故障题进行归类,课堂上提供给学生做,由师生一同总结规律,然后教师再进行变题让学生巩固训练。而这堂课上却将变题的主体由教师变成了学生,这是传统教学的一大突破,也是培养学生高阶思维的有效手段。在整个变题比赛的过程中,学生小组讨论、分析、思辨、创造、评价,思维在理解中发散,在发散中创造,在创造中提升,逐渐由低阶发展为高阶。

在物理思维过程中最高品质、最高层次、最可贵的是创造性思维品质。其实物理学家创造能力的大小是与他本身的发散思维能力成正比的,即:创造能力＝知识×发散思维能力。加强发散思维能力的训练,是培养学生创造性思维的重要环节。因此,培养学生的高阶思维可以从发散思维能力的训练开始,变题、编题是不错的选择。

(钱丽琴)

图象法探究电路"工作点"

一、教学分析

本设计的内容主要包括三个方面:一是通过学案问题的讨论,引出图象法可以确定电路的"工作点";二是通过变形问题的讨论,掌握图象法确定工作点的方法;三是通过变形问题的讨论,掌握"数形结合"思想的运用。

本设计的基本思路是:学生在教师的指导下根据学案问题及相应变形,通过师生互动、交流讨论、探究解决问题。

本设计要突出的重点是:利用"数形结合"的思想,结合学生已有知识点(电阻特性曲线和电源特性曲线),在同一坐标轴中作出相应图象,找到交点(工作点),获得相应电压、电流和电功率。

本设计要突破的难点是:非线性变化电阻串联或并联时,运用数学方法,统一物理量所对应的表达式,从而在同一张坐标轴中利用两个图象的交点确定"工作点"。

本设计重视物理方法的形成过程以及伴随这一形成过程的数学思想,着重培养学生的分析、推理的能力。

完成本设计的教学任务需 1～2 课时。

二、教学目标

1. 知识与技能

(1)知道电阻特性曲线图象和电源特性曲线图象。

（2）知道电路"工作点"的物理意义。

（3）掌握用图象法确定电路"工作点"的方法。

2. 过程与方法

（1）在用图象法探究电路"工作点"的过程中，学生通过获取、搜集、处理、表达信息的方式，感受科学探究的一般过程和方法。

（2）在运用多媒体等手段进行探究活动的过程中，让学生感受信息技术对探究活动的支撑作用。

（3）通过对物理图象和函数关系的分析，让学生掌握数形结合的科学方法。

3. 情感、态度与价值观

（1）通过利用多媒体对相关图象的处理，激发学生探究的兴趣和欲望。

（2）通过分析，体验"提出假设-数学推理验证"的科学方法，感悟科学方法在人类认识自然和应用中的作用。

三、教学重点和难点

重点：

1. 掌握电阻特性曲线和电源特性曲线。

2. 掌握用图象法确定电路"工作点"的方法。

难点：非线性变化电阻串、并联时工作点的确定。

四、教学资源

1. 自制课件

2. 学案

五、教学流程图

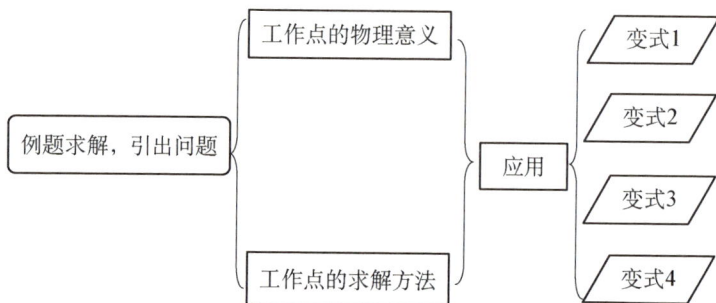

六、主要教学过程

1. 通过学案问题的讨论,介绍"工作点"的物理意义及图象法确定工作点的方法。

学案问题:

如图 1 所示,某电源与电阻 R 组成闭合电路,图 2 为电源的路端电压 U 与电流 I 的关系图象,图 3 是电阻 R 的两端电压 U 与电流 I 的关系图象。试求电源电动势、内阻及电阻 R 的阻值、电压、电流和电功率。

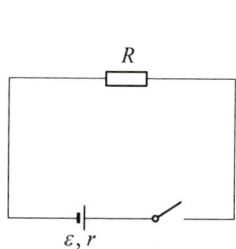

图 1

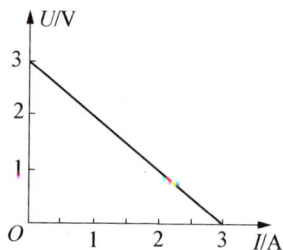

图 2

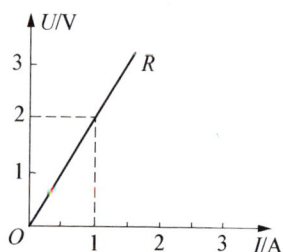

图 3

（1）通过讨论学案问题，教师介绍电路"工作点"的物理意义。

（2）通过教师利用多媒体移动图象，使其在同一坐标轴中"重叠"，找到交点坐标，电压、电流与计算结论相符，引发学生思考。

（3）师生讨论图象法确定电路"工作点"。

① 结合图象写出方程。

② 明确两个图象作于同一坐标轴的要求——变量物理意义相同。

③ 通过观察电路结构，判断变量物理意义是否相同，是否可以作于同一坐标轴中。

④ 将数学问题（求解二元一次方程组）转化为寻找两个图象的交点坐标。

⑤ 通过交点坐标可以获得电压、电流和电功率，即确定"工作点"。

今天这节课的目标就是利用图象法探究电路的"工作点"

2. 通过变形问题1（变式1）的讨论，学生简单运用图象法寻找"工作点"。

变式1

由某种材料制成的电器元件，其伏安特性曲线如图4所示。现将该元件接在电动势为 8 V，内阻为 4 Ω 的电源两端，则通过该元件的电流为_____A。（要求保留作图求解的痕迹）

（1）根据电阻特性曲线（非线性变化电阻特性曲线），判断选择图象法进行求解。

（2）教师提示学生判断两个图象能否作于同一坐标轴中（物理意义是否相同）。

（3）学生作电源特性曲线，找到交点即"工作点"，获得电流（如图5所示）。

总结一：一个电阻与电源连接——作出图象，寻找交点。

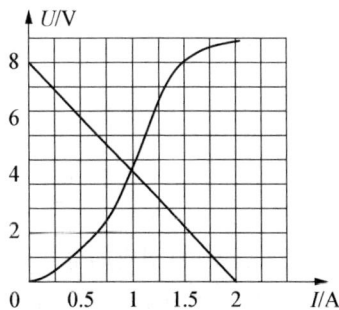

图4

变式1(备选)

硅光电池是一种可将光能转化为电能的器件,其电学特性随着光照强度的不同会相应发生变化。某同学探究不同光照强度下硅光电池的路端电压 U 与总电流 I 的关系,如图 5 所示。

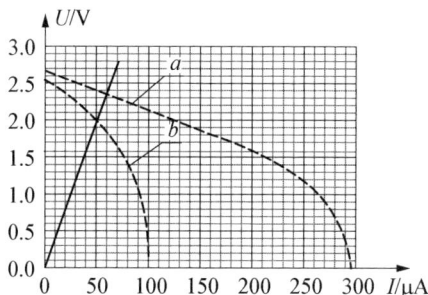

图 5

① 实验一:用一定强度的光照射硅光电池,调节滑动变阻器,通过测量得到该电池的 U-I 曲线 a。由此可知电池内阻_____(填"是"或"不是")常数,电动势为_____V。

② 实验二:减小实验一中光的强度,重复实验,测得 U-I 曲线 b。当该电池与 $R = 4 \times 10^4$ Ω 的电阻组成闭合电路,输出功率为_____W。

(非线性变化电源特性曲线)

3. 通过变形问题 2(变式 2)的讨论,讲解"等效电源"在图象法确定"工作点"中的应用。

变式 2

由某种材料制成的电器元件 R,其伏安特性曲线如图 6 所示。现将该元件接在电动势为 8 V,内阻为 4 Ω 的电源两端,则通过该元件的电流为_____A。

若将这个元件与一个 4 Ω 的定值电阻 R_0 串联后接在该电源上,如图 7 所示,则

该元件消耗的功率为_____W。（要求保留作图求解的痕迹）

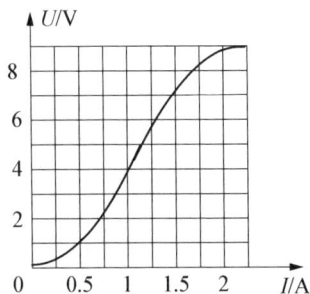

图6

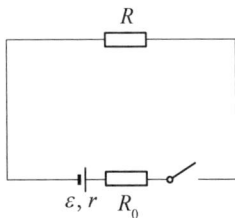

图7

（1）教师引导学生发现两条图线不能作于同一坐标轴中。

（2）教师组织学生利用所学"等效电源"的思想进行化简处理。

（3）学生作出等效电源特性曲线，确定"工作点"，求电功率。

总结二：一个非线性变化的电阻、一个定值电阻与电源连接——"等效电源"，再找交点。

4. 通过变形问题3（变式3）的讨论，突出图象法解题物理变量意义必须相同及题目的化简方法。

变式3

由某种材料制成的电器元件接在电路中时，通过的电流 I 与两端电压 U 的关系如图8所示。现将该元件接在电动势为8 V，内阻为4 Ω的电源两端，则通过该元件的电流为_____A。（要求保留作图求解的痕迹）

① 若将两个这样的元件并联接在该电源上，如图9所示，则每一个元件消耗的功率为_____W。

② 若将两个这样的元件串联接在该电源上，如图

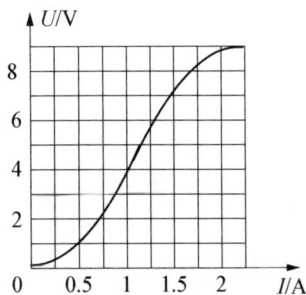

图8

10 所示,则每一个元件消耗的功率为_____W。

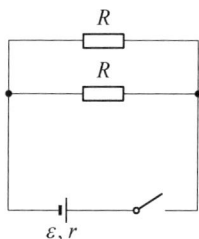

图 9

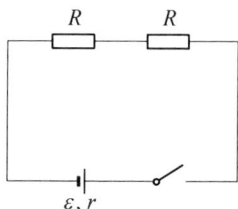

图 10

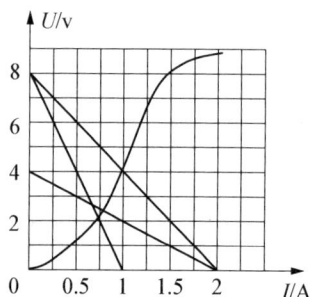

图 11

（1）教师引导学生发现两条图线不能作于同一坐标轴中。

（2）教师组织学生结合电路特点进行化简。

（3）学生通过作出图象,确定"工作点",求得电功率(图 11)。

（4）第②问作为当堂巩固训练,学生交流,教师点评。

总结三:两个非线性变化的电阻(变化情况相同)与电源连接——变化图象,再找交点。

5. 通过变形问题 4(变式 4)的讨论,讲解两个非线性变化的电阻(变化情况不同)与电源(内阻不计、稳压电源)连接(串联或并联)时,通过图象法确定工作点。（与习题讲评结合在第二课时进行讲解）

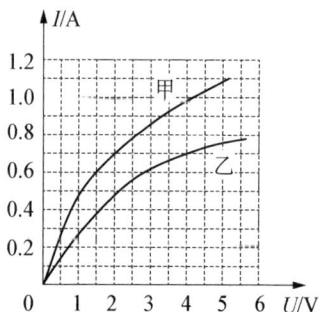

图 12

变式 4

市场上有一种在蚊帐内使用的小型直流电动机电风扇。某物理研究型学习小组想测定电风扇正常运行时的机械功率。他们找了甲、乙两个不同规格的电风扇进行测量,用伏安法分别测出甲、乙两个电风扇的伏安特性曲线如图 12 所示。若他们将甲、乙两个电风扇串联接在 6 V 的恒压电源两端,则甲的实际功

率为_____W，乙的实际功率为_____W。（要求保留作图求解的痕迹）

七、教学反思

图象法是物理学中研究问题的重要方法，学生对于图象的分析属于认知思维的高阶层面。本节课在习题选择的梯度上做得不错，其处理最好之处在于使学生理解了两图象整合，横纵坐标的意义要统一。

（胡全斌）

闭合电路欧姆定律

一、教学任务分析

本节课是选自二期课改教材拓展型课程第二册（试用本）第十章 B 的内容。为了探究的需要，在设计时，对教学内容的安排稍作了调整。本节课是在学习了部分电路欧姆定律基础上进行的，可以说是部分电路欧姆定律的延伸，是分析各种电路的基础，是电学的基本规律之一。通过教学，展示了物理学科的特点——实验科学，体现了用实验手段研究物理问题的思想方法。

二、教学目标

1. 知识与技能

（1）知道闭合电路内电压、外电压之和等于电动势。

（2）理解闭合电路欧姆定律。

2. 过程与方法

通过研究闭合电路内电压、外电压之间的关系，感受利用实验研究、得出结论的探究物理规律的科学思路和方法。

3. 情感、态度与价值观

（1）在探索性实验中自己摸索方法，观察和分析现象，从现象中探索出"新"的物理规律。从而培养发散思维和收敛思维能力，激发创造动力。

（2）在交流中体验科学研究的艰辛，感悟科学家的睿智和坚韧不拔的科学精神。

三、教学重点与难点

重点：闭合电路内电压与外电压之和等于电动势。

难点：实验探究闭合电路内电压与外电压之间的关系。

四、教学资源

1. 不同规格电源、灯泡、导线、数字式电表、电键等。

2. 自制伏打电池等。

3. 多媒体课件。

五、教学设计思路

根据本节的特点，以实验为探索问题的基础，引导学生注意观察、学会观察，发展观察力，同时改分组实验为随堂分组实验，辅之以问题讨论法、引导——发现法，让学生积极主动探求科学结论，成为知识的探索者和"发现者"，从而在获得知识的同时发展能力。

具体的操作过程如下：通过提出问题，配合演示实验、学生分组探究性实验，引导学生观察、分析、讨论，结合理论推导，总结得出结论。

在教学中要特别注意的关键：做好实验，突破难点。

内、外电压之和等于电动势是一个难点，改进了书本的实验器材，提高了实验的精度，对学生正确认识物理规律十分重要。

完成本设计的内容约需 1 课时。

六、教学流程

1. 教学流程图：

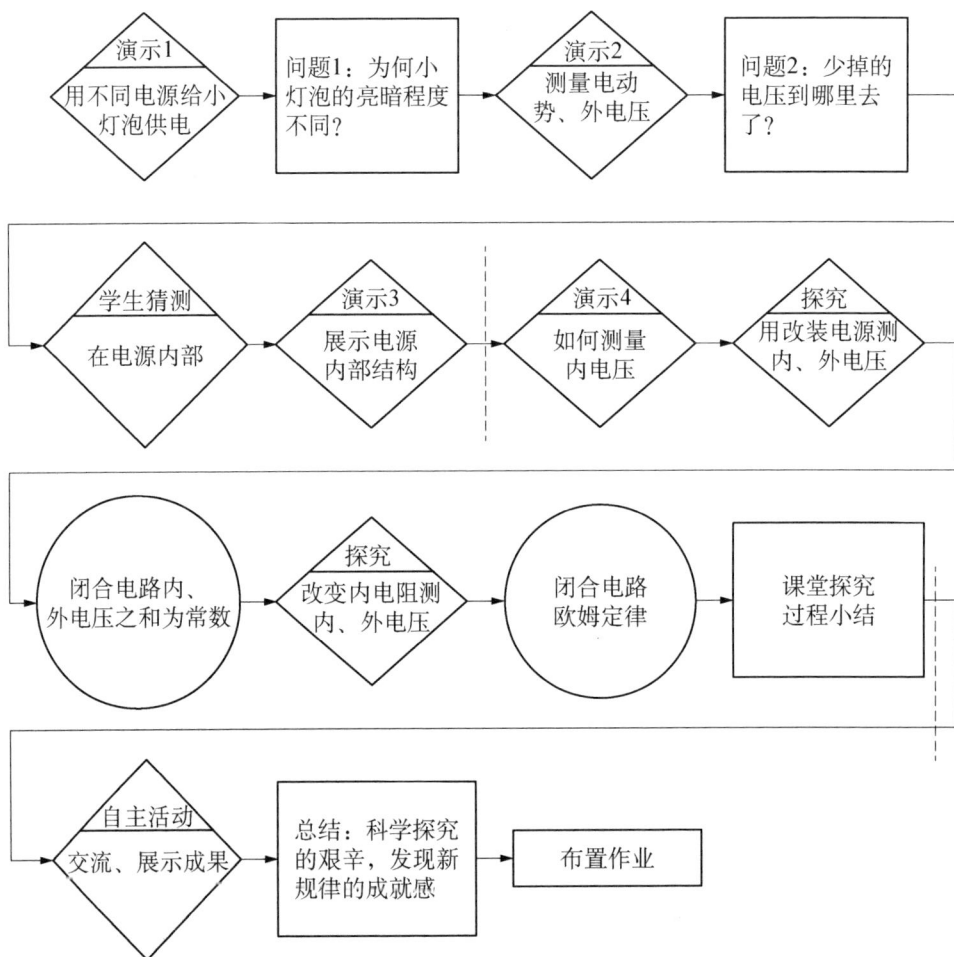

2. 教学主要环节。

本设计可分为三个环节：

第一环节，实验引入，提出闭合电路中内、外电压有何关系。

第二环节，实验探究闭合电路内、外电压关系，让学生学会在探索性实验中自己摸索方法，观察和分析现象，从现象中探索出"新"的物理规律——闭合电路欧姆定律。

第三环节，学生自主活动，展示各小组收集的材料并在班级中汇报，让学生体验科学探究的艰辛、发现新规律的成就感，有助于形成求知的信念。

七、教案示例

1. 情境引入。

我们已经知道包含电源、用电器和导线等的完整回路叫闭合电路。

演示 1：用不同电源给相同的灯泡供电。

问题：为何小灯泡的亮度不一样？

学生根据已有的"部分电路欧姆定律"很快会得出较亮的灯泡两端的电压高，而且灯泡两端的电压等于电源两端的电压。

演示 2：用数字电表分别测量灯泡两端的电压，以及断路时电源两端的电压。

多次测量，发现灯泡两端的电压和电源两端的电压不同，而且总是灯泡两端的电压小于电源两端的电压。

我们把灯泡两端的电压称为外电压，电源两端的电压称为电动势（这个在上节课中已经讲过）。

学生实验：测量回路中灯泡两端的电压以及断路时电源两端的电压。

结论：灯泡两端电压（外电压）小于断路时电源两端电压（电动势）。

为什么会出现这种情况呢？ 这似乎和我们初中所学的知识"灯泡两端电压等于电源

两端电压"有矛盾,是不是我们初中的知识错了? 今天我们就来探究一下,哪里出了问题。

问题:探究之前请同学们先猜猜,电源电压被灯泡分掉一部分,而少掉的那部分在哪里呢? 我们可不可以把它找出来?

学生讨论得出:在电源内部。

说明电源内部并非真空世界。

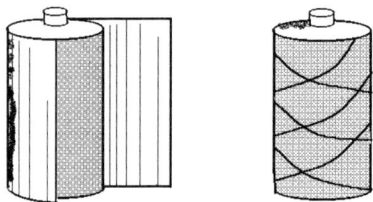

图1

演示3:展示干电池的内部结构(图1),说明电源正极(碳棒)、负极(锌片)。

表明电源内部有电阻,我们称为"内电阻",电流流过内电阻,就有电压,我们称为"内电压",内电压是不是我们要找的丢失掉的那部分电压呢? 只有通过实验去探究。

2. 实验探究过程。

实验一:学会测量内电压。

演示4:用伏打电池测量内电压。

(1) 介绍伏打电池(图2),请学生找到正、负极,并说明哪部分是电源内电阻。

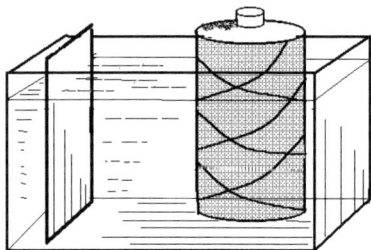

图2

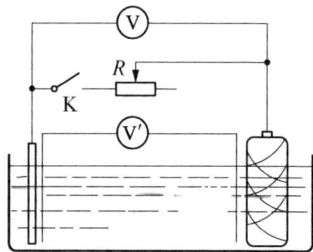

图3

(2) 怎样测量伏打电池电动势?(直接接在电源正、负极)

(3) 怎样测量内电压?(强调探针要靠近但不接触正负极,如图3)

有了以上的基础我们就可以探究,内电压和外电压之间的关系了。

实验二:本实验改装了教材上的实验装置,较好地提高了实验的精度

实验装置如图:

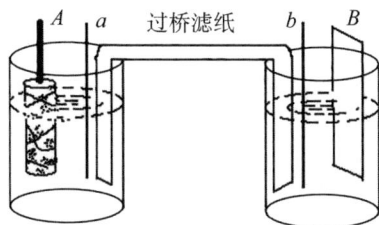

图4

让学生指出该电源的正极、负极以及内电阻。

开始时先测量该电源的电动势。

该电源与滑动变阻器组成闭合回路,测量内电压、外电压,填入表1。

表1　控制内电阻不变,改变外电阻 R 的阻值

	1	2	3	4	5	6
外电压 U(伏)						
内电压 U'(伏)						
$U+U'$(伏)						

结论:在误差允许的范围内,内、外电压的和是一个常数。

为了更具有说服力,我们可以改变内电阻来探究内电压、外电压的关系。

问题:怎样改变内电阻?

学生讨论回答。

实验并记录数据填入表2。

表2　控制外电阻不变,改变内电阻 r 的阻值

	1	2	3	4	5	6
外电压 U(伏)						
内电压 U'(伏)						
$U+U'$(伏)						

我们可以更理直气壮地说:在误差允许的范围内,内、外电压的和是一个常数。

问:那么这个常数等于多少呢?

与先前测量出的电动势比较发现:这个常数等于电源电动势。

板书:
$$U_内+U_外=\varepsilon$$

推导:
$$Ir+IR=\varepsilon$$

闭合电路欧姆定律:

闭合电路里的电流强度跟电源的电动势成正比,跟整个电路的电阻成反比。(比较以前学的部分电路欧姆定律 $I=\dfrac{U}{R}$,并说明式中各物理量的意义)

学生讨论:运用所学的定律,分析为何电动势大,灯泡反而不亮。(前后呼应)

3. 回顾整节课的探究过程:观察现象→用原有知识解释→实验现象和认知有了冲突→寻找原因→实验探究→发现新的物理规律→运用新知识解释刚开始的实验现象。

4. 学生自主活动:交流欧姆定律发现史料,体验科学探究的艰辛、发现新规律的成就感。

5. 课堂小结。

6. 布置作业。

(1) 用闭合电路欧姆定律,推导闭合电路中外电压和干路电流的关系,是否可以用图象表示他们的关系? 利用该图象可以求出哪些物理量?

(2) 用所学的知识,思考一下,有哪些方法可以测量电源的电动势和内电阻? 需

要哪些实验仪器？

八、教学反思

培养学生的高阶思维是一个复杂而艰巨的过程。在今天的物理教学中，教学生记住物理知识已经是次要的了，更重要的是教会学生如何学习物理，如何应用物理知识解决实际问题，从而培养学生的创造力和可持续发展的潜能。只有具备高阶思维技能的学生才是终身学习者，他们才有能力分析新情况、将新信息与已知信息联系起来、批判性地思考和创造性地解决问题、完善过程、理解世界。

本节拓展课采取了课前预习、问题情境、拓展探究的教学策略，着力培养学生分析、评价、创造的高阶思维能力。

从积极的方面看：

1. 课前预习，绝大多数学生能够通过自习和预习作业而达到掌握的水平。

2. 问题情境，能观察到学生在选择判断中提高了思维的层次，如使用哪些已有知识，如何将知识整合到新的、非常规的任务中，如何寻找证据、评价优劣。

3. 拓展探究，在更富复杂性的问题情境和解题任务面前，一部分优秀学生仍能驾驭学习任务。他们在分析比较的过程中找到问题的核心所在，体现了学生思维中的"评价"的层次。在实验过程中重新审视已有的材料，从更深层次思考内、外电压的关系，找出各小组结论差异的真正原因，将思维的高度推向极致。无疑这个过程促进了他们的高阶思维的发展。

从不足的方面看，少数学习能力和学业水平较低的学生，在课前预习、问题情境和拓展探究中的"真实表现"，是被别的学生的优良表现"遮蔽着"的。在探究性实验教学中培养学生的高阶思维能力，仍需进一步探索差异性教学的、辅助性的有效方法和策略。

（杨悦蓓）

生活中的电路

一、教学任务分析

"生活中的电路"是人教版物理九年级全一册第十五章第三节《串联和并联》第 2 课时的内容,是串并联电路的应用。本节课通过学生对串并联电路特点的深入了解和相关电路的设计,经历"从物理走向生活,从生活走向物理"的过程,在学习物理知识的同时感受学好物理的重要性,激发学生学习物理的兴趣。同时,通过电路的设计与交流环节培养学生分析、评价与创造的高阶思维能力。

二、教学目标

1. 知识与技能

(1)知道串并联电路的特点。

(2)能利用串并联电路的特点设计相关的生活电路。

2. 方法与过程

(1)通过设计过程,培养学生创造性思维的能力。

(2)通过交流环节,培养学生分析、评价、归纳等思维能力。

3. 情感态度与价值观

(1)通过设计电路的生活性,激发学生学习物理的兴趣。

(2)培养学生勇于创新、勇于探索科学的精神。

(3)学会与人合作交流,形成积极向上、主动学习的氛围。

三、教学重点与难点

1. 教学重点

应用串并联电路的特点设计电路。

2. 教学难点

根据生活中各用电器的实际工作情况设计相关电路。

四、教学资源

磁吸式电学演示教具(一套)、投影仪(一台)、多媒体设备(一台)

五、教学设计

1. 教学设计思路

(1)设计的基本思路:通过教师磁吸式电学演示教具的生动演示在串并联两种电路中开关控制下的两小灯泡的亮暗情况和学生对串并联电路特点的表格填写与比对,引入新课;活动1学生判断生活中的各种电路的连接方式;活动2学生分组设计电吹风机、楼道感应灯、教室照明灯、饮水机等电路,开发思维;活动3组际交流,确定最佳教学方案,培养思维;总结设计电路的正确方法;作业拓展巩固。

(2)设计中要突出的重点:基于串并联电路的特点的电路的设计。具体落实在演示实验过程,串并联电路特点的比对上。

(3)设计中要突破的难点:让学生学会设计电路。突破方法:通过组内合作、组际交流,师生互动落实到位。

2. 教学流程图

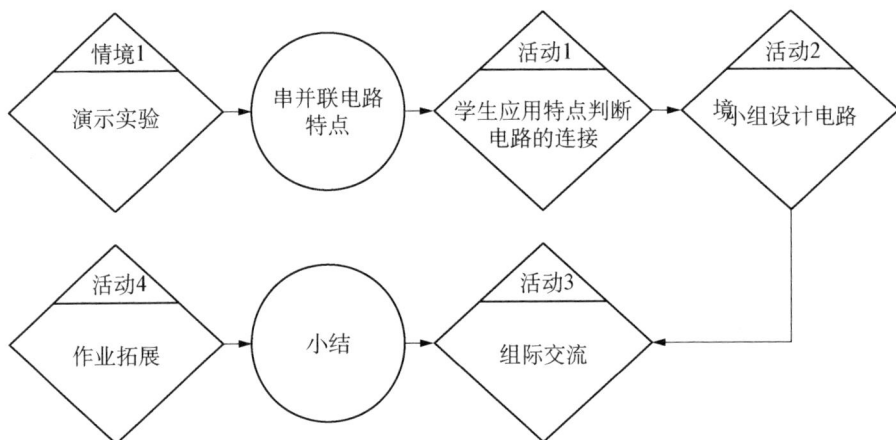

3. 流程图说明

情境 1（演示实验）：呈现串并联电路中开关对小灯泡的不同控制，及两灯之间的不同影响。

活动 1：学生判断家庭电路、马路上的路灯、病房呼叫器、家庭警报器等生活中电路的连接方式。

活动 2：小组合作，设计电吹风机、楼道感应灯、教室照明灯、饮水机等电路。

活动 3：组际交流，确定最佳设计方案。

活动 4：布置拓展作业。

六、教学过程

环节 1：串并联电路特点对比

首先利用电路磁性教具在黑板上当场连接串联电路和并联电路各一个，同时呈现对比图表如下：

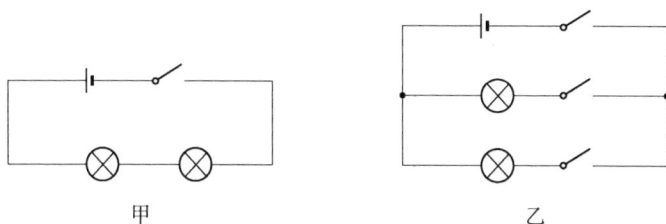

甲 乙

电路的连接方法	两灯串联	两灯并联
电路的连接		
电流的通路		
通过一个灯泡的电流		
一个灯泡熄灭（拿掉一个灯泡）		
两灯工作		

其次一边操作，一边对照图表分析电路，一边让学生思考后将表格第二、第三列的答案填完整；最后齐读表格内容。

（设计意图：开关通断时两小灯泡的亮暗对比的视觉冲击，将串并联电路的不同点展现的淋漓尽致。此环节让学生学会在观察中比对，在比对中辨别，培养学生"分析"能力。）

环节 2：逐一提问：家庭电路、马路上的路灯、病房呼叫器、家庭警报器等生活中电路的工作情况。

学生抢答：这些电路分别属于串联还是并联电路？理由是什么？

最后要求学生画出这类电路的电路图，并通过投影分析。

环节 3：学生分组设计电吹风机、楼道感应灯、教室照明灯、饮水机等电路。

要求学生写出为设计此电路所选择的元件、设计的依据,画出电路图、附上用电器工作原理。

(设计意图:一方面,通过各种生活电路的设计让学生感知生活中处处有物理,激发学生学好物理可以服务于生活的思想,从而提高学习物理的兴趣;另一方面,通过设计,开发学生思维,让学生在小组合作学习的氛围中互相交流、评判、改进,达到生成性思维和批判性思维的互补与运用。此环节重在培养学生的"创造"和"评价"能力。)

环节4:借助投影仪组际交流各自的设计图,通过互相评判确定最佳设计方案。

(设计意图:在交流中把设计方案推向极致,培养学生"分析"和"评价"的能力。此环节是本堂课的高潮部分,批判性思维和生成性思维借此又一次得以互补与运用。)

环节5:小结简单电路设计的方法。

1. 根据题目的要求和串联、并联电路的特点,分析用电器的连接方式。

2. 根据并联电路的特点和开关的作用,分析整个电路元件的位置(在干路还是支路)。

环节6:布置作业。

七、教学反思

本堂课"生活中的电路",传统的教法只是让学生学会应用串并联电路的特点判断生活中常见电路的连接方式,对于电路的设计要求并不高,学生只要能根据要求设计一些简单的电路即可。而我在这堂课上花了很大一部分时间在学生对生活中常见用电器的电路设计上。不给学生任何提示,让学生根据这些常见用电器的工作情况自行设计电路。这样做可能要求过高了,但是它联系了生活,体现了物理的实用性,可以激发学生学习的动机,唤起学生学习物理的兴趣,更能培养学生思维,所以是值得一试的。电路设计环节,让学生学以致用,在设计中分析,在分析中解构;交流评价环节,让学生学会辨别,在评价中建构,在建构中生成。整个过程有思维的碰撞,也有生成性思维与批判性思维的互补和运用,高阶思维凸显。

前苏联著名教育实践家、理论家苏霍姆林斯基《给教师的建议》中写道:实践证明,当课堂上所讲的教材里既包含一定"份额"的已知的东西又包含一定"份额"的新东西时,才能唤起建立在思维的本质上面的稳定的兴趣。本节课的教学内容既包含了已知的串并联电路知识,也包含了未知的生活中各电路的设计,所以能唤起学生学习的兴趣。兴趣是良好思维的前提,当学生有了兴趣之后,思维就有了动因,也容易从低阶转向高阶,设计电路便不是那么难办了。

（钱丽琴）

《电磁感应现象》教学设计

一、教学任务分析

（一）学科知识分析：

电磁感应现象是高二第十一章第一节的内容，它是电磁感应中的重要一节，是全章的统领和前提。而这一章是以电场和磁场等知识为基础，通过实验总结了产生感应电流的条件和判断感应电流方向的一般方法——右手定则，在拓展中又给出了楞次定律并确定感应电动势大小的一般规律——法拉第电磁感应定律。楞次定律和法拉第电磁感应定律是解决电磁感应问题的重要依据。教材要求运用磁通量的变化的概念来描述电磁感应现象产生的条件，这也是后继学习的基础。

本节课的研究方法是近现代物理的一种新形式，也是科学发展新领域的新的研究方法，在后面的教学中有着重要作用，是对学生在思维培养和训练的重要章节。

本节课要在教师引导下学生自主探究，结合演示实验，探究实验和多媒体课件的实验重现，帮助学生建立概念，掌握规律，归纳出电磁感应产生的条件，实现学生的自主学习。

（二）高阶思维的培养：首先通过类比电流产生磁场，让学生猜想磁场也能产生电流，再通过演示实验，让学生进行观察、分析和思考，得出感应电流产生的初步条件并设计出新的探究实验，最后让学生进行分组实验，通过亲身经历和体验科学探究活动，形成科学探究的能力，在小组实验中，同学们一起合作、讨论及相互评价。教师作为学生学习活动的参与者，与学生一起讨论，并对学生思维中的闪光点进行评价，这一切，都使学生的高阶思维能力得到了培养。

二、**教学目标：**

（一）知识与技能

1. 通过实验与探究归纳总结感应电流产生的条件，会使用线圈以及常见磁铁完成简单的实验。

2. 理解"不论用什么方法，只要穿过闭合电路的磁通量发生变化，闭合电路中就有电流产生"。理解电磁感应现象本质，了解电磁感应现象的发现过程。

3. 学会通过实验观察、记录结果、分析论证、归纳总结得出结论的科学探究方法，培养学生运用所学知识，分析问题的能力。

（二）过程与方法

学生通过观察实验、记录结果、设计及实施实验，经过分析论证得出结论。

方法：实验观察法、分析法、实验归纳法、讲授法、逆向思维法。

（三）情感、态度与价值观

1. 通过学习科学家的事迹，培养学生锲而不舍的探索精神，体会人类探索自然规律时表现出的科学态度和科学精神，同时认识到物理科学"对称美，简洁美"。

2. 通过感应电流产生的条件的归纳总结，使学生认识到"从个性中找到共性，再从共性中理解个性"，从现象认识本质以及事物有普遍联系的辩证唯物主义观点。

3. 通过实验设计及实施培养学生团结合作，集思广益的科学精神。

三、**教学重点和难点：**

电磁感应现象产生的条件。

四、教学资源

条形磁铁,蹄形磁铁,短导线,长导线,微电流传感器,演示电表,计算机,多媒体课件

线圈(粗、细各一个),学生电源,开关,滑动变阻器,导线若干,电流表

五、教学设计

(一) 设计思路:本设计内容包括三个方面:一是电磁感应现象;二是产生感应电流的条件;三是应用感应电流产生的条件解释简单的实际问题。

本设计的基本思路是:以实验创设情境,激发学生的好奇心。通过对问题的讨论,引入学习电磁感应现象和感应电流的概念。通过学生探究实验,得出产生感应电流的条件。通过练习巩固,让学生加深对电磁感应现象的理解。

本设计要突出的重点和要突破的难点是:感应电流的产生条件。方法是:以实验和分析为基础,根据学生在初中和前阶段学习时已经掌握的知识,应用实验和动画演示对实验进行分析,理解产生感应电流的条件,从而突出重点,并突破难点。

本设计强调问题讨论、交流讨论、实验研究、教师指导等多种教学策略的应用,重视概念、规律的形成过程以及伴随这一过程的科学方法的教育。通过学生主动参与,培养其分析推理、比较判断、归纳概括的能力,使之感受猜想、假设、实验、比较、归纳等科学方法的重要作用;感悟科学家的探究精神,提高学习的兴趣。

完成本节课内容需 1 课时。

（二）教学流程图

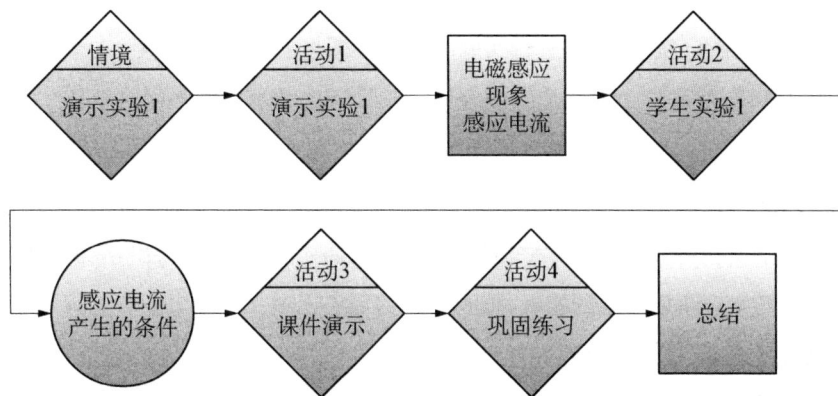

```
┌─────────┐     ┌─────────┐     ┌─────────┐     ┌─────────┐
│  情境   │     │  活动1  │     │电磁感应 │     │  活动2  │
│         │ ──→ │         │ ──→ │ 现象    │ ──→ │         │
│ 演示实验1│     │ 演示实验1│     │感应电流 │     │学生实验1│
└─────────┘     └─────────┘     └─────────┘     └─────────┘
                                                      │
┌─────────┐     ┌─────────┐     ┌─────────┐     ┌─────────┐
│感应电流 │     │  活动3  │     │  活动4  │     │         │
│         │ ──→ │         │ ──→ │         │ ──→ │  总结   │
│产生的条件│     │ 课件演示│     │ 巩固练习│     │         │
└─────────┘     └─────────┘     └─────────┘     └─────────┘
```

（三）流程图说明

情境　演示实验 1　摇绳发电,引出课题。

活动 1　演示实验 2　线圈不动,如何能长生感应电流。

活动 2　学生实验 1　探究感应电流产生的条件。

活动 3　课件演示　电磁感应现象。

活动 4　练习巩固

六、教学过程：

（一）创设情境:老师把一根导线的两端联在了微电流传感器上,请两位同学抓住到线两端,摇这根导线,让同学们观察现象。两同学做实验,发现有电流产生。

（二）提出问题:

教师提问,通过前面的学习我们知道电流能产生磁场,那么通过刚才的实验,我们猜想一下电是怎么产生的?

（三）猜想与假设：

学生猜想：利用磁场产生电流。

（四）学生探究（实验设计，进行实验与收集证据）：

教师用 PPT 简要介绍瑞士物理学家科拉顿设计的利用磁铁在闭合线圈中获取电流的实验和英国物理学家法拉第潜心十年研究出的磁生电的实验，提出问题，科拉顿为什么失败而法拉第最终成功了呢？

教师演示实验：把磁铁的某一个磁极向线圈中插入，从线圈中拔出，或静止地放在线圈中。让学生观察电流表的指针，把观察到的现象记录在表格中。

学生观察现象，记录现象并进行归纳总结。

教师提问：除了永磁体，我们还可以利用什么产生磁场？怎么样改变磁场？怎样检验电流存在？根据刚才的回答，应该用哪些仪器代替刚才的永磁铁完成使线圈中产生电流的实验？

学生对问题依次对问题进行回答，并找出了仪器：粗、细线圈，滑动变阻器，学生电源，开关，导线若干，电流表。

教师：现在我们大家讨论一下，怎样利用桌上的仪器设计一个产生感应电流的电路

学生：分组讨论设计实验方案，使线圈中产生感应电流。

小组交流方案，师生共同讨论产生感应电流的原因。

（五）分析与论证：

通过回顾磁通量的定义，结合实验，得出感应电流产生的条件：闭合回路、磁通量发生变化。

播放 flash 课件，进一步理解感应电流产生的条件。

（六）巩固练习：

1. 解释摇绳实验

2. 解释科拉顿实验不能成功的原因

3. 解释法拉第实验中为什么产生感应电流

4. 一个矩形线框在有界匀强磁场中怎样能够产生感应电流？

（说明：学以致用，培养运用物理解决实际问题的能力）

（七）小结：感应电流产生的条件

（八）作业：学案

七、教学反思：

（一）老师根据"电流产生磁场"，让同学进行猜想与假设，如何产生电流？而猜想是对研究的对象或问题进行观察、实验、分析、比较、联想、类比、归纳等，依据已有的材料知识做出符合一定的经验与事实的推测性想象的思维方法。学生在猜想过程中，新旧知识的碰撞会激发智慧的火花，思维会有很大的跳跃性。它能很好地培养学生们的高阶思维。

（二）老师让学生探究设计一个产生感应电流的电路，而探究是一种高级的思维活动，它首先使全体学生面临新的问题情境，然后让其根据各自已有的知识和经验，努力探索解决问题的多种途径，去试探获取结论，因此能充分发挥每个学生的学习潜力，培养创造性思维能力，促进个性发展。在本节课中，同学们通过探究发现不管是通、断电瞬间，还是变阻器滑动片快速移动过程中，还是拔出或插入小螺线管，都有感应电流产生。而这三种情况的感应电流的产生，都与磁通量的变化密切相关，从而使学生们生成新的思维：感应电流的产生条件是闭合电路中的磁通量发生变化。

（李树祥）

楞次定律教学设计

一、任务分析

《楞次定律》位于人教版选修模块 3－2 第四章第三节。它是在第二节探究感应电流产生条件的基础上，进一步探究感应电流方向的问题。楞次定律是电磁学的重要规律，也是分析和解决电磁学问题的理论基础，因此它是本章的重点，也是物理学的重点。

本节知识涉及的因素比较多，规律也比较隐蔽。学生对楞次定律的探究和理解，都存在一定的难度。在此之前，学生已经比较全面的掌握了电场、磁场，并对电磁感应现象有了初步的认识，应该说学习楞次定律是顺理成章的事情。但楞次定律揭示的是一种因果关系和思想，实验探究中融合着理论探究，理论探究中渗透了抽象的逻辑推理，由此形成了教和学的难度和难点。

因此本节课以实验探究和理论上的分析探究为主线，通过动手实验、观察分析，提出影响感应电流方向的因素；通过分析对比，在排除无关因素的过程中，将研究感应电流的方向转化成研究感应磁场的方向的问题，由猜想到实验验证，进而归纳总结，得出楞次定律；进一步理论探究，研究磁场中摆的运动，应用已学规律，综合先前的知识，分析出线框中感应电流的受到的力的效果，是阻碍摆的相对运动，进一步理解这也是阻碍磁通量变化的一种方式，得出判断感应电流方向的又一种方法，加深对楞次定律的理解。最后提出"阻碍"是能量转化的必然结果。

在实验和理论探究过程中感受物理学研究方法，体验科学精神，在质疑、分析、综合评价中提高思维品质。

在学习本节课的内容之前,学生已经能够比较熟练地运用右手螺旋定则(安培定则)判断感应电流和感应磁场的方向关系;知道产生感生电流的条件;知道条形磁铁、通电螺线管的磁感线分布情况;知道磁体间的相互作用是通过磁场实现的;知道磁场对电流有力的作用;知道能的转化和守恒。已初步学会使用灵敏电流计探究感应电流。

二、教学目标

1. 知识与技能

(1) 知道影响感应电流的方向的因素;

(2) 理解楞次定律;

(3) 会应用两种方法,判断感应电流的方向。

2. 过程与方法

(1) 通过实验探究"感应电流的方向与哪些因素有关"的过程,经历"猜想——实验探究——分析判断——归纳"的探究过程,感受控制变量、分析、比对、排除次要因素等科学方法的应用。

(2) 通过理论探究分析,得出感应电流受到安培力总是阻碍物体的相对运动,可以达到阻碍原磁通量变化的目,进一步理解楞次定律的过程,感悟"推理—分析——综合"的方法的应用。

(3) 通过一系列"阻碍"实验的观察和实验设计,感受实验现象的分析、推理和理论应用的过程。

3. 情感、态度与价值观

通过亲身体验运用实验结果分析比较,实验现象的分析应用、设计实验解决问题及科学等研究问题的方法,感受科学家对规律的研究过程,激发学习兴趣,增强主动探索物理规律的意识与动力。

三、重点难点

重点:通过实验探究、理论分析,得出判断感应电流的方向的规律—楞次定律及两种表述。

难点:设计一系列"阻碍"实验和对实验现象的分析、推理和概括,以及对感应电流磁场这个"中介"的引入。

四、教学资源

1. DIS演示实验1套(微电流传感器、数据采集器、电脑、线圈、铁架台、数据线2个)。

2. 学生实验10组(每组有:条形磁铁1块、闭合线圈1个、灵敏电流计1个、导线若干、实验数据记录表格1张)。

3. 演示实验:铝摆1个(含铁架台、自制铝框、工字型强磁铁)、自制逃生器模型2个。

4. 课件:PPT幻灯片。

5. 软件:DIS 6.0实验软件。

6. 投影仪、黑板挂图。

五、设计思路

1. 本设计的基本思路是:根据"以学生发展为本"的课程理念,本设计重视激发学生参与教学的积极性,在教学过程中,指导学生经历"观察、实验、分析、归纳、应用"等科学探究过程,使学生在学习物理知识的过程中,体验科学方法,增强科学精神、养成科学态度。

（1）本节课需突出的重点是：

本节课的学习,以学生已知感应电流产生的条件为基础。通过实验,感受感应电流的方向与原磁场的磁极有关与磁通量增加或减少有关,与线圈绕向没有关系,经历"猜想——实验探究——归纳——应用"的实验探究过程;经历"分析、推理、综合归纳"的理论探究过程,建立判断感应电流方向的两种方法,较为深入理解楞次定律。

这需要教师在学生实验探究前,针对实验中的一些障碍性的难点和学生知识能力水平,引导学生明确实验任务,降低实验难度,实现实验过程中的实验探究和理论探究。为理解和总结楞次定律奠定坚实基础。

（2）本节课需突破的难点是：

首先要解决在实验探究中,提出影响感应电流方向的各因素中,引入感应电流的磁场方向问题,通过教师提出"没有可以直接观察的器材"这一要求,引出电流的磁效应,提出感应电流的磁场。其次要解决绕线问题,这是学生在先前学习和实验中操作中困惑的问题,通过教师或学生提出,预设为影响因素。解决方法是通过动手实验、观察分析两组不同绕法的线圈,电流方向都是相同的,排除线圈的绕向问题。第三要解决学生对于"阻碍"与"阻止"的理解,解决方法是通过师生辨析,阻止后还有感应电流,促进学生对本节课核心作用"阻碍"的理解。第四要解决理论探究中"阻碍相对运动的理解",通过分析,得出感应电流在磁场中受到的安培力作用,根据力的方向,判断力与运动的关系,得出阻碍相对运动作用,目的也是阻碍原磁通量的变化,再用正、反两个实验验证,深化理解。

2. 教学流程图

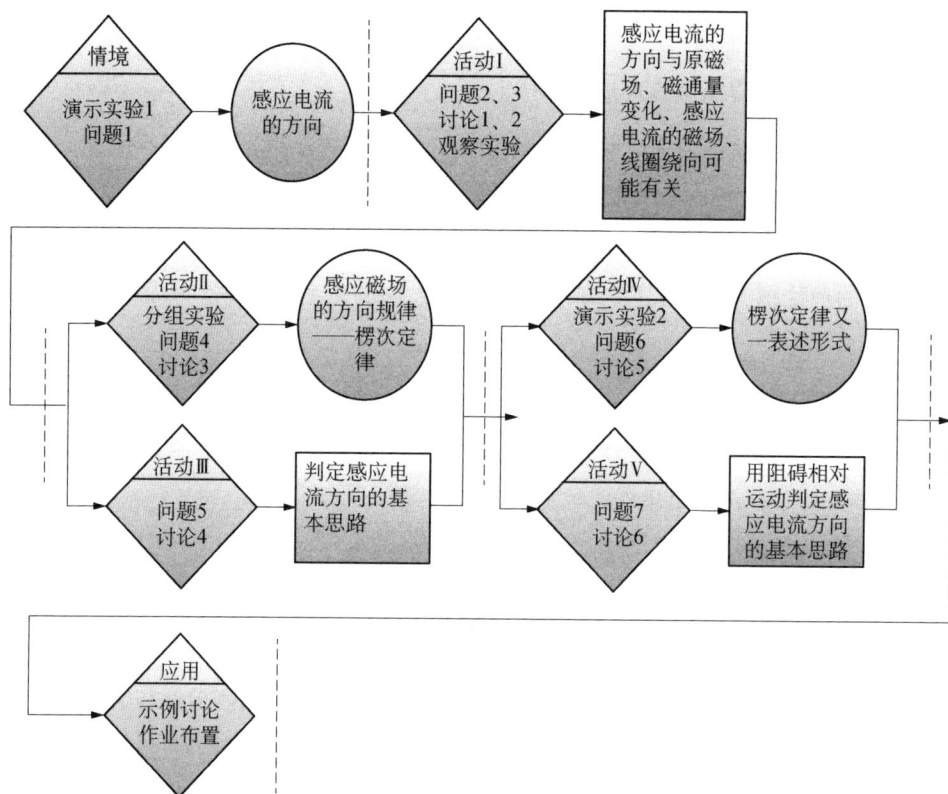

```
情境                    感应电流      活动I              感应电流的
演示实验1      →        的方向   →   问题2、3      →   方向与原磁
问题1                                讨论1、2           场、磁通量
                                     观察实验           变化、感应
                                                       电流的磁场、
                                                       线圈绕向可
                                                       能有关

活动II          感应磁场      活动IV          楞次定律又
分组实验   →    的方向规律    演示实验2   →   一表述形式
问题4           ——楞次定    问题6
讨论3           律           讨论5

活动III         判定感应电    活动V           用阻碍相对
问题5      →    流方向的基    问题7      →   运动判定感
讨论4           本思路        讨论6           应电流方向
                                             的基本思路

应用
示例讨论
作业布置
```

3. 教学流程说明

（1）情境　通过演示实验1"DIS微电流传感器测量单匝线圈中的电流"的演示和问题1的讨论,引入感应电流的方向与哪些因素有关的问题。

（2）活动I通过问题2,启发学生根据已有的知识猜想感应电流的方向与哪些因素有关,并通过讨论,归纳得到感应电流的方向与磁通量的变化、原磁场的方向有关。进一步提出没有检测工具的情况下,如何判断电流的方向。通过讨论,初步共识可以观察感应电流的磁场方向作为替代。接着教师作为自己的困惑提出线圈绕线问题,作为一个可能有的影响因素。

（3）活动Ⅱ　在此基础上组织学生分组实验,对上述猜想进行定性探究,通过各组对实验所观察到的现象进行分析、交流,共同排除线圈绕向这个因素。通过寻找各影响因素之间的关系,得出感应电流的方向,所遵循的规律。

（4）活动Ⅲ　通过引导学生用楞次定律判断演示实验1中的单匝线圈的电流方向,并与开始时实验结果进行比对,得出判断感应电流的一般方法。

（5）活动Ⅳ　通过对铝框模型在磁场中的运动过程分析,判断出两次产生感应电流方向,综合先前学过的磁场对电流的安培力的作用,判断出安培力的方向,与摆的运动方向相反,并通过再次演示铝摆实验加以验证。并进一步分析,在相对运动中,安培力阻碍相对运动,也是为了阻碍引起感应电流的磁通量的变化。得出楞次定律的另一种表述形式。

（6）活动Ⅵ　通过引导学生用阻碍相对运动,来判断演示实验2中的线圈的电流方向,并与开始时判断结果进行比对,得出判断感应电流的又一般方法。

应用　通过设计驱动和减速器实验,巩固所学知识(前后呼应)。

六、教学过程

1. 猜测影响感应电流的方向的因素(PPT)

现在将微电流传感器与一个线圈组成闭合回路,再给你一根条形磁体,你有办法让回路中产生电流吗?(学生:可以,磁体插入、拔出)

演示活动1教师演示——

师:演示结束,我们把实验情况记录在案(板书:旁边)

N ↓ → 逆时针		N ↑ → 顺时针	
S ↓ → 顺时针		S ↑ → 逆时针	

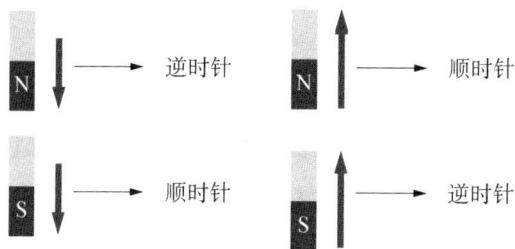

师：在同学们实验探究前，请同学们先结合前面的演示实验猜想一下判断感应电流的方向时可能要关注哪些因素？（板书：判断感应电流的方向时要关注哪些因素？）

值得注意的是这里涉及两个磁场，我们把引起感应电流的磁场（即这里的条形磁铁的磁场）叫做原磁场，以便与感应电流的磁场加以区分。

（板书： B原 ΔΦ I感 B感 ）

师：你们在做实验时，会有两种不同绕向的线圈，看，同样是黑接线柱在上红接线柱在下，由上向下俯视由黑到红一个顺时针一个逆时针绕向不同，它对感应电流方向的判断有没有影响呢？

（板书： B原 ΔΦ I感 B感 绕向）

2. 实验探究

（1）实验装置介绍

（2）学生上台展示实验结果

（3）分析实验结果

得出：感应电流的方向与绕向无关，判断感应电流方向时不需要考虑线圈绕向。

（4）分析实验表格中找出规律

3. 得出结论——楞次定律

（1）楞次定律：感应电流具有这样的方向，即感应电流的磁场总要阻碍引起感应电流的磁通量的变化。

（2）应用。

（3）判定感应电流方向的基本思路。

4. 进一步探究感应电流方向

（1）磁场对感应电流会有力的作用，依据左手定则，判断安培力（磁力）与运动方向是相反的。

（2）楞次定律另一种表述。

（3）应用。

（4）总结另一种判定感应电流方向的基本思路。

（5）设计一个方案，让这个摆，在手不接触摆的情况下运动起来。

5. 本节课小结

小结：本节课我们学习了楞次定律，学会了利用阻碍磁通量的变化和阻碍相对运动两种方式判断感应电流的方向。

6. 实际应用问题

遇上火灾等突发事件，往往一根备用的逃生绳就能救回一家人的性命。然而，并不是每个人都有这么大的力气能抓着普通的逃生绳从高处安全降落到地面。正是出于这样的考虑，给普通家用逃生绳安装了一个减速器，这样一来，无论是老人，还是因为受伤无力甚至昏迷的人都能顺着绳子慢慢地从高楼安全滑落地面。

你能否设计一个减速器呢？

七、教学反思

1. 本节课的特点——解决容量与深度的关系

（1）本节课内容抽象比较难上，落脚点要合适。

本节课教学思维要求比较高，属于高阶知识，本节课实验探究中，提出感应电流磁场的猜想，是属于高阶思维，需要学生丰富的联想，分析得出。课堂当中用图形记录的方法，以及图形与实验结论结合的分析的方法来得出实验结论，需要学生的分析、判断总结的能力。同学会很容易理解，从具体到抽象再从抽象到具体，学生的思维的情境图就会很清晰。

（2）模型探究延展深度

本节课与实际模型具体联系起来，通过实验分析，将抽象的问题结合具体情境，深化理解楞次定律，分析出楞次定律解决感应电流的方向另一种表达形式及其本质。对于部分学生来说，若前面基本知识的理解，没有分析到位，不会辨别、归纳综合，那么，本节课深度进行的组织分析，就很难达到目标。

2. 本节课的亮点

应用 DIS 处理单线圈的感应电流方向问题，处理的直观、有效、简单。课的容量大，应用多途径分析帮助学生拓宽解决问题的途径。

（吴　艳）

磁场对电流的作用　左手定则

一、教学任务分析

《磁场对电流的作用　左手定则》为磁场章节中第二块内容。在第一块内容中,学生知道了磁体和电流周围有磁场,并能够熟练使用右手螺旋定则判断电流周围产生磁场的方向,同时会用"·"、"×"表示磁场和电流垂直纸面向外或向里的方向。本节是在此基础上,让学生知道电流在磁场中受到力的作用,并了解磁场、电流、磁场力三者之间的方向关系,能够使用左手定则判断安培力的方向。

本节内容是安培力受力分析的基础,教师通常更重视学生左手定则掌握的熟练程度或探究实验的体验过程。本节课却侧重学生辨析推理的训练及在探究体验后的规律发现与归纳过程中思维能力的提升,左手定则的熟练使用可通过课后的练习作业达成。预计新授课1课时,练习课1课时。

二、教学目标

1. 知识与技能

(1) 知道磁场对电流有力的作用。(全部学生)

(2) 了解磁场、电流、磁场力三者之间的方向关系。(全部学生)

(3) 能根据相互垂直的磁场和电流的方向,使用左手定则判断电流所受磁场力的方向。(几乎全部学生)

2. 过程与方法

（1）体验辨析推理过程。

（2）能通过实验,在教师的引导下,观察、归纳通电导体所受磁场力、磁场和电流的方向关系。（大部分学生）

3. 情感、态度和价值观

通过实验观察探究活动,养成良好的科学思维品质,产生开拓创新的欲望。（部分学生）

三、教学重点和难点

教学重点:

掌握磁场力方向、磁场方向和电流方向三者间的关系。

教学难点:

归纳磁场力方向、磁场方向和电流方向三者间的关系。

四、教学资源

马蹄形磁铁、电源、电键、电阻、导轨、导体棒、导线、多种颜色的铅笔、多媒体。

五、教学设计

1. 教学设计思路

本节的学习内容主要是源于现象总结出的规律。与其说是学习规律,不如说是学习总结规律的方法。因此,计划在教学中通过现象引发问题,进而通过对问题的研究及验证来观察、总结规律,最后反之用规律解释现象。本节的主要环节在问题的验证及规律的归纳。

2. 教学流程图

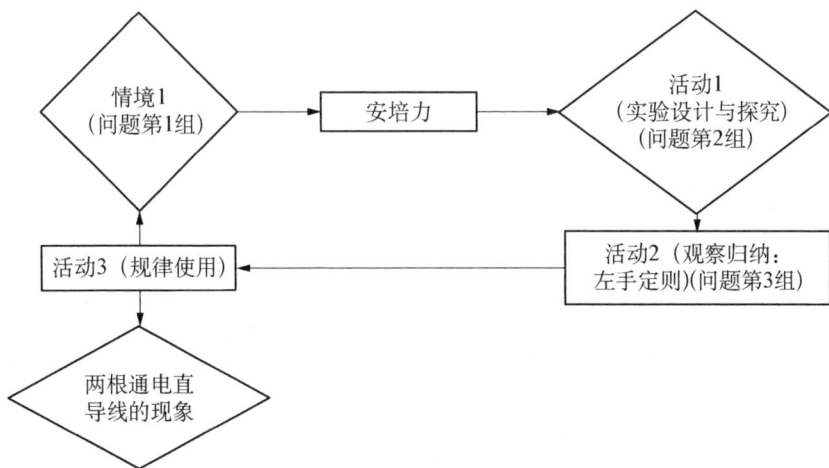

3. 流程图说明

情境1:用于问题引出,引发学生的学习兴趣,激发学生的思考欲。

活动1:学生进行验证实验的设计,并共同操作、观察,进行实际体验。

活动2:学生对自己的观察结果进行归纳总结,发现规律的普遍性。

活动3:运用规律解决实际问题,与情境1进行呼应。

六、教学过程

1. 情境引入

生活中,物体常由于自重沿斜面向下滑。但在我们国家很多地方,都发现有一种叫作"怪坡"的奇异现象,在"怪坡"上质量很大的物体居然会自行上坡。老师这里也有一个"怪坡",在这个怪坡上有一根"魔法棒",当老师放开这根"魔法棒"后,请同学们观察它的运动情况。(现象:沿斜面向上运动)

问题1:请同学们帮老师分析一下,从受力的角度来看,这种现象说明什么?

(有力拉着棒向上走)

问题2:请同学们猜猜看,这个"怪坡"现象是怎么形成的?

(学生根据已有的知识基础提出自己的猜想)

(教师将"怪坡"的构成展示给学生)

问题3:现在同学们来说说看,老师是怎么让"魔法棒"向上跑的呢?

(电流在磁场中受到力的作用)

说明:问题2是一个开放性问题,让学生根据已有的知识基础进行搭建,并阐明可行性,这是学生创造性思维的热身环节。然后教师通过信息的补充,缩小范围,再让学生根据观察到的现有信息推测电流和磁场之间的关系,这是一个简短的理性推理过程。通过这个"破案"过程,让学生体验以现有知识及现有信息为基础的辨析过程——高阶思维的训练过程。

电流在磁场中受到力的作用——磁场力。

力的三要素:大小、方向和作用点,本节课我们主要研究电流在磁场中所受力的方向。

2. 实验探究

问题4:电流在磁场中的受力方向可能与哪些物理量有关?

(磁场方向、电流方向……)

问题5:研究一个物理量和多个物理量之间的关系通常采用什么物理方法?

(控制变量法)

我们现有器材为:电源、电键、电阻、导轨、马蹄形磁铁、导体棒、导线。

任务1:请同学们两人合作设计研究磁场力和电流、磁场方向间的关系的实验方案。

（请同学讲述，其他同学判定其合理性）

任务2：确定方案后，请同学根据要记录的物理量，设计记录表格。

（黑板上将记录表格课前准备好，磁场力和电流、磁场的方向分别用红、蓝、黄三种颜色进行标识）

任务3：请四名同学根据实验结果"插铅笔"。

（同学们插好的模型随机放在讲台上后，教师请四位同学再次认领自己的模型，同学们会发现：四个模型其实是一样的）

3. 观察归纳

问题6：四个模型完全一样说明什么？

说明：这个看似"不经意"的环节，恰恰体现了物理规律具有普遍意义。我们要在广泛的现象中归纳出共有的规律，这个规律反之又要适用于广泛的现象。

问题7：请同学们观察实验结果，磁场力和电流、磁场的方向之间有什么关系？

问题8：如何表示这样三个物理量的方向关系比较方便？

说明：提出一种描述方式看似简单，其实学生需要经历三个环节。首先，学生必须仔细观察三个物理量的方向规律，内化为自己的理解；其次，学生要根据自身的知识基础与生活经验产生描述的方式，而学生的知识结构和生活经验不同，往往会导致他们在这个环节的设计具有多样性；最后，要将自己的方法传递给别人，学生就要反复自检。当然，最终还会获得其他同学的评价。学生体验的是"创造"定律的"微过程"。

4. 规律总结

左手定则：伸出左手，让拇指与其余四指垂直并且与手掌在同一平面，让磁感线垂直穿过手掌，四指指向电流方向，大拇指所指就是导线所受磁场力方向。

5. 规律使用

使用1：具体解释老师的"怪坡"现象。

使用2：两根通电导线的相互作用力演示及解释。

（同向电流先看现象再作解释，异向电流先作判断再实验验证）

6. **课堂小结**

七、教学反思

以往的教学中，教师往往比较重视学生的实验操作过程及观察能力，而容易忽视（或弱化）学生归纳总结能力的培养。本节教学中，执教者一方面关注了学生思维的实质体验与参与，同时更注重了规律的归纳总结环节，并利用情绪的冲撞刺激学生思维认知的提升。在"插铅笔"环节，学生并不清楚教师的活动目的是什么，演示的人觉得是游戏，观察的人也是在看热闹。从思维发展的角度，这是一个放松环节。就在所有的学生都思维松弛下来的时候，教师突然让学生进行模型指认，而学生却认不出模型来了。所有的学生突然思维紧张起来，紧张过后大家都会想："为什么？"学生的思维参与度几乎会达到100％。进而，学生再发现这一规律的普遍意义，达到思维水平的提升。执教者通过"怪坡"现象及实验探究，着实达到了强化学生观察、假设、归纳能力的目标。

（宁斐斐）